U0135528

傅璇琮文集

李德裕年谱

下 册

中华书局

开成元年丙辰（八三六）　五十岁

本年春，李德裕仍在袁州长史任。

　　李德裕于去年夏赴袁州长史任，今年春仍在袁州。在袁州曾作赋十二篇（详见本年编年文）今摘录记其生活情况者于下：

　　"余所居在江流之上，每值清景，必杖策独游，见芦人渔子，则乐而忘返。"（别集卷二《观钓赋》自序）

　　"余所居精舍前有山石榴、黄踯躅，春晚敷荣，相错如锦。"（同上《二芳丛赋》自序）

　　"此郡岩壑重复，榛林郁盛，樵采之子，未尝辍音，往往沿流而下，诣余求售。余因积薪于庭，窃有所叹。"（别集卷一《积薪赋》自序）

　　"此郡多蚍蜉，余所居临流，实繁其类，或聚于衽席，或入于盘盂。终日厌苦，而不知可御之术。因戏为此赋，令稚子烨和之。"（别集卷一《蚍蜉赋》自序）按，由此可知德裕贬袁州时，其子烨随行，且烨已能作赋。另《柳柏赋》中又云："慨路远而莫致，抑毫端而孔悲。顾谓稚子烨，起为谣曰。"则烨已能和之作诗赋。

　　"此郡带江缘岭，野竹成林。每向夕有白鹭群飞，集于林杪。余所居在峰岑之上，临眺一川，玩其往来，有以自适。"（别集卷一《振鹭赋》自序）

"荆楚多飞鸦，余所居在岑嵂之中，盖兹鸟族类所托，不足叹其蕃也。"（别集卷二《怀鸦赋》自序）

"余寓居郊外精舍，有湘中守赠以斑竹笔管，奇彩烂然，爱玩不足，因为小赋以报之。"（同上《斑竹管赋》自序）

又《正德袁州府志》（天一阁藏本）卷六《名宦》记李德裕"（大和）八（琮按此八字当系九字之误）年贬袁州长史。既至，寓郊外精舍，遇清景，辄杖策独游，吟咏著述以自适，不以迁谪介意"。

在袁州识当地士人卢肇。肇后于会昌中登第，德裕亦为之援引。

唐无名氏《玉泉子》："进士卢肇，宜春人，有奇才。德裕尝左宦宜阳，肇投以文卷，由此见知。"

《正德袁州府志》卷六《名宦》记德裕在袁州"礼郡士卢肇，后（王）起主文柄，肇遂冠多士"。又卷八《人物》谓卢肇字子发，宜春文标乡人，"会昌三年进士第一，累官集贤学士，历歙、宣、池、吉四州刺史，所至有治声，著述尤多，有《文标集》三卷、《海潮赋》一卷行于世"。

三月壬寅（初三日），德裕改除滁州刺史。由丰城经鄱阳湖，沿长江而下，其时已为四月。

《旧·文宗纪》开成元年三月，"壬寅，以袁州长史李德裕为滁州刺史"。又《旧传》："（大和九年）十一月，王璠与李训造乱伏诛，而文宗深悟前事，知德裕为朋党所诬。明年三月，授德裕银青光禄大夫，量移滁州刺史。"《新传》亦载："未几，宗闵以罪斥，而注、训等乱败。帝追悟德裕以诬构逐，乃徙滁州刺史。"

按别集卷二于《畏途赋》前标曰"北归六首"，依次为《畏途赋》、《知止赋》、《剑池赋》、《望匡庐赋》、《大孤山赋》、《项干亭赋》，皆当为赴滁州途中所作。《剑池赋》自序云："丙辰岁孟夏月，余届途丰城，弭楫江渚，问埋剑之地，则有池存焉。……因维舟俄顷，以为此赋。"丰城即今江西省丰城县，在南昌市西南。由袁州至丰城，有袁水流经，东北行，汇入抚河。德裕由袁州北归，当是舟行。又《望匡庐赋》自序："沧湖口北望匡、庐二山，影入澄潭，峰连清汉，江水无际，烟景相鲜。沿流而东，若存世表。"则由丰城北上，渡鄱阳湖而入于长江。

又《大孤山赋》自序云："余剖符淮甸，道出蠡泽，属江天清霁，千里无波。点大孤于中流，升旭日于匡阜。"《项王亭赋》自序："丙辰岁孟夏，余息驾乌江，晨登荒亭，旷然远览。"德裕当由乌江口和州登陆北行，即抵滁州（今安徽省滁县）。在滁州，有"滁州题名"。

宋欧阳棐《集古录目》卷十载"李文饶题名"，云："李德裕题名，字为八分，称丙辰岁题者，开成元年也。在滁州。"未详其题名内容。

时当郑覃执政，李绅亦于本年三月由太子宾客分司改除河南尹；六月，又为汴州刺史，充宣武军节度使。

《旧·文宗纪》开成元年四月庚午朔，"以太子宾客分司东都李绅为河南尹"。六月，"癸亥，以河南尹李绅检校礼部尚书、汴州刺史，充宣武军节度使"。

又《旧书》卷一七三《李绅传》："开成元年，郑覃辅政，起德裕为浙西观察使(琼按德裕为浙西在本年十一月,此当云由袁州量移滁州),绅为河南尹。六月,检校户(礼?)部尚书、汴州刺史、宣武节度、宋亳汴颖观察等使。"《新书》卷一八一《李绅传》亦以为李绅之起乃郑覃之力,云:"开成初,郑覃以绅为河南尹。"

时杜牧在洛阳为留台御史,李绅诗序中曾加提及。李绅有《拜三川守》诗(《全唐诗》卷四八二),自序云:"开成元年三月二十五日,蒙恩除河南尹。四月六日,诏下洛阳。"又《拜宣武军节度使》诗(《全唐诗》卷同上),自序云:"开成元年六月二十六日,制授宣武军节度使。七月三日,中使刘泰押送旌节止洛阳。五日赴镇,出都门,城内少长士女相送者数万人,至白马寺,涕泣当车者不可止。少尹严元容鞭胥吏士人,怒其恋慕,留台御史杜牧使台吏遮殴百姓,令其废祖帐。"

白居易时仍在洛阳,为太子少傅分司,本年有与李绅、杨汝士、牛僧孺、裴度、刘禹锡、令狐楚等诗。

白居易本年所作诗,涉及上述诸人者,有《叹春风兼赠李二十侍郎二绝》、《春来频与李二十宾客郭外同游因赠长句》、《喜与杨六侍郎同宿》、《残春咏怀赠杨慕巢(汝士)侍郎》、《宿香山寺酬广陵牛相公见寄》(题下自注云:来诗云"唯羡东都白居士,月明香积问禅师",时牛相三表乞退,有诏不许)、《秋霖中奉裴令公见招早出赴会马上先寄六韵》、《晓眠后寄杨侍郎》、《喜梦得自冯翊归洛兼呈令公》、《斋戒满夜喜招梦得》、《偶于维扬牛相公处觅得筝筝未到先寄诗来走笔戏答》、《奉酬淮南牛相公思黯见寄二十四韵》、《洛下闲居寄山南令狐相公》（以上皆见《白居易集》卷三十三）。

按白居易于上年九月由太子宾客分司东都授同州刺史，见郑注等用事，党派纷争，乃托病不赴任，十月又改授为太子少傅分司。有《诏授同州刺史病不赴任因咏所怀》（《白居易集》卷三十二）。甘露事变之后，又有诗《九年十一月二十一日感事而作》："祸福茫茫不可期，大都早退似先知。当君白首同归日，是我青山独往时。顾索素琴应不暇，忆牵黄犬定难追。麒麟作脯龙为醢，何似泥中曳尾龟？"又《即事重题》："重裘暖帽宽毡履，小阁低窗深地炉。身稳心安眠未起，西京朝士得知无？"（同上）表示超然于政治斗争的态度。

李宗闵于四月间由潮州司户贬所改为衡州司马。张仲方于五月由华州刺史入为秘书监。

《通鉴》卷二四五开成元年，"夏四月己卯，以潮州司户李宗闵为衡州司马。凡李训指为李德裕、李宗闵党者，稍收复之"。按此时郑覃、李石执政，起复李德裕、李绅等，为求平衡起见，也稍量移李宗闵等，使就近内地。如张仲方于五月间由华州刺史入为秘书监，即是一例。

按《旧书》卷一七一《张仲方传》，张于上年十二月出为华州刺史，"开成元年五月，入为秘书监。外议以郑覃党李德裕排摈仲方，覃恐涉朋党，因紫宸奏事，覃启曰：'丞郎缺人，臣欲用张仲方。'文宗曰：'中台侍郎，朝廷华选。仲方作牧守无政，安可以丞郎处之！'"《新书》卷一二六《张九龄传》附仲方传亦载："召入，授秘书监。人颇言覃助德裕，摈仲方不用，覃乃拟丞郎以闻。文宗曰：'侍郎，朝廷华选。彼牧守无状，不可得。'但封曲江县伯。"由上所引亦可见,李宗闵虽贬,但其党在朝廷尚大有人在,郑覃为求稳定政局,不得不求两派平衡,而终于不可得,开成后期,政权又归李宗闵党之杨嗣复所掌握,郑覃本人也受到排斥。

七月,德裕由滁州刺史迁太子宾客分司东都。九月中抵洛阳,居住于平泉别墅。

《旧·文宗纪》开成元年七月,"壬午,以滁州刺史李德裕为太子宾客"。《旧传》:"七月,迁太子宾客。"《新传》:"乃徙滁州刺史,又以太子宾客分司东都。"

按德裕《别集》卷十有裴潾《前相国赞皇公早葺平泉山居,暂还息,旋起赴诏命作镇浙右,辄抒怀赋四言诗一十四首寄》(也见《全唐诗》卷五〇七,诗题"寄"上有"奉"字,是),诗后有裴潾于开成二年九月刻石时所作后记,有云:"开成元年(琮按《全唐诗》载作九年,误)九月,相公以太子宾客分司东都,九月十九日达洛下,安居于平泉别墅。"

按本年七月戊辰朔,壬午为十五日。则德裕为太子宾客分司,七月十五日授命,乃稽延至九月中旬始抵达洛阳。

刘禹锡本年秋由同州刺史改为太子宾客、分司东都。禹锡有与德裕唱和诗。

刘禹锡本年秋由同州刺史改为太子宾客、分司东都,详见卞孝萱《刘禹锡年谱》所考。

刘禹锡有《酬李相公喜归乡国自巩县夜泛洛水见寄》(《刘禹锡集笺证》外集卷七):"巩树烟月上,清光含碧流。且无三巳色,犹泛五湖舟。鹏息风还起,凤归林正秋。虽攀小山桂,此地不淹留。"按德裕自滁州起程,溯淮河而上,"自巩县夜泛洛水",路程正合。"凤归林正秋",也合于德裕这次归洛的身份与时节。由此可见,德裕此次北上,自巩县沿洛水而西,曾有诗寄刘禹锡,刘乃和作。今刘诗存而李之原唱已佚。

刘禹锡有《和李相公平泉潭上喜见初月》(同上):"家山见初月,林壑悄无尘。幽境此何夕,清光如为人。潭空破镜入,风动翠蛾颦。会向琐窗望,追思伊洛滨。"按德裕原作题为《潭上喜见新月》(别集卷十):"簪组十年梦,园庐今夕情。谁怜故乡月,复映碧潭生。皓彩松上见,寒光波际轻。还将孤赏意,暂寄玉琴声。"德裕九月十九日抵达洛阳,此云"喜见新月",诗中又云"簪组十年梦,园庐今夕情",皆为初抵家时的心情。诗当作于十月,与"寒光波际轻",时节亦相合。

刘禹锡《和李相公初归平泉过龙门南岭遥望山居即事》(《刘集》同上):"暂别明庭去,初随优诏还。曾为鹏鸟赋,喜过凿龙山。新墅烟火起,野程泉石间。岩廊人望在,只得片时闲。"德裕原作为《初归平泉过龙门南岭遥望山居即事》(别集卷十):"初归故乡陌,极望且徐轮。近野樵蒸至,平泉烟火新。农夫馈鸡黍,渔子荐霜鳞。惆怅怀杨仆,惭为关外人。"德裕诗中所表现的,是初归洛阳家居的喜悦心情,平泉别墅周围的景色都使他有新鲜和安逸的感觉。刘禹锡则对他期望甚殷,认为德裕人望仍在,将来必当重用,现在的平泉归居只不过"片时闲"而已。刘禹锡在此前后的诗中累次表示他对德裕行政才能的推崇。

刘禹锡《和李相公以平泉新墅获方外之名因为诗以报洛中士君子兼见寄之什》(《刘集》同上):"业继韦平后,家依昆阆间。恩华辞北第,潇洒爱东山。满室图书在,入门松菊闲。垂天虽暂息,一举出人寰。"德裕原作为《洛中士君子多以平泉见呼愧获方外之名因以此诗为报奉寄刘宾客》(别集卷十):"非高柳下逸,自爱竹林闲。才异居东里,愚因在北山。径荒寒未扫,门设昼长关。不及鸱夷子,悠悠烟水间。"按禹锡诗中"垂天虽暂息,一举出人寰",也是对德裕的推许和期望。

关于李德裕洛阳郊外平泉别墅的记载。

康骈《剧谈录》卷下《李相国宅》:"……平泉庄去洛城三十里,卉木台榭,若造仙府,有虚槛,前引泉水,萦回穿凿,像巴峡洞庭十二峰九派迄于海门江山景物之状。竹间行径有平石,以手摩之,皆隐隐见云霞龙凤草树之形。有巨鱼肋骨一条,长二丈五尺,其上刻云:会昌六年海州送到。(注:庄东南隅即征士韦楚老拾遗别墅。楚老风韵高致,雅好山水,相国居廊庙日,以白衣累擢谏署,后归平泉,造门访之,楚老避于山谷,相国题诗云:昔日征黄诏,余惭在凤池;今来招隐士,恨不见琼枝。)"又云:"初,德裕之营平泉也,远方之人多以土产异物奉之,故数年之间无物不有。时文人有题平泉诗者:'陇右诸侯供鸟语,日南太守送花钱。'威势之使人也。"(按此条系古典文学出版社版《剧谈录》据《太平广记》卷四〇五所载补入)

《贾氏谈录》:"李德裕平泉庄,台榭百余所,天下奇花异草,珍松怪石,靡不毕具。自制《平泉花木记》,今悉以绝矣,唯雁翅桧(叶婆娑如鸿雁之翅)、珠子柏(柏实皆如珠子联生叶卜)、莲房玉蕊等,犹有存者。怪石为洛阳有力者取去,石上皆刻'有道'二字。"(按此又见宋王谠《唐语林》卷六补遗,又可参见宋赵彦卫《云麓漫钞》卷四。)

宋杜绾《云林石谱》卷上《平泉石》:"平泉石出自关中产(按此疑作沪字——琮)水中,李德裕每获一奇,皆镌'有道'二字。顷年余于颍昌杜钦益家赏一石,双峰,高下有径道,挺然长数尺许,无嵌空岩窦势,其质不露,圭角磨砻,光润而清坚。于石罅中镌'有道'二字,扣之有声,尚是平泉庄故物也。"

又清龚崧林《河南洛阳县志》卷二《地理》,载洛阳八景,其中之一为"平泉朝游"。大约平泉别墅早在德裕第一次镇浙西时已开始筹建(见前谱),并陆续添置花石珍异,德裕曾两次为相,亦有人供献者,故《剧谈录》有"陇右诸侯供鸟语,日南太守送花钱"之谚。经过较长时期的经营,始建成为一座具有相当规模的园林别墅。但至北宋似已湮没无闻,李格非《洛阳名园记》未加提及,清修《河南洛阳县志》亦仅提及"平泉朝游",至于其具体情况则未有记载。

〔辨正〕关于李德裕与白居易的关系。

《北梦琐言》卷一:"白少傅居易文章冠世,不跻大位。先是刘禹锡大和中为宾客时,李太尉德裕同分司东都。禹锡谒于德裕曰:'近曾得白居易文集否?'德裕曰:'累有相示,别令收贮,然未一披,今日为吾子览之。'及取看,盈其箱笥,没于尘坌，既启之而复卷之，谓禹锡曰：'吾于此人，不足久矣。其文章精绝，何必览焉，但恐回吾之心，所以不欲观览。'其见抑也如此。衣冠之士，并皆忌之，咸曰：'有学士才，非宰臣器。'识者于其答制中见经纶之用，为时所排，比贾谊在汉文之朝，不为卿相知，人皆惜之。葆光子曰：李卫公之抑忌白少傅，举类而知也。初，文宗命德裕论朝中朋党，首以杨虞卿、牛僧孺为言，杨、牛即为白公密友也，其不引翼，义在于斯，非抑文章也，虑其朋比而掣肘也。"这是现在所见到的所谓李德裕不喜白居易诗文而故意压抑之说的最早材料。其后宋人钱易《南部新书》乙集又载："白傅与赞皇不协，白每有所寄文章，李缄之一箧，未尝开。刘三复或请之，曰：'见词翰，则回吾心矣。'"此段记载又见吴坰《五总志》。

按开成元年秋冬，李德裕与白居易同在洛阳，虽然一居郊外，一在城内，但不能断然否定他们有见面的机会。本年十一月，德裕第三次受命镇浙西，又辟刘三复为从事，刘禹锡有送三复诗（详见后），可见刘三复于本年冬也适在洛阳。只是《北梦琐言》说禹锡"大和中"为宾客，记时有误。但总的说来，所谓李德裕对白居易的诗文有成见，不欲观看，或故意"抑忌"之，恐非事实。第一，无论《北梦琐言》或《南部新书》，时间都较晚，都是五代末、北宋初。在这之前无此记载。且二者所记，一云刘禹锡，一云刘三复，所记不一，正好说明是出于传说附会。第二，李德裕第一次为浙西观察使时，曾作关于薛阳陶吹觱篥歌，刘禹锡、元稹、白居易都有和作（见前宝历元年）。在这之后，白居易未有一诗一文寄与或涉及德裕。《北梦琐言》载李德裕的话,说白居易累有作品相示,竟至"盈其箱笥";《南部新书》也说白所寄已有"一篚",这都与白居易作品的实际情况不符。第三,两书所载李德裕对白居易诗文的评价也不一致。《南部新书》载李之答语为"若见词翰,则回吾心矣",是说白的诗文或有说服力,或有感染力,假如一看,就不免要改变自己原来的思想见解,而同于白居易的观点;而《北梦琐言》所载李德裕的答语,后面也有"其文章精绝,何必览焉,但恐回吾之心"的话,而在这之前又云"吾于此人,不足久矣",却是颇有贬义,"不足"何讲?也甚含混。而且刘与白、李均为挚友,揆之情理,李德裕不可能对刘禹锡讲这番话。这当也出于晚唐五代人的捏造,借以攻讦李德裕的气量狭隘、妒贤嫉才。

但开成元年秋冬,刘、李、白均在洛阳,刘与白、李与刘,都有诗什唱和,而李与白却无任何交往;白居易住洛阳时,一年之中总有几次往游平泉,如《醉游平泉》(《白居易集》卷三二)末句云:"洛客最闲唯有我,一年四度到平泉。"同卷又有《冬日平泉路晚归》,但白诗此时从未涉及李德裕者。这些都使人致疑。白居易与杨虞卿家有亲戚关系,经过大和时的朋党纷争,白居易更不欲夹杂其中,因此他对于李德裕可能是有意避开;李德裕大约也有鉴于此,因此与白氏也无文字交往,但绝不是如《北梦琐言》等书所附会的那样,对白居易寄赠的"词翰"竟不看一眼,置于"箱笥"之中,以致"没于尘坌",如此不合情理,岂是德裕之所为?

德裕于十一月二十一日授浙西观察使,十二月初四日赴任。

《旧·文宗纪》开成元年十一月，"庚辰，浙西观察使崔郾卒。以太子宾客分司东都李德裕检校户部尚书，充浙西观察使"。又裴潾《前相国赞皇公早葺平泉山居，暂还息，旋起赴诏命，作镇浙右……》诗(李《别集》卷十附，又载《全唐诗》卷五〇七)附记有云："其年(按指开成元年)十一月二十一日除浙西观察使，宠兼八座亚相之重。十二月四日发，赴任。"按开成元年十一月丙寅朔，庚辰为十一月十五日，此当为崔郾卒报到之日，至于德裕之任命及赴任，当依裴潾所记。

《旧·李德裕传》："(开成元年)十一月，检校户部尚书，复浙西观察使。德裕凡三镇浙西，前后十余年。"《新传》所载较详，云："开成初，帝从容语宰相：'朝廷岂有遗事乎？'众进以宋申锡对。帝俯首涕数行下，曰：'当此时，兄弟不相保，况申锡邪？有司为我褒显之。'又曰：'德裕亦申锡比也。'起为浙西观察使。后对学士禁中，黎埴顿首言：'德裕与宗闵皆逐，而独三进官。'帝曰：'彼尝进郑注，而德裕欲杀之，今当以官与何人？'埴惧而出。又指坐扆前示宰相曰：'此德裕争郑注处。'德裕三在浙西，出入十年。"

德裕赴浙西任，裴潾以诗送之。

裴潾《前相国赞皇公早葺平泉山居暂还憩旋起赴诏命作镇浙右辄抒怀赋四言诗十四首奉寄》(《全唐诗》卷五〇七)。按德裕《别集》附载此诗，潾之所署官衔为"正议大夫、行尚书兵部侍郎、集贤殿学士、赐紫金鱼袋"。裴潾，《旧书》卷一七一、《新书》卷一一八皆有传。潾为河东闻喜人，元和初曾任谏官。"初，宪宗宠任内官，有至专兵柄者，又以内官充馆驿使。有曹进玉者，恃恩暴戾，遇四方使多倨，有全捽辱者，宰相李吉甫奏罢之。十二年，淮西用兵，复以内官为使"（《旧传》）。这时裴潾即上疏，重申李吉甫前议。迁起居舍人。元和末，因谏宪宗信方士、服丹药，被贬为江陵令。穆宗即位，召入。裴潾尝集历代文章，续梁萧统《文选》，成三十卷，书名为《大和通选》，于大和八年四月上奏朝廷（据《旧·文宗纪》）。这时李德裕在相位。开成元年，裴潾由刑部侍郎转为兵部侍郎，二年，加集贤学士，判院士。史称其"少笃学，善隶书"，"以道义自处，事上尽心，尤嫉朋党，故不为权幸所知"（《旧传》）。

　　裴潾作四言十四首送德裕时，尚在长安任兵部侍郎之职，因此其诗之十二云："公昔南迈，我不及睹；言旋旧观，莫获安语。今则不遑，载骞载举。离忧莫写，欢好曷叙。怆矣东望，泣涕如雨。""公昔南迈"，当指德裕大和八年十一月出任浙西时，是年十二月裴潾由刑部侍郎改华州刺史，德裕赴任时，当不及相送。潾当与德裕有旧，惜不得详考。

　　其诗第二、三、四述德裕的政绩和抱负，今录如下："植爱在根，钟福有兆。珠潜巨海，玉蕴昆峤。披室生白，照夜成昼。挥翰飞文，入侍左右。出纳帝命，弘兹在宥。""历难求试，执宪成风。四镇咸乂，三阶以融。捧日柱天，造膝纳忠。建储固本，树屏息戎。彼狐彼鼠，窒穴扫踪。""我力或屈，我躬莫污。三黜如饴，三起惟惧。再宾为龙，一麾为饫。昔在治繁，常思归去。今则合契，行斯中虑。"

德裕又辟刘三复为浙西从事；刘禹锡有送三复赴任浙西诗。

刘禹锡《送从弟郎中赴浙西》(《刘禹锡集笺证》卷二十
八),自序云:"从弟三复十余年间凡三为浙右从事。往年主
公入相,荐敩登朝,中复从事镇南(按《旧书》卷一七七《刘邺
传》引刘禹锡所作序,此句作'中复从公之京口',含意较显
豁),未几而罢。昨以尚书外郎奉使至洛,旋承新命,改辕而
东,三从公皆旧地。征诸故事,复无其伦。故赋诗赠之,亦志
异也。"诗曰:"衔命出尚书,新恩换使车。汉庭无右者,梁苑
重归欤? 又食建业水,曾依京口居。共经何限事,宾主两
如初。"

按《旧唐书·刘邺传》引刘禹锡序,称三复"昨以尚书员
外郎奉使至潞"(《册府元龟》卷七二九同)。按此时禹锡、德
裕均在洛阳,"潞"当为"洛"字之误。卞孝萱先生致笔者书
函中曾提及此,又谓刘禹锡诗题为《送从弟郎中赴浙西》,而
小序称"尚书外郎",盖三复"奉使至洛"时,官衔尚是员外
郎,三为浙西从事时,改郎中衔。所论甚确,故特标出,并致
谢忱。

本年,蔡京登进士科,中书舍人高锴知贡举(徐松《登科记考》卷二
一)。

〔编年文〕

《伤年赋》(别集卷二)

按别集卷一、卷二所载诸赋,在袁州所作者有十二篇。
此《伤年赋》为本年春间作。自序有云:"余兹年五十,久婴沈
痼,楚泽卑湿,杳无归期,恐田园将芜,不遂悬车之适,乃为此
赋。"德裕本年五十岁,序中又谓"楚泽卑湿",即指袁州。本

年四月间德裕即离袁州赴滁州,故此篇当在春间作。又赋中称"嗟世路之险隘,矧驽骀之已疲",因欲"思保身于不危"。德裕在袁所作,多叹世途险恶,祸福无常,不如急流勇退,韬晦保身。这是他在袁州思想中一个重要的方面。此篇赋中也谓"嗟乎!亢必有悔,盈难久持。李耽宠而忘返,岂黄犬之可思;种婴患而且瘳,渺沧波而莫追。……宜见险而高举,顾轩冕其如遗。虽高华之难企,在哲人之所为"。

《观钓赋》(别集卷二)

赋中云:"临江皋以四望,爱春水以悠悠。赴沧海以东会,引清湘而北流(自注:此水北流)。"德裕在袁仅只本年春日,"春水"云云,当即本年春作。

《二芳丛赋》(别集卷二)

自序云:"余所居精舍前有山石榴、黄踯躅,春晚敷荣,相错如锦。"亦当为本年春作。

又,以下各篇在袁州作,但未能确定其写作时间系去年下半年抑或在本年春间:

《积薪赋》(别集卷一)

赋中云:"邈岩居之幽远,有楚泽之放臣,方绝学以自爨,诚未暇于披榛。"以放臣自比,即在袁州贬所也。又《王氏谈录》曾极赞此文,云:"公亟称李卫公之文,谓不减燕、许,每读《积薪赋》曰'虽后来之高处,必居上而先焚',真文章之精致也。"(按此据《全唐文纪事》卷七十二《评骘》五。"王氏"疑为王士禛,待查核)

《欹器赋》(别集卷一)

自序云:"癸丑岁,余时在中枢,丞相路公见遗欹器,赠以古人之物,永怀君子之心。尝欲报以词赋,属力小任重,朝夕尽瘁,固未暇于体物。今者公已殁世,余又放逐,忽睹兹器,凄然怀旧,因追为此赋,置公灵筵。"癸丑为大和七年,"路公"为路隋,时德裕与路隋均在相位。九年四月,德裕被诬贬袁州,路隋为救解德裕亦罢相出镇浙西,于七月病卒于长江赴任途中。此云"公已殁世,余又放逐",即在袁州作。

《虻蜉赋》(别集卷一)

赋中云:"惟江潭之下国,况幽居于泽畔。"在袁州作,详见前谱。

《振鹭赋》(别集卷一)

赋中云:"此郡带江缘岭,野竹成林,每向夕有白鹭群飞,集于林杪。余所居在峰岑之上,临眺一川,玩其往来,有以自适。"在袁州作。

《问泉途赋》(别集卷二)

此篇前有"袁州八首"四字。自序云:"问泉途,思沈侯也(原注:沈侯,传师也)。"按沈传师,大和九年四月卒于长安,时为吏部侍郎。

《怀鸮赋》(别集卷二)

自序云:"荆楚多飞鸮,余所居在岑崿之中,盖兹鸟族类所托,不足叹其蕃也。"此亦为袁州作。

《斑竹管赋》(别集卷二)

自序云:"余寓居郊外精舍,有湘中守赠以斑竹笔管,奇彩烂然,爱玩不足,因为小赋以报之。"

《柳柏赋》(别集卷二)

自序云："予尝叹柏之为物，贞苦有余而姿华不足，徒植于精舍，列于幽庭，不得处园池之中，与松竹相映，独此郡有柳柏，风姿濯濯，宛若黄杨。"又赋中云："顾谓稚子烨起为谣曰：楚山侧兮湘水源，美斯柏兮托幽根。"亦当在袁州作，时子烨在侧，详见前谱。

《白猿赋》(别集卷二)

自序云："此郡多白猿，其性驯而仁爱。"赋中云："昔周穆之南迈，将奋旅于湘沅，既只轮而无返，化君子以为猿。"

《畏途赋》(别集卷二)

本年孟夏离袁州赴滁州作，详见前谱。

《知止赋》(别集卷二)

题下注："北归作。"赋中亦发挥世路险阻、知止保身思想。与袁州所作赋同。

《剑池赋》(别集卷二)

经丰城作，详见前谱。

《望匡庐赋》(别集卷二)

赴滁州经鄱阳湖作，详见前谱。

《大孤山赋》(别集卷二)

王象之《舆地碑记目》卷二江州碑记有《大孤山赋》，并云："《集古录》云唐李德裕撰，周墀篆书，会昌五年刻。李德裕有记，同刻在庐山东林寺。"孙光宪则误作"小孤山赋"，所著《北梦琐言》卷十二有云："唐杨镳，收相之子，少年为江西推巡，优游外幕也。属秋祭，请祀大姑神，西江中有两山孤拔,号大者为大孤,小者为小孤。朱崖李太尉有《小孤山赋》寄意焉。"

《项王亭赋》(别集卷二)

赴滁州途中作,详见前谱。

《怀崧楼记》(别集卷七)

在滁州作。文末署"丙辰岁丙辰月,银青光禄大夫、守滁州刺史李德裕记"。按本年无丙辰月。《文苑英华》卷八一○所载作"丙申月"是。丙申月为七月。"崧"又作"嵩",王象之《舆地碑记目》卷二滁州碑记有《怀嵩楼记》,下云"李德裕撰"。又王禹偁《北楼感事诗序》中云:"唐朱崖李太尉卫公为滁州刺史,作怀嵩楼,取怀归嵩洛之义也,卫公自为之记,其中述直翰林时同僚存殁,且有白鸡黄犬之叹,颇露知退之心。"

《灵泉赋》(别集卷九)

本年九月作,在洛阳平泉。

〔编年诗〕

《初归平泉过龙门南岭遥望山居即事》(别集卷十)

诗云:"初归故乡陌,极望且徐轮。"当系九、十月间初归洛阳平泉别墅所作,刘禹锡有和作,详见前谱。

《潭上喜见新月》(别集卷十)

刘禹锡和作,诗题"新月"作"初月"。此亦九、十月间作。详见前谱。

《伊川晚眺》(别集卷十)

诗云:"桑叶初黄梨叶红,伊川落日尽无风。"亦当在深秋初冬间作。

《郊外即事奉寄侍郎大尹》(别集卷十)

诗云:"高秩惭非隐,闲林喜退居。老农争席坐,稚子带经锄。竹径难回骑,仙舟但跂予。岂知陶靖节,只自爱吾庐。"按《旧书》卷一七三《李珏传》:"开成元年四月,以太子宾客分司东都,迁河南尹。二年五月,李固言入相,召珏复为户部侍郎。"盖李绅于开成元年六月由河南尹改宣武节度使,李珏即继任为河南尹,至开成二年五月又入为户部侍郎。德裕此诗,题中之"侍郎大尹"即李珏,珏于大和九年即任为户部侍郎,此时又为河南尹,故以"侍郎大尹"称之。按李珏与李宗闵亲善,开成后期又与杨嗣复等排挤郑覃、陈夷行。观德裕此诗,似李珏前此曾致意德裕,或往访其平泉别墅,德裕乃作诗以答其意。

白居易有《三月三日祓禊洛滨》诗(《全唐诗》卷四五六),自序云:"开成二年三月三日,河南尹李待价以人和岁稔,将禊于洛滨……"待价,即李珏字。

《访韦楚不遇》(文集补遗)

诗云:"昔日征黄绮,余惭在凤池;今来招隐士,恨不见琼枝。"按《唐语林》卷七《补遗》有云:"平泉,即征士韦楚老拾遗别墅。楚老风韵高邈,好山水。卫公为丞相,以白衣擢升谏官。后归平泉,造门访之,楚老避于山谷。卫公题诗云:'昔日征黄绮,余惭在凤池;今来招隐逸,恨不见琼枝。'"《剧谈录》卷下载此事,亦作"韦楚老"。《全唐诗》即据此题作《访韦楚老不遇》。

按韦楚老,新旧《唐书》皆无传。杜牧《唐故平卢军节度巡官陇西李府君墓志铭》(《樊川文集》卷九),中有云:"大和九年,为监察御史,分司东都,今谏议大夫李中敏、左拾遗韦楚老、前监察御史卢简求咸言于某曰……"此李府君为李戡,开成二年春卒于洛阳,此时杜牧亦在洛阳,则大和九年韦楚老已为左拾遗,与德裕诗"今来招隐士(《唐语林》作隐逸)"似不合。《册府元龟》卷七七九载,平泉处士韦楚为韦长之兄,大和八年授左拾遗内供奉,竟以自乐闲淡不起。则韦楚与韦楚老为二人,德裕此诗应作韦楚。

《洛中士君子多以平泉见呼愧获方外之名因以此诗为报奉寄刘宾客》(别集卷十)

诗云:"径荒寒未扫,门设昼长关。"似已为冬日。刘禹锡有和作,详见前文。

《山居遇雪喜道者相访》(别集卷十)

《雪霁晨起》(别集卷十)

以上二诗当皆在洛中作,时已冬日,当在十一、十二月间。

开成二年丁巳(八三七)　五十一岁

五月,德裕由浙西观察使改为淮南节度使,代牛僧孺,牛僧孺由淮南节度使授东都留守。关于德裕代淮南任时奏所领钱帛等数的记载。

《旧·文宗纪》开成二年五月丙寅，"以浙西观察使李德裕检校户部尚书，兼扬州大都督府长史，充淮南节度使。辛未，诏以前淮南节度使牛僧孺为检校司空、东都留守"。

《旧·李德裕传》："开成二年五月，授扬州大都督府长史、淮南节度副大使、知节度使事，代牛僧孺。初僧孺闻德裕代己，乃以军府事交付副使张鹭，即时入朝。时扬州府藏钱帛八十万贯匹，及德裕至镇，奏领得止四十万，半为张鹭支用讫。僧孺上章讼其事，诏德裕重检括，果如僧孺之数。德裕称初到镇疾病，为吏隐欺，请罚，诏释之。补阙王绩、魏謩、崔党、韦有翼，拾遗令狐绹、韦楚老、樊宗仁等，连章论德裕妄奏钱帛以倾僧孺，上竟不问。"

《新·李德裕传》载："迁淮南节度使，代牛僧孺。僧孺闻之，以军事付其副张鹭，即驰去。淮南府钱八十万缗，德裕奏言止四十万，为张鹭用其半。僧孺诉于帝，而谏官姚合、魏謩等共劾奏德裕挟私怨沮伤僧孺，帝置章不下，诏德裕覆实。德裕上言：'诸镇更代，例杀半数以备水旱、助军费。因索王播、段文昌、崔从相授簿最具在。惟从死官下，僧孺代之，其所杀数最多。'即自劾'始至镇，失于用例，不敢妄'。遂待罪，有诏释之。"

按新旧《唐书·李德裕传》所载，意在说明德裕以私怨中伤牛僧孺。今查杜牧所作牛僧孺墓志铭及李珏所作牛僧孺神道碑，凡述及牛、李关系者，无不抑李而扬牛，甚至其事本无，亦不惜虚造而诬陷李德裕者，而独于淮南交割事则无一语道及，杜《志》仅云："大和六年，检校右仆射、平章事、淮南节度使。六年至开成二年,连上章请休官,诏益不许。……
夏五月,以兵付监军使,拜疏讫,就道。"李《碑》亦云:"脱屣
归洛,优诏屡降,雅志不回,拜检校司空、东都留守。"若曲在
德裕,则应是大好事例,正可写入,以表明李德裕以私怨报复
之,而杜、李二人竟也不置一辞,可见其事尚在有无之间。且
据《新传》所载德裕奏语,诸镇相代,向有杀半数之例,且谓僧
孺代崔从,所杀更多,德裕之失,仅在"失于用例"而已,本不
足以深责。《旧·穆宗纪》元和十五年七月,"乙卯,敕自今后
新除节度、观察使到任日,具见在钱帛、斛斗、器械数目分析
以闻"。可见德裕仅是遵照旧章办事,并非借机攻讦僧孺。
又观劾奏诸人,如魏謩、韦楚老、令狐绹等,本是牛党人物。
此当是德裕由浙西改淮南,被视为升迁,故在朝之牛党人物
深嫉之,借故生事,群起而攻,后亦终于未有结果。

又《嘉定镇江志》卷十四《唐润州刺守》李德裕条,中云:
"(开成二年)五月丙寅,授检校户部尚书兼扬州大都督府长
史,充淮南节度使。据德裕《献替记》云:自唐有国二百余年。
未尝有自润迁扬州者,况两地皆是旧封,信怀荣感。盖德裕
祖父献公栖筠大历二年曾以苏州刺史兼浙西团练观察使,而
忠懿公吉甫尝为淮南节度使,二镇皆父祖旧治,故云。"按此
条注明"以李卫公年谱参定"。

牛僧孺居洛阳的生活情况。

《旧书》卷一七二《牛僧孺传》载:"开成初,搢绅道丧,阉
寺弄权,僧孺嫌处重藩。求归散地,累拜章不允,凡在淮甸六
年。开成二年五月,加检校司空,食邑二千户、判东都尚书省

事、东都留守、东畿汝都防御使。"《新书》卷一七四《牛僧孺传》也谓"开成初,表解剧镇,以检校司空为东都留守"。牛僧孺于开成初不愿意担任"剧镇"大约是确实的,杜牧所作僧孺之墓志铭也载他上章求罢任的话:"臣惟退罢,可以行心。"他在淮南没有可以值得称道的治绩,他的所谓求罢只不过出于一种庸人心理,而他在洛阳过的则是庸俗的生活,这有白居易的诗为证。白居易有《酬思黯戏赠》(《白居易集》卷三四),诗云:"钟乳三千两,金钗十二行。妒他心似火,欺我鬓如霜(自注:思黯自夸前后服钟乳三千两,甚得力,而歌舞之妓颇多。来诗谑予赢老,故戏答之)。"这与李德裕在洛阳居住时相比,生活情趣的俗与雅,相去何远。《旧·牛僧孺传》谓"僧孺识量弘远,心居事外,不以细故介怀。洛都筑第于归仁里。任淮南时,嘉木怪石,置之阶廷,馆宇清华,竹木幽邃。常与诗人白居易吟咏其间,无复进取之怀"。此段记载应与上引白居易诗比看,牛僧孺的所谓"无复进取之怀",只不过对宦官专横不敢抗争,耽于服药与女乐,以保持其禄位而已。

德裕在淮南,又辟杜牧弟杜顗为观察支使,时杜顗目疾己日益转重。杜牧后迎同州眼医至扬州访顗,为顗治病。秋末,牧又携顗赴宣州幕。

杜牧《唐故淮南支使试大理评事兼监察御史杜君墓志铭》(《樊川文集》卷九):"开成二年春,目益昏,冬遂丧明。李(德裕)为淮南节度使,复请为试评事,兼监察、观察支使。"按杜顗于前大和八年曾应李德裕之辟为浙西观察使府巡官。详见前大和八年条。

又杜牧《上宰相求湖州第二启》（《樊川文集》卷十六）中云："至（开成）二年间，颐疾眼，暗无所睹，故殿中侍御史韦楚老曰：'同州有眼医石公集，剑南少尹姜沔丧明，亲见石生针之，不一刻而愈，其神医也。'某迎石生至洛，告满百日，与石生俱东下，见病弟于扬州禅智寺。……其年秋末，某载病弟与石生自扬州南渡，入宣州幕。"杜牧病告百日，依例去官，乃于秋末改为宣州团练判官，入宣州幕（参其所著《自撰墓志铭》，《樊川文集》卷十，又参新旧《唐书》杜牧本传）。

据此，则杜牧于本年春末至秋，寓居扬州，其弟颐又为李德裕之幕府官，并与相善，但杜牧在扬州未有与德裕交往的行迹。

裴潾于三月由兵部侍郎改为河南尹，九月，将去年所作寄奉德裕赴浙西诗十四首刻于石，列于平泉山居。

裴潾《前相国赞皇公早茸平泉山居暂还憩旋起赴诏命作镇浙右辄抒怀赋四言诗十四首寄奉》（《全唐诗》卷五〇七）诗末后记云："开成元年九月，相公以太子宾客分司东都，九月十九日达洛下，安居于平泉别墅。潾辄述公素尚，赋四言诗，兼述山泉之美，未及刻石。其年十一月二十一日，除浙西观察使，宠兼八座亚相之重。十二月四日发，赴任。开成二年，潾自兵部侍郎除河南尹，乃于河南廨中，自书于石，立于平泉之山居。开成二年九月二十五日，河南尹裴潾题。"

按裴潾本年三月为河南尹，《旧·文宗纪》开成二年三月壬辰，"以兵部侍郎裴潾为河南尹"。又刘禹锡有《裴侍郎大尹雪中遗酒一壶兼示喜眼疾平一绝有闲行把酒之句斐然仰酬》(《刘禹锡集笺证》外集卷六),或即为本年冬所作。

李商隐本年登进士科,试吏部未中,又入令狐楚兴元幕。十一月,令狐楚卒,李商隐为草遗表。

《新书》卷二○三《文艺下·李商隐传》:"开成二年,高锴知贡举,令狐绹雅善锴,奖誉甚力,故擢进士第。"据张采田《玉溪生年谱会笺》,谓义山本年虽进士登第,但试吏部未中,后东归省亲,于秋冬间赴令狐楚元幕。

又《旧·文宗纪》开成二年十一月,"丁丑,兴元节度使令狐楚卒"。《旧书》卷一七二《令狐楚传》叙其开成时政见云:"开成元年上巳,赐百僚曲江亭宴。楚以新诛大臣,不宜赏宴,独称疾不赴,论者美之。以权在内官,累上疏乞解使务。其年四月,检校左仆射、兴元尹,充山南西道节度使。二年十一月,卒于镇,年七十二,册赠司空,谥曰文。"按令狐楚于敬宗后期起历任方镇,已不参与朝中派系斗争,与牛僧孺、李宗闵似亦无甚往来。

李商隐有《代彭阳公遗表》、《为令狐博士绪补阙绹谢宣祭表》(《樊南文集笺注》卷一)。

又白居易有悼令狐楚诗,题为《令狐相公与梦得交情素深,眷予分亦不浅,一闻薨逝,相顾泣然。旋有使来,得前月未殁之前数日书及诗寄赠。梦得哀吟悲叹,寄情于诗,诗成示予,感而继和》(《白居易集》卷三四)。

张仲方于四月卒,时为秘书监。白居易曾为作墓志。

《旧·文宗纪》开成二年四月,"己酉,秘书监张仲方卒"。

《旧书》卷一七一《张仲方传》末云:"(仲方)自驳谥之

后,为德裕之党摈斥,坎坷而殁,人士悲之。"按张仲方于元和时驳议李吉甫谥,主旨乃在于反对对淮西等强藩用兵,触宪宗之怒而贬官。其事之非本在仲方。后又稍迁为河东少尹、郑州刺史。敬宗时同年李程拜相,又授为右谏议大夫;大和时历任福州刺史、太子宾客、右散骑常侍。大和七年德裕入相,张仲方称疾不出,于是出为太子宾客分司。八年,德裕罢相,李宗闵执政,又召为散骑常侍。九年甘露之变后任京兆尹,因吏治无状,为薛元赏所代,出为华州刺史。郑覃柄政,为求两派平衡,李宗闵之党也因而内迁,张仲方又入为秘书监。观其一生,并无德裕之党摈斥及坎坷以没等事。《新书》卷一二六《张仲方传》谓"(仲方)既驳吉甫谥,世不直其言,卒不至显",较得其实。

白居易曾为作墓志,有《唐故银青光禄大夫秘书监曲江县开国伯赠礼部尚书范阳张公墓志铭并序》(《白居易集》卷七十),叙及与李吉甫有关者,仅"驳宰相谥议,出为遂州司马,移复州司马,俄迁刺史",并不提及李吉甫、德裕之名,也不叙及牛李党争,当系白居易有意回避。

〔编年诗〕

《早春至言禅公法堂忆平泉别业》(别集卷十)

《峡山亭月夜独宿对樱桃花有怀伊川别墅》(别集卷十)

以上二诗,题下皆注云"金陵作"。此所谓金陵,即润州。按德裕第一次镇浙西,尚未葺平泉别墅,第二次镇浙西,亦未自平泉赴任。独第三次镇浙西前曾在平泉小住,此所谓忆平泉别业、怀伊川别墅,当皆是开成二年春作,时刚离洛阳未久,而又未赴淮南。后诗云:"愁人惜春夜,达曙想岩扉。"亦是春间作。

《怀山居邀松阳子同作》(别集卷九)

诗云:"我有爱山心,如饥复如渴。出谷一年余,常疑十年别。春思岩花烂,夏忆寒泉洌,秋忆泛兰厄,冬思玩松雪。"又云:"我未及悬舆,今犹佩朝绂。焉能逐麋鹿,便得游林樾。"按德裕于开成元年冬由洛阳改浙西,赴润州,开成二年五月又由浙西改淮南。此云"出谷一年余",又历叙春夏秋冬四时之忆,则以作于二年冬为是。德裕在淮南所作诗,大多为怀念平泉山居之什,所谓"我有爱山心,如饥复如渴",但又想到仍居官职,乃又产生"焉能逐麋鹿,便得游林樾"之心理。

《思归赤松村呈松阳子》(别集卷九)

《近腊对雪有怀林居》(别集卷九)

以上二诗皆接《怀山居邀松阳子同作》之后,当均为本年冬在扬州作。松阳子其人待考。

开成三年戊午(八三八)　五十二岁

正月,杨嗣复、李珏拜相。李石为中人所恶,罢相,出为荆南节度使。杨嗣复、李珏与郑覃、陈夷行议政事多不合,杨、李欲进援李宗闵,托宦官说文宗,李宗闵卒由衡州司马贬所迁为杭州刺史。

《旧·文宗纪》开成三年正月,"甲子,宰臣李石遇盗于亲仁里,中剑,断其马尾,又中流矢,不甚伤。是时,京城大恐,捕盗不获，既而知仇士良所为。……戊申，以诸道盐铁转运使、正议大夫、守户部尚书、上柱国、弘农郡开国伯、食邑七百户、赐紫金鱼袋杨嗣复可本官同中书门下平章事，朝议郎、户部侍郎、判户部事、上柱国、赐紫金鱼袋李珏可本官同中书门下平章事，依前判户部事。丙子，以中书侍郎、同中书门下平章事李石为荆南节度使，依前中书侍郎、平章事"。

按李石，《旧书》卷一七二、《新书》卷一三一有传。元和十三年进士及第。甘露之变后，文宗以李石新进而无党，擢为宰相，与郑覃等同掌朝政。《旧传》载："自京师变乱之后，宦者气盛，凌轹南司，延英议事，中贵语必引训以折文臣。石与郑覃尝谓之曰：'京师之乱，始自训、注，而训、注之起，始自何人？'仇士良等不能对，其势稍抑，搢绅赖之。"可见李石对宦官有所斗争，唯其如此，乃受到宦官的嫉怨。《通鉴》卷二四六开成三年正月载："中书侍郎、同平章事李石，承甘露之乱，人情危惧，宦官恣横，忘身徇国，故纪纲粗立。仇士良深恶之，潜遣盗杀之，不果。石惧，累表称疾辞位；上深知其故而无如之何。丙子，以石同平章事，充荆南节度使。"武宗时征讨刘稹，李德裕尝起用李石为太原尹、河东节度使。

按李石去相位，杨、李执政，表示宦官势力的进一步扩张，也是开成时牛党势力占上风的标志，开成初期政局较为稳定的情况有所变化。

杨、李于正月执政，二月，即欲起用李宗闵，并与郑覃等发生一场激烈的辩论。《旧·文宗纪》开成三年二月载："乙未，上谓宰臣曰：'李宗闵在外数年，可别与一官。'郑覃、陈夷行曰:'宗闵养成郑注,几覆朝廷,其奸邪甚于李林甫。'杨嗣复、李珏奏曰:'大和末,宗闵、德裕同时得罪,二年之间,德裕再量移为淮南节度使,而宗闵尚在贬所。凡事贵得中,不可但徇私情。'上曰:'与一郡可也。'丁酉,以衡州司马李宗闵为杭州刺史。"此事《旧书》卷一七六《李宗闵传》所载较详,今录之于下:开成元年,量移衢州司马。三年,杨嗣复辅政,与宗闵厚善,欲拔用之,而畏郑覃沮议,乃托中人密讽于上。上以嗣复故,因紫宸对,谓宰相曰:"宗闵在外四五年,宜别授一官。"郑覃曰:"陛下怜其地远,宜移近内地三五百里,不可再用奸邪。陛下若欲用宗闵,臣请先退。"陈夷行曰:"比者宗闵得罪,以朋党之故,恕死为幸。宝历初,李续之、张又新、苏景胤等,朋比奸险,几倾朝廷,时号'八关十六子'。"李珏曰:"主此事者,罪在逢吉。李续之居丧服阕,不可不与一官,臣恐中外衣冠,交兴议论,非为续之辈也。"夷行曰:"昔舜逐四凶天下治,朝廷求理,何惜此十数纤人?"嗣复曰:"事贵得中,不可但徇憎爱。"上曰:"与一郡可也。"郑覃曰:"与郡太优,止可洪州司马耳。"夷行曰:"宗闵养成郑注之恶,几覆邦家,国之巨蠹也。"嗣复曰:"比者,陛下欲加郑注官,宗闵不肯,陛下亦当记忆。"覃曰:"嗣复党庇宗闵。臣观宗闵之恶,甚于李林甫。"嗣复曰:"覃语太过。昔玄宗季年,委用林甫,妒贤害能,破人家族。宗闵在位,固无此事。况大和末,宗闵、德裕同时得罪。二年之间,德裕再领重镇,而宗闵未离贬所。陛下惩恶劝善,进退之理宜均,非臣独敢党庇。昨殷侑与韩益奏官及章服,臣以益前年犯赃,未可其奏,郑覃托臣云'幸且勿论'。熟为党庇?"翌日,以宗闵为杭州刺史。

按此为杨嗣复、李珏执政后与郑覃、陈夷行的第一次正面交锋,所论李宗闵起用,确是大事。杨、李等的手法,一是"托中人密讽于上",也就是结纳宦官,并通过宦官向文宗施加压力,这是李宗闵一派人的一贯作风。另一是抹杀李德裕、李宗闵大和九年贬官的是非界限:李德裕之贬,是受到李训、郑注以及李宗闵等的诬害,其罪名是捏造的,李宗闵之贬官是起于李宗闵与郑注等的利害冲突,并不是是非之争,而郑注等告李宗闵的罪名是确实的,即李宗闵交结女学士宋若宪、驸马都尉沈曦走宦官的门路,求为宰相。杨嗣复所谓"事贵得中",即想抹杀德裕与宗闵的是非界限,达到起用李宗闵的目的。而文宗终于授李宗闵为杭州刺史,这也正说明开成时宦官势力对朝政的影响。

四月,裴潾卒,时为兵部侍郎。

《旧·文宗纪》开成三年四月己酉,"兵部侍郎裴潾卒"。

按据《旧书》卷一七一《裴潾传》,潾于开成二年由兵部侍郎出为河南尹,"入为兵部侍郎,三年四月卒,赠户部尚书,谥曰敬"。《新书》卷一一八《裴潾传》所记略同。

日本僧人圆仁等抵扬州,曾谒见李德裕,其所著《入唐求法巡礼行记》有载初到扬州时情况。

圆仁《入唐求法巡礼行记》记圆仁于开成、会昌年间入唐求法的经历,所记扬州、江苏北部、胶东半岛、五台山及长安等情况,系当时人所记中国社会的第一手材料,颇有史料价值。今摘录与李德裕有关的记载如下:

卷一："七月廿五日……申毕,行东郭水门。酉时,到城北江停留。"

"八月一日,早朝,大使到州衙,见扬府都督李相公,事毕归来。"

"八月四日,早朝,有报牒。大使赠土物于李相公,彼相公不受,还却之。"

"八月九日,巳时,节度使李相公牒于开元寺,许令画造佛像。未时,勾当日本国使王友真来官店,慰问僧等,兼早令向台州之状,相使归却。请益法师便赠土物于使。"

"八月十日,辰时,请益、留学两僧随身物等斤量之数定录,达使衙了。即闻第二舶着海州,第二舶新罗译语朴正长书送金正南房。午时,王大使来,道:'相公奏上既了,须待敕来,可发赴台州去。'大使更'留学僧暂住扬府,请益僧不待敕符,且令向台州'之状,牒送相公。二三日后,相公报牒称:'不许且发,待报符,可定进止。'其间,令僧住寺里者。"

"八月廿六日,李相公随军游击将军沈弁来谘问,兼语相公讳四字,府、吉、甫、云四字也。翁讳'云',父讳'吉甫'。暮际,沈弁差使赠来蜜一碗。请益法师为供寺僧,唤寺库司僧令端问寺僧数,都有一百僧。"

"九月十三日,闻相公奏状之报符来扬府,未得子细。斋后,监军院要籍(琼按要籍为节度使下职名,见《新唐书》卷四九《百官志》节度使属官)薰廿一郎来,语州里多少。……扬府南北十一里,东西七里,周四十里(琼按扬州城周围里数尚可参宋沈括《梦溪笔谈》、《补笔谈》所记)。从开元寺正北,有扬府。……扬府里僧尼寺四十九门。州内有二万军,总管七州,都有十二万军。"

"九月廿日,写得相公牒状,称:'日本国朝贡使数内僧圆仁等七人请往台州国清寺寻师。右,奉诏,朝贡使来入京,僧等发赴台州。未入,可允许。须待本国表章到,令发赴者。'委曲在牒文。"

"九月廿九日……相公为入京使于水馆设饯。……闻道,今天子为有人计煞皇太子,其事之由,皇太子拟煞父王作天子,仍父王煞己子云云。"琮按:《旧·文宗纪》开成三年九月壬戌:"上以皇太子慢游败度,欲废之,中丞狄兼谟垂涕切谏。是夜,移太子于少阳院,杀太子宫人左右数十人。"又十月庚子:"皇太子薨于少阳院。"又《旧书》卷一七五《庄恪太子永传》谓:"初,上以太子稍长,不循法度,昵近小人,欲加废黜,迫于公卿之请乃止。太子终不悛改,至是暴薨。时传云:太子德妃之出也,晚年宠衰。贤妃杨氏,恩渥方深,惧太子他日不利于己,故日加诬谮,太子终不能自辨明也。"圆仁所记,当即此事,民间传语,更为传讹。

"十月十九日,为令惟正、惟皎受戒,牒报判官录事。大唐大和(琮按此当作元和)二年以来,为诸州多有密与受戒,下符诸州,不许百姓剃发为僧。唯有五台山戒坛一处,洛阳终(嵩?)山琉璃坛一处,自此二外,皆悉禁断。由兹请报所由,取处分也。"

"十一月七日,开元寺僧贞顺私以破釜卖与商人,现有十斤。其商人得铁出去,于寺门里逢巡检人,被勘捉归来。巡检五人来云:'近者相公断铁,不令卖买,何辄卖与?'贞顺答云:'未知断,卖与。'即勾当并贞顺具状,请处分。官中免却。自知扬州管内不许卖买铁矣。斋后,相公衙前之虞候三人特来相见,笔言通情:相公始自月三日,于当寺瑞像阁上刻造三尺白檀尺迦佛象。其瑞像飞阁者,于隋炀帝代,栴檀释迦像四躯从西天飞来阁上。仍隋炀帝自书'瑞象飞阁'四字,以悬楼前。"

"十一月八日,斋前,相公入寺里来,礼佛之后,于堂前砌上,唤请益、留学两僧相见,问安稳否。前后左右相随步军计二百来,虞候之人四十有余,门头骑马军八十匹许,并皆着紫衣,更有相随文官等,总着水色,各骑马,忽不得记。相公看僧事毕,即于寺里蹲踞大椅上,被担而去。又总持舍百斛米,宛寺修理料。"

"十一月十六日,作启,谢相公到寺慰问,兼赠少物:水精念珠两串,银装刀子六柄,斑笔廿管,螺子三口。别作赠状,相同入启函里,便付相公随军沈弁大夫交去。"

"十一月十七日,巳时,沈弁归来,陈相公传语,以谢得启。又唯留取大螺子不截尻一口,而截尻小螺两口及馀珠、刀、笔付使退还。更差虞候人赠来白绢两匹,白绫三疋。即作谢,付回使奉送。"

"十一月十八日,相公入来寺里,礼阁上瑞像,及检校新作之像。少时,随军大夫沈弁走来云:'相公屈和尚。'乍闻供使往登阁上。相公及监军并州郎中、郎管、判官等,皆椅子上吃茶,见僧等来,皆起立,作手立礼,唱且坐,即俱坐椅子,啜茶。相公一人,随来郎中以下、判官以上,总八人。相公着紫,郎中及郎官三人着绯,判官四人着绿衫,虞候及步骑军并大人等与前不异。相公对僧等近坐,问那国有寒否,留学僧答云夏热冬寒,相公道共此间一般。相公问云有僧寺否,答云多有。又问有多少寺,答三千七百来寺。又问有尼寺否,答云多有。又问有道士否,答云无道士。相公又问那国京城方圆多少里数,答云东西十五里,南北十五里。又问有坐夏否,答有。相公今度时有语话慰,勤问。申请既毕,相揖下阁。更到观音院,检校修法之事。"

"十二月十八日……申时,勾当王友真来云……又沙弥等受戒之事。相公不许。比年有敕云不令受戒,非敕许,未可允许,云云。"

按以上断续记半年之事,可以见出德裕对佛寺及寺僧执法之严,而对日本来华僧众亦能以礼相待,并注意了解日本的有关情况,可以概见其风度。这种具体的记载,中国的史料中尚十分缺乏。

李商隐二十六岁,入泾原节度使王茂元幕,娶王氏女为妻,又试宏词不中,仍居泾原幕。本年正月有为王茂元贺杨嗣复拜相状。

此据张采田《玉溪生年谱会笺》。

按据《旧·文宗纪》,王茂元于大和九年十月癸未由前岭南节度使为泾原节度使。李商隐《重祭外舅司徒公文》(《樊南文集笺注》卷六)云:"往在泾川,始受殊遇,绸缪之迹,岂无他人。樽空花朝,灯尽夜室,忘名器于贵贱,去形迹于尊卑。……每有论次,必蒙褒称。"冯浩据此驳新旧《唐书》商隐传谓王茂元镇河阳时始辟李商隐入幕,并以女妻之之误。张采田谓冯氏此说甚精。按冯说已可成定论。

李商隐又有《为濮阳公上杨相公状》(《樊南文集笺注》卷二)。此杨相公即杨嗣复,嗣复于开成二年为户部侍郎,三年正月拜相,故《状》中云:"伏见今月某日制书,伏承相公由大司徒之率属,掌中秘书之枢务。"又云:"宠延注意,荣叶沃心,凡备生灵,莫非陶冶。""某夙奉恩光,今叨任使,守朝那之右地,镇安定之遗封。不获趋贺黑幡,拜伏金印。"由此也可见李商隐于本年正月即已入泾原幕。

过去一向以王茂元为李党,李商隐于令狐楚死后改入王茂元幕,并为王氏之婿,为由牛党改投李党,因而目为背恩忘德,诡薄无行。如《旧书》卷一九〇下《文苑下·李商隐传》云:"茂元爱其才,以子妻之。茂元虽读书为儒,然本将家子,李德裕素遇之,时德裕秉政,用为河阳帅。德裕与李宗闵、杨嗣复、令狐楚大相仇怨。商隐既为茂元从事,宗闵党大薄之。时令狐楚已卒,子绹为员外郎,以商隐背恩,尤恶其无行。"《新书》卷二〇三《文艺下·李商隐传》亦云:"茂元善李德裕,而牛、李党人蚩谪商隐,以为诡薄无行,共排笮之。"至宋陈振孙《直斋书录解题》,亦以王茂元与郑亚并提,其书卷十九别集类《李义山集》下云:"从王茂元、郑亚辟,二人皆李德裕所善,坐此为令狐绹所憾,竟坎壈以终。"

但事实上王茂元既不是李党,也不是牛党,他与党争无涉。当时无论哪一派,都不把王茂元看成党人。王茂元为濮州濮阳人,其祖王崇术,任鄜州伏陆县令,崇术曾祖为集州司仓参军,祖为滑州卫南县令,父为蔚州司法参军,都是地方州县的基层官吏,因此权德舆说:"故缨縠未华,仕不过郡掾史、县大夫。"(《权载之文集》卷十六《故郇州伏陆县令赠散骑常侍王府君神道碑》,又见《全唐文》卷五〇〇)王崇术有三子,幼子名栖曜,即茂元父。栖曜从军功起家,安史乱起,征讨有功,官至郇坊节度使,贞元十九年卒(见《旧唐书》卷一五二、《新唐书》卷一七〇本传)。王茂元于元和十四五间曾任归州刺史(参王茂元《楚三闾大夫屈先生祠堂铭》,《全唐文》卷六八四;又冯浩《樊南文集详注》卷六李商隐《为外姑陇西郡君祭张氏女文》)。后曾历守鄞州、蔡州等地,大和二年四月,由邕管经略使改为容管经略使。大和七年,为广州刺史、岭南节度使。大和九年十月,改为泾原节度使。在此之前,王茂元的官职迁转,都与李德裕无关。至于王茂元镇河阳,确在李德裕执政时期,但李商隐早在这之前已为王氏之婿,因此可以说王茂元本不是李党,李商隐入王茂元幕,也非由牛入李,事实上在李商隐入王茂元幕后,令狐绹等也并不即对他加以排斥,不仅如此,还在某些实际行动中资助李商隐在仕宦上找出路。关于此事,详参拙文《李商隐研究中的一些问题》(《文学评论》一九八二年第三期)。

〔编年诗〕

《余所居平泉村舍近蒙韦常侍大尹特改嘉名因寄诗以谢》(别集卷十)

诗云:"未谢留侯疾,常怀仲蔚园。闲谣紫芝曲,归梦赤松村。忽改蓬蒿色,俄吹黍谷暄。多渐孔北海,传教及衡门。"

按诗题云"韦常侍大尹",据《旧·文宗纪》,开成三年正月,"丁丑,以前荆南节度使韦长为河南尹",又开成四年十月,"壬寅,以河南尹韦长为平卢军节度使"。此韦常侍大尹当即为韦长。又据《旧纪》,韦长于大和七年八月,曾任京兆尹兼御史大夫,时李德裕在相位。

韦长,新旧《唐书》无传。白居易有《自罢河南,已换七尹,每一入府,怅然旧游,因宿内厅,偶题西壁,兼呈韦尹常侍》(《白居易集》卷三十四),白诗之"韦尹常侍"亦即韦长,诗当作于开成三年冬。德裕之诗当作于开成三年正月至四年七月韦长任河南尹期间。

开成四年己未(八三九) 五十三岁

李德裕仍在淮南节度使任。日本僧人圆仁记德裕在扬州事。

圆仁《入唐求法巡礼行记》卷一:"开成四年……正月一日甲寅,是年日也,官俗三日休假,当寺有三日斋。早朝,相公入寺礼佛,即归去。"

"正月六日,相公随军沈弁来云,相公传语,从今月初五日,为国并得钱修开元寺栴檀瑞像阁,寄孝感寺,令讲经募缘。请本国和尚特到听讲,兼催本国诸官等结缘舍钱者。"

"正月七日,沈弁来,传相公语言,州府诸官拟以明日会集孝感寺,特屈本国和尚相来看讲者。兼有讲经法师璠慕缘文。按彼状称,修瑞像阁,讲《金刚经》,所乞钱五十贯。状过相公,赐招慕。……沈弁申云:相公施一千贯。此讲以一月为期,每日进赴听法人多数。计以一万贯,得修此阁。波斯国出千贯钱,婆国人舍二百贯。今国众计少人数,仍募五十贯者。转催感少。"

"正月十八日……又相公近者屈来润州鹤林寺律大德光义,暂置惠照寺。相公拟以此僧为当州僧正,便令住此开元寺,其僧正检领扬州都督府诸寺之事并僧等。"

"闰正月望日……相公为修理开元寺瑞象阁,设讲募缘,始自正月一日,至于今月八日讲毕,经五百贯买木,曳置寺庭,且勾当令整削之。"

三月,裴度卒。

《旧·文宗纪》开成四年三月,"丙申,司徒、中书令裴度卒"。

四月,德裕加检校尚书左仆射。

《旧传》:"(开成)四年四月,就加检校尚书左仆射。"按此事《旧纪》及《新传》皆未载。

郑覃、陈夷行受杨嗣复、李珏排挤,于五月罢相;九月,陈夷行又出为华州镇国军防御史。杨、李专政,朋党之争又起。

《旧·文宗纪》开成四年五月,"丙申,郑覃、陈夷行罢知政事,覃守左仆射,夷行为吏部侍郎"。又同年九月,"辛丑,以吏部侍郎陈夷行为华州镇国军防御史"。

按郑、陈与杨、李之争见于《旧纪》及新旧《唐书》诸人本传所载,而以《通鉴》所载为翔实,卷二四六开成四年五月载:

"郑覃曰：'陛下开成元年、二年政事殊美，三年、四年渐不如前。'杨嗣复曰：'元年、二年郑覃、夷行用事，三年、四年臣与李珏同之，罪皆在臣！'因叩头曰：'臣不敢更入中书！'遂趋出。上遣使召还，劳之，曰：'郑覃失言，卿何遽尔！'覃起谢曰：'臣愚拙，意亦不属嗣复，而遽如是，乃嗣复不容臣耳。'嗣复曰：'覃言政事一年不如一年，非独臣应得罪，亦上累圣德。'退，三上表辞位，上遣中使召出之，癸巳，始入朝。丙申，门下侍郎、同平章事郑覃罢为右仆射，陈夷行罢为吏部侍郎。覃性清俭，夷行亦耿介，故嗣复等深疾之。"

按杨嗣复等有宦官为之后援，而郑覃等则欲抑制宦官势力，故不得不失败。《旧书》卷一七三《李珏传》谓："珏与（李）固言、嗣复相善，自固言相得，相继援引，居大政，以倾郑覃、陈夷行、李德裕三人。凡有奏议，必以朋党为谋。"《新书》卷一八二《李珏传》亦谓："开成中，杨嗣复得君，引珏同中书门下平章事，与李固言皆善。三人者居中秉权，乃与郑覃、陈夷行等更持议，一好恶，相影和，朋党益炽矣。"

杨汝士于九月由剑南东川节度使调入为吏部侍郎；牛僧孺于八月为山南东道节度使。牛党人物又纷居要职。十二月，李宗闵由杭州刺史迁为太子宾客分司，杨嗣复更欲起用李宗闵知政事，会文宗卒，而未成。

按郑覃、陈夷行五月罢相，八月癸亥，即以牛僧孺检校司空、同平章事，兼襄州刺史，充山南东道节度使，以使相领大镇。九月辛卯，以剑南东川节度使杨汝士为吏部侍郎。十二月乙卯，以杭州刺史李宗闵为太子宾客，分司东都（以上见

《旧纪》）。又《旧书》卷一七六《李宗闵传》云："（开成）四年冬，迁太子宾客，分司东都。时郑覃、陈夷行罢相，嗣复方再拔用宗闵知政事，俄而文宗崩。"《新书》卷一七四《李宗闵传》亦谓："迁太子宾客、分司东都。既而覃、夷行去位，嗣复谋引宗闵复辅政，未及而文宗崩。"

赵嘏本年秋在扬州，有诗献李德裕。时嘏尚未及第。

《全唐诗》卷五四九载赵嘏《献淮南李仆射》诗："早年曾谒富人侯，今日难甘失鹄羞。新诺似山无力负，旧恩如水满身流。马嘶红叶萧萧晚，日照长江滟滟秋。功德万重知不惜，一言抛得百生愁。"按淮南节度使加仆射者，赵嘏之世仅李夷简与李德裕，夷简年世过早，此当是德裕。观诗中第五句，当作于秋日，明年秋德裕已赴京。

又谭优学《赵嘏行年考》（载所著《唐诗人行年考》）系嘏《献淮南李相公》诗于本年，并云："检《方镇年表》，淮南节度而李姓先已入相者，元和、长庆间为李夷简，开成二年至五年为李德裕；继之者为李绅，先后两任；大中中为李让夷、李珏。夷简年世过早，绅、珏、让夷在相位时，均无武功，与诗言'庙略讨不庭'等内容不合。唯《旧唐书》一七四《李德裕传》，称其于大和四年至七年为成都尹、剑南西川节度使时，'西拒吐蕃，南平蛮、蜒……'，与嘏诗所言合。"按赵嘏《献淮南李相公》（《全唐诗》卷五四九）云："傅岩高静见台星，庙略当时讨不庭。万里有云归碧落，百川无浪到沧溟。军中老将传兵术，江上诸侯受政经。闻道国人思再入，镕金新铸鹤仪形。"

由嘏诗"旧恩如水满身流"句，似德裕前此对赵嘏曾有荐拔誉扬之德,具体情事已无可考。嘏为山阳人(《唐才子传》),生年不能确定(谭优学定于元和元年,可参),曾数次应举不第。《唐才子传》谓会昌二年进士,徐松《登科记考》定于会昌四年(徐《考》亦据《唐才子传》),谭优学从徐《考》,定于会昌四年,可信从。赵嘏大约本年又应试,不第,寓居扬州,而献诗于德裕,故诗中云"今日难甘失鹄羞"。

回鹘内乱,其相掘罗勿借沙陀兵攻彰信可汗;彰信可汗兵败自杀,国人立厖馺特勒为可汗。

《通鉴》卷二四六开成四年载:"回鹘相安允合、特勒柴革谋作乱,彰信可汗杀之。相掘罗勿将兵在外,以马三百赂沙陀朱邪赤心,借其兵共攻可汗。可汗兵败,自杀,国人立厖馺特勒为可汗。"

〔编年文〕

《金松赋并序》(别集卷九)

序云:"广陵东南,有颜太师犹子旧宅,其地即孔北海故台。予因晚春夕景,命驾游眺。忽睹奇木,植于庭际……乃就主人,求得一本,列于平泉。"当作于本年春日。

〔编年诗〕

《比闻龙门敬善寺有红桂树独秀伊川尝于江南诸山访之莫致陈侍御知予所好因访剡溪樵客偶得数株移植郊园众芳色沮乃知敬善所有是蜀道荫草徙得嘉名因赋是诗兼赠陈侍御》(别集卷九)

按此诗题下注"金陵作"。德裕《平泉山居草木记》有云:"己未岁,又得……剡中之真红桂。"即指此。己未为开成

四年,时在淮南。此诗当作于本年或明年八月前。题下注云
"金陵作",误。

《怀伊川郊居》(别集卷十)

本年秋作,见《李德裕文集校笺》。

开成五年庚申(八四〇) 五十四岁

正月,文宗卒,宦官仇士良等奉颍王瀍为帝,是为武宗,并杀陈王成美、安王溶等。

《通鉴》卷二四六开成五年载:"春正月己卯,诏立颍王瀍为皇太弟,应军国事权令句当。且言太子成美年尚冲幼,未渐师资,可复封陈王。时上疾甚,命知枢密刘弘逸、薛季棱引杨嗣复、李珏至禁中,欲奉太子监国。中尉仇士良、鱼弘志以太子之立,功不在己,乃言太子幼,且有疾,更议所立。李珏曰:'太子位已定,岂得中变!'士良、弘志遂矫诏立瀍为太弟。是日,士良、弘志将兵诣十六宅,迎颍王至少阳院,百官谒见于思贤殿。……辛巳,上崩于太和殿。以杨嗣复摄冢宰。癸未,仇士良说太弟赐杨贤妃、安王溶、陈王成美死。"

按陈王成美为敬宗子,安王溶为文宗子。《新书》卷八十二《安王溶传》载:"初,杨贤妃得宠于文宗,晚稍多疾,妃阴请以王为嗣,密为自安地。帝与宰相李珏谋,珏谓不可,乃止。及帝崩,仇士良立武宗,欲重己功,即擿溶尝欲以为太子事,杀之。"按文宗死,武宗立,也是唐朝一次小规模的宫廷政变,

支持太子成美的是宦官、知枢密刘弘逸、薛季棱,支持颍王瀍的是宦官、神策中尉仇士良、鱼弘志,两方面都有宦官的武力为后援,结果仇、鱼一派得胜,李瀍立为皇帝。李瀍为穆宗第五子,元和九年(八一四)生,本年二十七岁。

又《旧书》卷一七五《穆宗诸子·安王溶传》:"武宗即位,李德裕秉政,或告文宗崩时,杨嗣复以与贤妃宗家,欲立安王为嗣,故王受祸,嗣复贬官。"安王溶被杀在开成五年正月,嗣复罢相在五月,时德裕尚在淮南,《通鉴·考异》亦云:"按是时德裕未入相。今从《武宗实录》。"这也是晚唐、五代人对李德裕的诬陷不实之词。

杨嗣复五月罢相,守吏部尚书。

按杨嗣复罢相的时间,记载不一。《旧·武宗纪》载于诛刘弘逸、薛季棱之后,而与出为湖南观察使连书,以杨罢相即出镇湖南。《旧书》卷一七六《杨嗣复传》亦谓:"武宗之立,既非宰相本意,甚薄执政之臣。其年秋,李德裕自淮南入辅政;九月,出嗣复为湖南观察使。"《旧书》卷一七三《李珏传》则系之于九月,云:"武宗即位之年九月,与杨嗣复俱罢相。"《通鉴》卷二四六开成五年则系杨嗣复罢相在五月:"夏五月己卯,门下侍郎、同平章事杨嗣复罢为吏部尚书,以刑部尚书崔珙同平章事兼盐铁转运使。"此与《新书·宰相表》同,《新表》载:"五月己卯,(李)珏为门下侍郎。嗣复罢,守吏部尚书、刑部尚书。诸道盐铁转运使、刑部尚书崔珙同中书门下平章事。"杨嗣复罢相之月份当以《新表》与《通鉴》所载为正,所以记载其罢相在八、九月间者,是为要说明李德裕用而杨嗣复等因而被排斥,如《新书》卷一七四《杨嗣复传》:"帝之立,非宰相意,故内薄执政臣,不加礼,自用李德裕,而罢嗣复为吏部尚书。"实际上杨嗣复的罢相,是因为参与了当时宦官中不同派系的斗争,实与德裕无关。

八月,诛刘弘逸、薛季棱,杨嗣复、李珏也坐累外出。

《旧·武宗纪》开成五年:"八月十七日,葬文宗皇帝于章陵。知枢密刘弘逸、薛季棱率禁军护灵驾至陵所,二人素为文宗奖遇,仇士良恶之,心不自安,因是掌兵,欲倒戈诛士良、弘志。卤簿使兵部尚书王起、山陵使崔棱觉其谋,先谕卤簿诸军。是日弘逸、季棱伏诛。门下侍郎、同平章事杨嗣复检校吏部尚书、潭州刺史,充湖南都团练观察使;中书侍郎、同平章事李珏检校兵部尚书、桂州刺史,充桂管防御观察等使;御史中丞裴夷直为杭州刺史:皆坐弘逸、季棱党也。"按刘弘逸、薛季棱是否欲利用率禁军护灵驾的机会倒戈诛仇士良、鱼弘志,史无佐证,很可能是仇、鱼的借口,借以消灭对立的一派,而杨嗣复、李珏等则受其牵连而出居藩任。

又,白居易有《和杨尚书罢相后夏日游永安水亭兼招本曹杨侍郎同行》诗(《白居易集》卷三五):"道行无喜退无忧,舒卷如云得自由。良冶动时为哲匠,巨川济了作虚舟。竹亭阴合偏宜夏,水槛风凉不待秋。遥爱翩翩双紫凤,入同官署出同游。"按白诗所叙乃杨嗣复罢相后不久之事,而题云"罢相后夏日游永安水亭",诗中又云"竹亭阴合偏宜夏",益可证明前所云杨嗣复罢相当在五月(按白诗系和作,杨嗣复之原诗已佚)。又刘禹锡有《奉和吏部杨尚书太常李卿二相公策免后即事述怀赠答十韵》(《刘禹锡集笺证》卷二二)。

德裕于七月被召入朝,九月初至长安,拜相。

《旧·武宗纪》开成五年,"九月,以淮南节度使、检校尚书左仆射李德裕为吏部尚书、同中书门下平章事,寻兼门下侍郎"。《旧纪》所载,有月无日。《新·宰相表》开成五年载:"九月丁丑,淮南节度副大使、检校右仆射李德裕为门下侍郎、同中书门下平章事。"《通鉴》载:"初,上之立非宰相意,故杨嗣复、李珏相继罢去,召淮南节度使李德裕入朝;九月甲戌朔,至京师,丁丑,以德裕为门下侍郎、同平章事。"

又《旧传》云:"五年正月,武宗即位。七月,召德裕于淮南,九月,授门下侍郎、同平章事。初,德裕父吉甫,年五十一出镇淮南,五十四自淮南复相。今德裕镇淮南,复入相,一如父之年,亦为异事。"

〔辨正〕关于李德裕入相之时间。

关于德裕入相之年月,已见前所引《旧纪》、本传及《通鉴》。张采田《玉溪生年谱会笺》另有新说,以为德裕于本年四月即由淮南召入、拜相,其说云:

"按德裕入相之月,《旧书·传》曰:'武宗即位,七月,召德裕于淮南;九月,授门下侍郎、同平章事。'《旧纪》亦同,《新书》亦无异辞。本集《会昌一品集序》:'唐叶十五,帝谥昭肃,始以太弟,茂对天休。既三四日,乃诏曰:"淮海伯父,汝来辅予。"四月某日入观,是月某日登庸。'据此则入相当在四月,非九月。考《会昌一品集》有《宣懿太后祔庙制》云:'朕因载诞之日,展承颜之敬。'又有《宣懿皇后祔陵庙状》云

'臣等伏以园寝已安,神道贵静,光陵因山久固,仅二十年,福陵近又修崇,足彰严奉。今若再因合祔,须启二陵,或虑圣灵不安,又以阴阳避忌,亦有所疑。臣等商量祔太庙,不移福陵,实为允便。'宣懿祔庙事在六月,《旧书·武宗纪》云:'五月,中书奏:六月十二日皇帝载诞之辰,请以其日为庆阳节,祔宣懿太后于太庙。'又云'初,武宗欲启穆宗陵祔葬,中书门下奏曰'云云,其文即节录《会昌一品集》此篇,则其时德裕已登台席矣。若使七月内召,九月登庸,祔庙大礼,非所躬遇,安得有此等制状哉?然则纪传时月,洵不足信也。今据本集酌定之。"

按张采田引用李商隐《会昌一品集序》及德裕自作之文,所考似若可信,实则不足为据。岑仲勉《玉溪生年谱会笺平质》中《李德裕入相月》条有云:

"余按张氏所持最强之据,为李商隐《集序》,但考《通鉴》二四六'召淮南节度使李德裕入朝,九月甲戌朔,至京师;丁丑,以德裕为门下侍郎、同平章事;庚辰,德裕入谢,言于上曰……'到京,入谢,各有的日,他书未之见,又下叙进言一段,与《新书·德裕传》互有详略,宋及司马当日尚见德裕自著之《文武两庙献替记》(《考异》曾引之),上所云云,必本自此记,其为强证,远胜于商隐之序也。张引《旧纪》初武帝欲启穆陵一节,今《会要》二一叙于开成五年二月追谥宣懿之下,可见各书记载有异,《旧纪》自武宗以后,失次者甚多,安见'纪传时月洵不足信'之不可适用于此节耶?抑《懿后祔庙制》,《会要》一六又书在会昌元年六月,《旧纪》之纪年,亦难专信,'展承颜之敬'系针对下文太皇太后言,载诞之节,历年皆有,尤不限于开成五年。合此以观,所称四月入相,殊未敢信。德裕入相先后,于牛党之浩谣排挤,极有关系,不可不详审也。"

按岑氏之说通达可信,《宣懿太后祔庙制》确应在会昌元年(详见后谱),未能据此以定德裕入相之时月,日本僧人圆仁于开成五年八月二十日由五台山步行抵长安,逐日记载在京师之见闻,《入唐求法巡礼行记》卷三,开成五年九月五日记云:"夜,系念毗沙门,誓愿乞示知法人。闻扬州节度使李德裕有敕令入京,九月三日,入内,任宰相。"圆仁时在长安,以当时人记当时事,当属可信。圆仁前在扬州时,曾谒见德裕,在其《行记》中有详细叙述,若德裕本年四月已任相,圆仁当不可能于九月尚有如此之记述。且圆仁于九月五日记"闻"德裕有敕令入京,九月三日入内,任宰相,与《旧纪》记德裕于九月初一日召入、拜相亦大致相合。据此,则德裕拜相仍应定为九月,其敕令入京则可能在七月,办理移交,稽延时日,至京当已是八月底矣。

〔辨正〕辨《幽闲鼓吹》记事二则。

晚唐人张固著《幽闲鼓吹》,其中有云:"朱崖在维扬,监军使杨钦义追入,必为枢近,而朱崖致礼皆不越寻常,钦义心衔之。一日邀中堂饮,更无余宾,而陈设宝器图画数床,皆殊绝,一席祗奉,亦竭情礼,起后皆以赠之,钦义大喜过望。旬日,行至汴州,有诏令监淮南军,钦义至,即具前时所获归之。朱崖笑曰:'此无所直,奈何相拒!'一时却与,钦义感悦数倍。

后竟作枢密使。武皇一朝之柄用,皆自钦义也。"《通鉴》卷二四六开成五年九月载德裕入相,亦述此事。末二句作"德裕柄用,钦义颇有力焉"。胡注又云:"史言李德裕亦不免由宦官以入相。"

按《幽闲鼓吹》所载,多为小说家言,不一定可靠,《通鉴》不加辨析,即加采入,其主旨也在说明李德裕仍依附宦官以进。其事之有无,本在疑似之间,即使实有,也不能断言德裕入相之功在宦一人,如张固所谓"武皇一朝之柄用,皆自钦义"。范文澜先生《中国通史简编》第三编曾记叙此事,并有评析,其论平正通达,颇能服人,云:"李德裕不因杨钦义将作枢密使特加礼貌,也不因不作枢密使收回礼物,使杨钦义不敢以炎凉鄙态来看待李德裕。临行设宴送礼,使杨钦义感到同僚的情谊。杨钦义荐举李德裕,并非李德裕有求于杨钦义。这样对待宦官,在唐后期,应该说是较为适当的态度。"(页一七八)

《幽闲鼓吹》又云:"朱崖李相在维扬,封川李相在湖州,拜宾客分司。朱崖大惧,遣专使厚致信好;封川不受,取路江西而过。非久朱崖入相,过洛,封川忧惧,多方求厚善者致书乞一见,欲解纷。复书曰:'怨即不怨,见即无端。'"按李宗闵于开成四年十二月系由杭州刺史拜太子宾客、分司,非由湖州。且淮南重镇,当时任命节度使者,"皆以道德儒学,来罢宰相,去登宰相。……自贞元、元和已来,大抵多如此"(杜牧《淮南监军使院厅壁记》,《樊川文集》卷十)。李宗闵由杭州刺史召,固然可说是内迁,但比起淮南节度使这一剧镇,太子宾客、分司就只能算是闲职，李德裕根本没有"大惧"的理由，也不可能有"遣专使厚致信好"一事。而德裕本年北返过洛，李宗闵也不至于"多方求厚善者致书乞一见"。《幽闲鼓吹》的这一记载，也正在于说明李德裕气量狭小、恩怨分明，所载当不可信。

李商隐曾代王茂元致书于李德裕，共三札。

《樊南文集补编》卷二载《为汝南公上淮南李相公状》，共三札。钱振伦考谓此汝南公应是濮阳公之讹，汝南公为周墀，但状中所叙皆与周墀无涉，却与王茂元相合。淮南李相公则指李德裕。张采田《玉溪生年谱会笺》采其说。

第一札作于王茂元罢镇泾原入为司农卿之时，时武宗初即位，德裕尚未命相，在淮南曾先有书与王茂元，因此状中云："相公顾遇特深，音徽远降，存十年之长，垂一字以褒。虽萧何之自下周昌，曾难比数；仲尼之兄事子产，莫可等夷。捧缄悸魂，伸纸流汗。方萦职署，独旷门墙，仰望恩辉，伏驰魂梦。"此为奉复德裕来书，以通音问，无其他内容。

第二札写于已任德裕为相、启程来京途中，故云："伏承恩诏，荣征圣上，肇自海藩，显当殷鼎。"又云："窃计轩车，已臻伊洛，伫见方明展事，庭燎陈仪。"状中恭维德裕之政事吏干，有云："固合长在庙庭，永光帝载，使庶政绝贪婪之患，大朝无党比之忧。"又言茂元曾蒙德裕恩顾，云："某早蒙恩异，获奉辉光。蒋琬牛头，省占佳梦；谢安麈尾，屡听清谈。果得叨忝圭符，留连旗鼓，扪心自愧，没齿难忘。"

第三状亦作于德裕来京途中，故云："不审自跋涉道路，尊体何如,伏计不失调护。"状中追叙李吉甫元和为相时赞助对藩镇用兵之功绩:"某窃思章武皇帝之朝,元和六年之事,镇南建议,初召羊公,征北求人,先咨谢傅。故得齐刿封豕,蔡剔长鲸。"又赞颂李德裕在淮南的治绩:"且广陵奥壤,江都巨邦,爰在顷时,亦经芜政,风移厌劲,俗变侵凌。家多纷若之巫,户绝娈兮之女。相公必置于理,大为其防,邺中黩河伯之祠,蜀郡破水灵之庙。然后教之厚俗,喻以有行,用榛栗枣修,远父母兄弟。隐形吐火,知非鬼不祭之文;抱布贸丝,识为嫁曰归之旨。化高方岳,威动列城,陈于太史之诗,列在诸侯之史。"又叙茂元与德裕之关系:"某早尘下顾,曾奉指踪。江左单衣,每留梦寐;柳城素几,行睹尊颜。"似早年曾有交往,但亦无甚深之关系。

德裕入相,曾向武宗进言为政之要:一、辨邪正;二、政归中书;三、宰相任职时间不应过长。

《新传》记德裕入相之初,曾向武宗进言,论为政之要,所载颇详,此为《旧传》所无,云:"武宗立,召为门下侍郎、同中书门下平章事。既入谢,即进戒帝:'辨邪正,专委任,而后朝廷治。臣尝为先帝言之,不见用。夫正人既呼小人为邪,小人亦谓正人为邪,何以辨之? 请借物为谕。松柏之为木,孤生劲特,无所因倚。萝茑则不然,弱不能立,必附它木。故正人一心事君,无待于助。邪人必更为党,以相蔽欺。君人者以是辨之,则无惑矣。'又谓治乱系信任,引齐桓公问管仲所以害霸者,仲对琴瑟笙竽、弋猎驰骋,非害霸者;惟知人不能举,举不能任,任而又杂以小人,害霸也。'太、玄、德、宪四宗皆盛朝,其始临御,自视若尧、舜,浸久则不及初,陛下知其然乎？始一委辅相,故贤者得尽心。久则小人并进,造党与,乱视听,故上疑而不专。政去宰相则不治矣。在德宗最甚,晚节宰相唯奉行诏书,所与图事者,李齐运、裴延龄、韦渠牟等,讫今谓之乱政。夫辅相有欺罔不忠,当亟免,忠而材者属任之。政无它门,天下安有不治？先帝任人,始皆回容,积纤微以至诛贬。诚使虽小过必知而改之,君臣无猜,则谗邪不干其间矣。'又言：'开元初,辅相率三考辄去,虽姚崇、宋璟不能逾。至李林甫秉权乃十九年,遂及祸败。是知亟进罢宰相,使政在中书,诚治本也。'"

按《通鉴》卷二四六本年九月条亦载德裕向武宗进言,所载与《新传》详略互有出入,《新传》所无者,有云："致理之要,在于辨群臣之邪正。""先帝深知朋党之患,然所用卒皆朋党之人,良由执心不定,故奸人得乘间而入也。""陛下诚能慎择贤才以为宰相,有奸罔者立黜去,常令政事皆出中书,推心委任,坚定不移,则天下何忧不理哉！""臣等有罪,陛下当面诘之。事苟无实,得以辨明;若其有实,辞理自穷。小过则容其悛改,大罪则加之诛谴,如此,君臣之际无疑间矣。"

按德裕此番进言,文集未载,《新传》与《通鉴》当有所本,惜《通鉴·考异》未注其所出,可能出于德裕已佚之《两朝献替记》。总括《新传》与《通鉴》所载,大要为：一、为治之要,在于辨群臣的邪正。这是根据文宗朝朋党纷争的具体情况而言,认为此事首应明确,否则一些有作为的贤臣旅进旅退,甚至被指为朋党而被贬被谪,则一切兴革之举都是空谈。

李德裕这里提出分辨正邪的标准，认为正人如松柏，独立而无所倚靠，小人则"必附它木"，——这是暗喻所谓小人者，必须依靠和交结宦官而才得以升进，这在中晚唐的实际情况中，是可以被理解的，也是李德裕对肃、代以来朋党斗争带有普遍现象的总结。二、朝政应归中书，也就是归于宰相及其属下的一套官僚机构。宰相如果不忠，当亟免；如忠而有才，就应当加以信用，并对德宗、文宗朝"政出它门"的弊政给以批评。这实际也是对宦官干政的一种抑制。三、宰相任职的时间不应过长，并举出开元时辅相率三考辄去，当时贤相如姚崇、宋璟等也不能越出这个规定，等到李林甫任相十九年，天宝的政事遂及祸败。李德裕的这一主张，在封建社会中是极为难得的。

宋范祖禹《唐鉴》卷二十载德裕进言，并加评曰："德宗之时，宰相失职，故其政谬乱。德裕欲先正其本，而后图所以为治，其能致会昌之攻伐，盖以此欤？"

〔辨正〕《唐语林》记事之误。

《唐语林》卷一《政事》上："开成中，李石作相，兼度支。一日早朝中箭，遂出镇江陵。自此诏宰相坐檐子，出入令金吾以三千（琮按'千'疑误，应作'十'字）人宿直。李卫公复相，判云：'在具瞻之地，自有国容；居无事之时，何劳武备？所送并停。'"按李石罢相出镇长陵在开成三年，德裕复相在开成五年，而此处所载判词乃大和七年德裕第一次入相之事。《唐语林》合二者为一，记事有误。

德裕子烨与郑氏（珍）结婚，烨年十五，郑年十四。

李烨撰《大唐赵郡李烨亡妻荥阳郑氏墓志并铭》(拓本，据周绍良先生抄本):"夫人以开成庚申岁八月望归于予家。"按李烨八二六年生，本年十六岁;郑氏，据此志，卒于大中九年(八五五)，年二十九，则当生于八二七年，本年十四岁。

《志》又云:"夫人讳珍，字玄之。荥阳之荥泽人也，世称北祖焉。家传孝悌，世袭轩裳，族为甲望，当今之最。祖讳汶，皇监察御史、宣武军节度掌书记，赐绯鱼袋;祖妣清河崔氏，皇秘书监讳谦之长女也。考讳鈇，皇舒州太湖县令;太夫人范阳卢氏，皇大理寺评事讳幼安之女。中外炳焕，郁为时宗，闺门雍和，士林取则。"

九月，李绅由宣武军节度使改为淮南节度使，代李德裕。

《旧·武宗纪》开成五年九月，"以宣武军节度使、检校吏部尚书、汴州刺史李绅代德裕镇淮南"。《旧书》卷一七三《李绅传》仅云:"武宗即位，加检校尚书右仆射、扬州大都督府长史、知淮南节度大使事。"(《新传》更略，仅谓"武宗即位，徙淮南"。)

十月，天德军使温德彝奏回鹘溃兵侵逼西受降城，诏振武节度使刘沔屯云迦关以备之。

回鹘事关系会昌之政至为密切，今摘录其事之起因于下，《通鉴》所载较为翔实明白，故全录之。卷二四六开成五年载:

初，伊吾之西，焉耆之北，有黠戛斯部落，即古之坚昆，唐初结骨也，后更号黠戛斯，乾元中为回鹘所破，自是隔阂不通中国。其君长曰阿热，建牙青山，去回鹘牙，橐驼行四十日。

其人悍勇，吐蕃、回鹘常赂遗之，假以官号。回鹘既衰，阿热始自称可汗。回鹘遣相国将兵击之，连兵二十余年，数为黠戛斯所败，詈回鹘曰："汝运尽矣，我必取汝金帐！"金帐者，回鹘可汗所居帐也。

"及掘罗勿杀彰信，立㕎馺，回鹘别将句录莫贺引黠戛斯十万骑攻回鹘，大破之，杀㕎馺及掘罗勿，焚其牙帐荡尽，回鹘诸部逃散。其相馺职、特勒厖等十五部西奔葛逻禄，一支奔吐蕃，一支奔安西。可汗兄弟嗢没斯等及其相赤心、仆固、特勒那颉啜各帅其众抵天德塞下，就杂虏贸易谷食，且求内附。冬十月丙辰，天德军使温德彝奏：'回鹘溃兵侵逼西城（胡注：西城，朔方西受降城也），亘六十里，不见其后。边人以回鹘猥至，恐惧不安。'诏振武节度使刘沔屯云迦关以备之。"

按天德军在今内蒙古自治区乌拉特前旗之北，振武节度使治单于府，单于府在今内蒙古自治区和林格尔稍北。据胡三省注，单于府有云迦关。

又《新书》卷二一七下《回鹘传》下云："敬宗即位之年，可汗死，其弟曷萨特勒立。……大和六年，可汗为其下所杀，从子胡特勒立，使者来告。明年，遣左骁卫将军唐弘实与嗣泽王溶持节册为爱登里啰汩没蜜施合句录毗伽彰信可汗。开成四年，其相掘罗勿作难，引沙陀共攻可汗，可汗自杀，国人立㕎馺特勒为可汗（琮按此事《通鉴》开成四年有记。又岑仲勉以为特勒应作特勒）。方岁饥，遂疫，又大雪，羊马多死，未及命。武宗即位，以嗣泽王溶临告，乃知其国乱。俄而渠

长句录莫贺与黠戛斯合骑十万攻回鹘城,杀可汗,诛掘罗勿,
焚其牙,诸部溃,其相驭职与庞特勒十五部奔葛逻禄,残众入
吐蕃、安西。于是,可汗牙部十三姓奉乌介特勒为可汗,南保
错子山(按此为会昌元年事,见下年谱)。"

〔**编年诗**〕

《春暮思平泉杂咏二十首》(别集卷十)

丛刊本题下注:"自此并淮南作。"

《思山居十首》(别集卷十)

第一首题为《清明后忆山中》,以别集卷九、卷十排列次
序观之,当作于本年春在扬州。

《初夏有怀山居》(别集卷十)

《张公超谷中石》(别集卷十)

此二诗皆列于《思山居》之后。

《首夏清景想望山居》

《思平泉树石杂咏一十首》

《思在山居日偶成此咏邀松阳子同作》

《重忆山居六首》

《怀伊川郊居》

《晨起见雪忆山居》

《忆平泉杂咏十首》

《山信至说平泉别墅草木滋长地转幽深怅然思归复此
作》

《临海太守惠予赤诚石报以是诗》(以上皆为别集卷十)

《重过列子庙追感顷年自淮服与居守王仆射同题名于庙

壁仆射已为御史余尚布衣自后俱列紫垣继游内署两为夏官之代复联左揆之荣荷宠多同感涕何极因书四韵奉寄》（别集卷四）

按此王仆射为王起。李吉甫镇淮南时，曾辟王起为节度掌书记，带监察御史衔，时德裕当视亲赴扬州，故诗题云"顷年自淮服……仆射已为御史，余尚布衣"。称起为居守者，盖王起于开成五年八月间为检校左仆射、东都留守，而德裕于本年九月间自淮南应召入京。此诗当作于往洛阳途中。

《寄题惠林李侍郎旧馆》（别集卷三）

此所谓惠林寺在洛阳北。李侍郎即李景让，开成五年以礼部侍郎知贡举。此当为李德裕于本年八月入朝经洛阳作。

〔编年文〕

《平泉山居草木记》（别集卷九）

宋欧阳棐《集古录目》卷十著录《平泉草木记》并山居诗，并云："李德裕撰。平泉者，德裕山居之所也，其中多置四方奇草异木名花怪石，因总为之记。其在平原及历守宜春、金陵至于为相，有平泉诗凡六十七首，同以刻石，皆隶书，又有临池榻记凡数十字，篆书，皆不著名氏。"

按德裕《平泉草木记》中有云："余二十年间，三守吴门，一莅淮服，嘉树芳草，性之所耽，或致自同人，或得于樵客，始则盈尺，今已丰寻。"问有记年岁者，云："己未岁，又得番禺之山茶，宛陵之紫丁香，会稽之百叶木芙蓉、百叶蔷薇。……庚申岁，复得宜春之笔树楠、稚子金荆、红笔、密蒙、句栗木。"己未为开成四年，庚申为开成五年。未有纪庚申以后之事者。

《集古录目》据《宝刻丛编》云在开成五年,或即据此。德裕于长庆二年(八二二)出守浙西,至本年十九年,云"二十年间"者当系举成数而言。

《平泉山居诫子孙记》(别集卷九)

此篇当与前文同时所作。

《金松赋》(别集卷九)

本年春在扬州作,详参《李德裕文集校笺》。

《宰相与李执方书》(一品集卷九)

文云:"何司徒顷因军中扰攘,起授翰垣……遽此沦亡,深可悼惜。闻以监军朝觐,贵安物情,军府事权,今后嗣勾当,本于忠顺,固匪循私。伏以圣上君临,惟新景化。……今公卿之议,皆请别命戎帅。圣上恩深悼往,义在安人,以司徒之尽忠,方垂茂轨;想后嗣之善继,必有令图。只在邻近将帅,成其美志。……望尚书以朝廷公议,两镇旧体,令速效忠款,自求宠荣,不使河朔邻封,误其大计。"

按此所云"何司徒",即为何进滔。据《新书》卷二一○《藩镇·魏博何进滔传》,进滔继史宪诚为魏博节度使,"进累检校司徒、同中书门下平章事"。何进滔卒于开成五年十一月,"三军推其子重霸知留后事"(《旧·武宗纪》)。《新传》又谓:"子重顺(琼按即重霸改名)袭。武宗诏河阳李执方、沧州刘约谕朝京师,或割地自效,不听命。时帝新即位,重起兵,乃授福王绾节度大使,以重顺自副,赐名弘敬。"德裕此书,即以宰相名义,喻李执方劝说何重霸,令其向朝廷效忠。

李执方,新旧《唐书》无传,《旧·文宗纪》开成二年六月载:"戊申,以左金吾卫将军李执方为河阳三城怀州节度使。"德裕书中称李执方为"尚书藩方重寄,宗室信臣";又李商隐《为白从事上陈许李尚书启》(《樊南文集详注》卷三)亦有"尚书分戚天家"语(此陈许李尚书为李执方,见冯浩注及《唐方镇年表》卷四"义武"条);李商隐《上忠武李尚书状》(《樊南文集补编》卷六)又称之为"望兼勋旧,地属亲贤"。可见李执方为李唐宗室。

《进西南备边录状》(《一品集》卷十八)

未注年月。文云:"臣顷在西川,讲求利病,颇收要害之地,实尽经远之图,因著《西南备边录》十三卷。"又云:"所冀圣慈知臣竭力奉公,尽心立事,所至之地,不敢苟安。"似为初入朝情事,姑系于本年末。

武宗会昌元年辛酉(八四一) 五十五岁

二月,回鹘余部立乌希特勒为乌介可汗,并南保错子山。

《通鉴》卷二四六会昌元年载:"二月,回鹘十三部近牙帐者立乌希特勒为乌介可汗,南保错子山。"《考异》云:"据《伐叛记》,乌介立在二月,今从之。"乌介南下,保错子山,见《旧书》卷一九五《回纥传》、《新书》卷二一七下《回鹘传》下。

二、三月间,德裕奉敕撰《赐背叛回鹘敕书》,劝其停止侵扰边境,回归故土,亦令唐之守将不许与回鹘交兵。

《文集》卷五载《赐背叛回鹘敕书》，书中云："近数得边将奏报，知卿等本国自有离乱，可汗遇祸，虽未悉虚实，良深震悼。……卿等忽领师徒，漠南屯集，又数至天德侵掠，颇扰边人。"岑仲勉先生《李德裕会昌伐叛集编证》以为此时"唐廷尚未知乌介之立"。德裕敕文中又云："又缘公主在彼，未知存亡，故遣使臣魏谟往谕朕意。"岑仲勉又以为"此敕当发于会昌元年三月杨、李贬官及谟未出刺汾州之前"。

按《旧书》卷一七六、《新书》卷九十七《魏谟传》皆未载魏谟出使回鹘事。《旧传》云："谟初立朝，为李固言、李珏、杨嗣复所引，数年之内，至谏议大夫。武宗即位，李德裕用事，谟坐杨、李之党，出为汾州刺史。杨、李贬官，谟亦贬信州长史。"按开成五年八月，杨嗣复出为湖南观察使，李珏出为桂管观察使，此即《魏谟传》所谓"谟坐杨、李之党"事，约此后不久，魏谟即出为汾州刺史。至杨、李贬官，则在本年三月（详后），谟亦随贬为信州刺史。岑仲勉所云，乃将"坐杨、李之党"与"杨、李贬官"误合为一事。汾州地当河东之北，与天德相近，令魏谟在汾州刺史任内出使，即以其地近回鹘故也。至于此一敕书的撰作时间，岑说可从，约在本年二、三月间。此时对乌介之立具体情况尚未明了，但南向之回鹘部落已侵扰边境，故敕中谓"数至天德侵掠，颇扰边人，聚师无名，忠义俱失"，并劝其回归故土，望其"禁戢师徒，勿为侵轶"。而又告以对唐之边境守将，亦"已各令诸镇，不许交兵"。

宦官仇士良谮杨嗣复、李珏于武宗，劝武宗诛杀之。李德裕极力为之营救，杨、李得免于死，三月，杨贬为潮州刺史，李贬为昭州

刺史。

  《通鉴》载此事较详，本年三月载："初，知枢密刘弘逸、薛季棱有宠于文宗，仇士良恶之。上之立，非二人及宰相意，故杨嗣复出为湖南观察使，李珏出为桂管观察使。士良屡谮弘逸等于上，劝上除之，乙未，赐弘逸、季棱死，遣中使就潭、桂州诛嗣复及珏。户部尚书杜悰奔马见李德裕曰：'天子年少，新即位，兹事不宜手滑！'丙申，德裕与崔珙、崔郸、陈夷行三上奏，又邀枢密使至中书，使入奏。以为：'德宗疑刘晏动摇东宫而杀之，中外咸以为冤，两河不臣者由兹恐惧，得以为辞；德宗后悔，录其子孙。文宗疑宋申锡交通藩邸，窜谪至死；既而追悔，为之出涕。嗣复、珏等若有罪恶，乞更加重贬；必不可容，亦当先行讯鞫，俟罪状著白，诛之未晚。今不谋于臣等，遽遣使诛之，人情莫不震骇。愿开延英赐对！'至晡时，开延英，召德裕等入，德裕等泣涕极言：'陛下宜重慎此举，毋致后悔！'上曰：'朕不悔。'三命之坐，德裕等曰：'臣等愿陛下免二人于死，勿使即死而众以为冤。今未奉圣旨，臣等不敢坐。'久之，上乃曰：'特为卿等释之。'德裕等跃下阶舞蹈。上召升坐，叹曰：'朕嗣位之际，宰相何尝比数！李珏、季棱志在陈王，嗣复、弘逸志在安王。陈王犹是文宗遗意，安王则专附杨妃。嗣复仍与妃书曰：姑何不效则天临朝？向使安王得志，朕那复有今日？'德裕等曰：'兹事暧昧，虚实难知。'……遂追还二使，更贬嗣复为潮州刺史，李珏为昭州刺史，裴夷直为骥州司户。"《旧·武宗纪》以诛刘弘逸、薛季棱在开成五年八月（见本书开成五年谱），《通鉴·考异》谓据《实录》应在本年三月,所记年月差异,可存而不论。

又,《通鉴》皆谓德裕之救杨、李,出于杜悰央求,杜悰当时基本上倾向于牛党,但于两党人物皆有交往。《通鉴·考异》引《献替记》,则谓营救杨、李乃德裕所发动,杜悰并未出力,德裕告知有中使往潭、桂,方知有此事,所载有异。《考异》引《献替记》云:

"会昌元年三月二十四日,遇假在宅,向晚闻有中使一人向东,一人向南,处置二故相及裴夷直。余遣人问盐铁崔相、度支杜尚书(悰)、京兆卢尹,皆言闻有使去,不知其故。余遂草约奏状。二十五日早入中书,崔相珙续至,崔郸次之,陈相最后至,已巳时矣。余令三相会食,自归厅写状,请开延英赐对。进状后更无报答。至午又自写第二状封进,兼请得枢密使至中书问有此事无。枢密使对曰:'向者不敢言。相公既知,只是二人:嗣复、李珏。'德裕言:'此事至重,陛下都不访闻,便遣使去,物情无不惊惧。请附德裕奏。圣旨若疑德裕情故,请先自远贬,惟此一事不可更行!'德裕等至夜不敢离中书,请早开延英赐对。至申时,报开延英。余邀得丞郎、两省官谓曰:'上性刚,若有一人进状伏问,必不舍矣。容德裕极力救解,继以叩头流血,德裕救不得,他人固不可矣。'及召入延英殿,德裕率三相公立当御榻奏事,呜咽流涕云云。上既舍之,又令德裕召丞郎、两省官宣示。"

按当时与德裕共相者崔郸、崔珙、陈夷行三人,郸于开成四年七月拜相,德裕与郸兄弟素善,其兄弟皆有令誉(《旧书》卷一五五《崔郸传》);崔珙于开成五年五月继杨嗣复为相,上引《献替记》中盐铁崔相即崔珙,亦与德裕厚善(《旧书》卷一七七《崔珙传》谓:"会昌初,李德裕用事,与珙亲厚,累迁户部侍郎,充诸道盐铁转运等使,寻以本官同中书门下平章事。"实则珙充盐铁使、拜相皆在德裕入相之前);陈夷行则于会昌元年由御史大夫为门下侍郎、同中书门下平章事,夷行于开成初曾为相,因受杨嗣复排挤而去相位。诸人都在党派上与杨嗣复相对立,但鉴于这次武宗欲诛杀杨、李是受宦官谮害之故,故仍据理力争,可以见李德裕释私怨、存大体的政治家风度。

《文集》卷十二载《论救杨嗣复李珏裴夷直三状》。

关于李德裕请改修《宪宗实录》的记载

《旧·武宗纪》会昌元年,"四月辛丑,敕:'《宪宗实录》旧本未备,宜令史官重修进内。其旧本不得注破,候新撰成同进。'时李德裕先请不迁宪宗庙,为议者沮之,复恐或书其父不善之事,故复请改撰实录,朝野非之"。此又见《唐会要》卷六三《修国史》条:"会昌元年四月敕:《宪宗实录》,宜令史馆再修撰进入。其先撰成本,不得注破,并与新撰本同进来者。"

又《旧纪》十二月载:"中书门下奏修实录体例:'旧录有载禁中之言。伏以君上与宰臣、公卿言事,皆须众所闻见,方可书于史册。且禁中之语,在外何知,或得之传闻,多涉于浮妄,便形史笔,实累鸿猷。今后实录中如有此色,并请刊削。又宰臣与公卿论事,行与不行,须有明据。或奏请允惬,必见褒称;或所论乖僻,因有惩责。在藩镇上表,必有批答,居要官启事者,自有著明,并须昭然在人耳目。或取舍存于堂案,或与夺形于诏敕,前代史书所载奏议,罔不由此。近见实录多载密疏,言不彰于朝听,事不显于当时,得自其家,未足为信。今后实录所载章奏,并须朝廷共知者,方得记述,密疏并请不载。如此则理必可法,人皆向公,爱憎之志不行,褒贬之言必信。'从之。李德裕奏改修《宪宗实录》所载吉甫不善之迹,郑亚希旨削之,德裕更此条奏,以掩其迹。搢绅谤议,武宗颇知之。"

按《旧纪》所载改修《宪宗实录》事,以为出于李德裕为掩其父吉甫不善之迹,并云郑亚希旨削之,这些都出于宣宗朝白敏中、令狐绚等诬蔑之词,并无事实根据。有唐一朝,改修实录者不一见,须具体分析。十二月中书门下奏修实录体例,中心旨意在于实录所载论议与书奏,须是"众所闻见","须有明据","并须昭然在人耳目",即在于防止私人挟私报怨,若李吉甫有不善之迹,身为宰臣,其所施行,也必众所闻见,决非德裕等二三人所能掩盖。如多载密疏,而又"得自其家",则势必纷乱,不成其为实录。且当时改修时明确著明,"其旧本不得注破,候新撰成同进",如新改修的实录有故意掩饰处,尚有旧本可供后人比勘,也不能以此非议德裕。《旧纪》所谓"朝野非之","搢绅谤议,武宗颇知之",都是党人口气,不足为据。

八月,德裕撰《赐回鹘嗢没斯特勒等诏书》,遣张贾为使,了解情况,并济以粮食,以结和好。

诏书载《文集》卷五。岑仲勉《李德裕会昌伐叛集编证》

定此诏书的时间在本年八月。按本年三月有《赐背叛回鹘诏书》，彼时仅知回鹘内乱，可汗被杀，其中有一部近唐边塞，时有侵扰，但具体情况尚未知悉。到七、八月间，得天德军等奏报，及嗣泽王溶吊册回，知坚昆（即黠戛斯）害馤馺可汗，新可汗乌介与太和公主"播越他所"，嗢没斯一部则移近天德。天德军使田牟等欲击之，李德裕以为非宜，乃派遣鸿胪卿张贾前往巡边，并赐此书。

《旧·李德裕传》曾载此事，但事与时多有舛误，《新传》亦不明晰；《通鉴》所载，曾稽考《旧纪》、新旧《唐书·李德裕传》，及《实录》、《伐叛记》等，故较详确，今录会昌元年八月条如下：

"天德军使田牟、监军韦仲平欲击回鹘以求功，奏称：'回鹘叛将嗢没斯等侵逼塞下，吐谷浑、沙陀、党项等皆世与为仇，请自出兵驱逐。'上命朝臣议之，议者皆以为嗢没斯叛可汗而来，不可受，宜如牟等所请，击之便。上以问宰相，李德裕以为：'穷鸟入怀，犹当活之。况回鹘屡建大功，今为邻国所破，部落离散，穷无所归，远依天子，无秋毫犯塞，奈何乘其困而击之！宜遣使者镇抚，运粮食以赐之，此汉宣帝所以服呼韩邪也。'陈夷行曰：'此所谓借寇兵资盗粮也，不如击之。'德裕曰：'彼吐谷浑等各有部落，见利则锐敏争进，不利则鸟惊鱼散，各走巢穴，安肯守死为国家用！今天德城兵才千余，若战不利，城陷必矣。不若以恩义抚而安之，必不为患。纵使侵暴边境，亦须征诸道大兵讨之，岂可独使天德击之乎！'时诏以鸿胪卿张贾为巡边使，使察回鹘情伪。"

按此《赐回鹘嗢没斯特勒等诏书》中有云："又虑边境守臣，见卿忽至，或怀疑阻，不副朕心，故遣鸿胪卿张贾驰往安抚。"书中又"秋热，卿及部下诸官……等平安"云云，则当在七、八月间。

又按此书乃与嗢没斯等，未提及乌介可汗之名，仅云："公主及新可汗播越他所，未归城邑，特勒等力不能制，思存远图，相率遁逃，万里归命。"则此时仅知嗢没斯近边，尚未知乌介及公主近况，故遣张贾出使，一面安抚嗢没斯，并力排众议，不使边将匆忙出击，且济以粮食，结为和好，一面又令张贾通过嗢没斯进一步了解乌介及公主下落，以便商量对策。这些，都可见出李德裕处理边事的慎重态度。

八月二十四日，德裕撰《论田牟请许党项仇复回鹘嗢没斯部落事状》，以嗢没斯部并未犯边，不宜使党项等击之，唐之边将亦应严兵防守，不宜邀功生事。

状载《文集》卷十三。

《通鉴》本年八月载其事云："时诏以鸿胪卿张贾为巡边使，使察回鹘情伪，未还。上问德裕曰：'嗢没斯等请降，可保信乎？'对曰：'朝中之人，臣不敢保，况敢保数千里外戎狄之心乎！然谓之叛将，则恐不可。若可汗在国，嗢没斯等帅众而来，则于体固不可受。今闻其国败乱无主，将相逃散，或奔吐蕃，或奔葛逻禄，惟此一支远依大国。观其表辞，危迫恳切，岂可谓之叛将乎？况嗢没斯等自去年九月至天德，今年二月始立乌介，自无君臣之分。愿且诏河东、振武严兵保境以备之，俟其攻犯城镇，然后以武力驱除。或于吐谷浑等部中少有抄掠，听自仇报，亦未可助以官军。仍诏田牟、仲平毋得邀功生事，常令不失大信，怀柔得宜，彼虽戎狄，必知感恩。'辛酉，诏田牟约勒将士及杂虏，毋得先犯回鹘。"《考异》又引《伐叛记》曰："会昌元年二月，回鹘远涉沙漠，饥饿尤甚，将金宝于塞上部落博籴粮食。边人贪其财宝，生攘夺之心。至其年秋，城使田牟、监军韦仲平上表称退浑、党项与回鹘宿有嫌怨，愿出本部兵马驱逐。其时天德城内只有将士一千人，职事又居其半。上令宰臣商量，德裕面奏云云。八月二十四日，请赐田牟、仲平诏，汉兵及蕃、浑不得先犯回鹘，语在《会昌集》奏状中。"

则此《论田牟请许党项仇复回鹘嗢没斯部落事状》即八月二十四日所奏状，大意与《通鉴》所载同。德裕处理嗢没斯，始终采取慎重态度，不许唐之边将贪功生事，也不令退浑等部落击之，尽可能化敌为友，使边境安定，民族和好。

闰八月，牛僧孺因汉水溢，不谨防，坏民居，罢山南东道节度使任，改为太子少师。

《通鉴》会昌元年闰八月载："以前山南东道节度使、同平章事牛僧孺为太子少师。先是汉水溢，坏襄州民居，故李德裕以为僧孺罪而废之。"（胡注："废之者，使居散地也。"）《旧·牛僧孺传》未载此事，《新书》卷一七四《牛僧孺传》谓："会昌元年，汉水溢，坏城郭，坐不谨防，下迁太子少保，进少师。"会昌元年秋汉水灾情相当严重，孙樵《复召堰籍》中曾记："会昌元年，汉波逾堤，陆走漂民，襄阳以渚。"（《唐孙樵集》卷十）时牛僧孺为山南东道节度使、襄州刺史，不预先提防,负有一定的责任。但从杜牧起,就以为是李德裕借此向牛僧孺报复,《通鉴》所载即本之于杜牧。杜牧所撰《赠太尉牛公墓志铭》中谓:"会昌元年秋七月,汉水溢堤入郛,自汉阳王张柬之一百五十岁后,水为最大。李太尉德裕挟维州事,曰修利不至,罢为太子少师。"李珏所撰牛僧孺神道碑,朋党之见更深,谓:"属大水坏居人庐舍,公以实上闻,仇家得以逞志,举两汉故事,坐灾异策免,降授太子少师,时议不平。"(《全唐文》卷七二〇)

闰九月,张贾巡边使回,德裕请遣使慰抚回鹘嗢没斯部,并运粮二万斛与之;又奉敕撰《赐回鹘嗢没斯等诏》,劝其拥立新可汗,以"兴复本蕃,再图强盛"。德裕同时又主张增添太原兵备,加强防御实力,以防吐蕃乘机侵轶。

《通鉴》本年秋载:"李德裕请遣使慰抚回鹘,且运粮三万斛以赐之,上以为疑。闰(九)月己亥,开延英,召宰相议之。陈夷行于候对之所,屡言资盗粮不可。德裕曰:'今征兵未集,天德孤危。傥不以此粮啖饥虏,且使安静,万一天德陷没,咎将谁归!'夷行至上前,遂不敢言。上乃许以谷二万斛赈之。"《通鉴·考异》云:"《伐叛记》云:'降使赐米二万石,寻又乌介至天德。'按《实录》,十一月初犹未知公主所在,遣苗缜至嗢没斯处访问。月末始云公主遣使言乌介可汗乞册命,及降使宣慰。十二月庚辰,制曰:'公主遣使入朝,已知新立可汗寓居塞下,宜令王会慰问,仍赈米二万斛。'然则闰九月中乌介未至天德,德裕但欲赈嗢没斯等耳。"

德裕有《请赐回鹘嗢没斯等物状》(《文集》卷十三),岑仲勉《李德裕会昌伐叛集编证》以为此状即《考异》所引《伐叛记》闰九月遣使赐米二万斛事。

按状中云："右此者,只待张贾使回,今到已数日,须早发遣。"张贾遣使见前《赐回鹘嗢没斯特勒等诏书》,今张贾使回,并未言及乌介事,可见此时至塞下者仅嗢没斯部。

德裕又有《赐回鹘嗢没斯等诏》(《文集》卷五),系奉敕所撰。岑仲勉《会昌伐叛集编证》以为此即承上《请赐回鹘嗢没斯等物状》而发,时约亦在闰九月。诏中首云"张贾等回,知卿等欲远赴阙庭,自申忠款",又谓"新立可汗,犹未安定",亦未言及乌介之名,可知此时已知回鹘已新立可汗,但尚未知确切详情。诏中劝诫嗢没斯部拥立新可汗,"兴复本蕃,再图强盛";又因闻其新可汗已立,为避嫌起见,劝其不宜再来长安,亦不允"表请器甲",只赐谷物。德裕此类措施,皆合大体。

德裕又有《请于太原添兵备状》(《文集》卷十三),岑仲勉《会昌伐叛集编证》谓"此状尚未提及乌介,而又云近有恩赐,则应上于闰九月之后,十一月之前"。按状中云"时属寒沍"当在秋冬之际;又云"近有恩赐",即指《赐回鹘嗢没斯等诏》所云"今有赐物,具在别录"。德裕以为朝廷正集中力量对付回鹘,但也不能放松对吐蕃的警惕,"吐蕃变诈多端,不可测度,或谓朝廷方备北虏,未暇西防,或云嗢没斯招米点汗回鹘,乘此机势,谋陷丰州",因此,"请发陈许步军三千人,郑滑步军三千人,令至太原屯集。如北边有警,则大同军正当贼路,足应事机,如河西有虞,便令取岚石路过河,至亦近便"。

九月,幽州军乱,逐节度使。李德裕对此事的措置方略。

《旧·武宗纪》会昌元年,"九月,幽州军乱,逐其帅史元忠,推牙将陈行泰为留后。三军上章请符节,朝旨未许"。

按此所谓朝旨未许者,即为李德裕的主张。《新书》卷二一二《张仲武传》谓:"行泰杀元忠,宰相李德裕计:河朔请帅,皆报下太速,故军得以安,若少须下,且有变。帝许之,未报,果为(张)绛所杀,复诱其军以请,亦置未报。"又《通鉴》本年闰九月载:"卢龙军复乱,杀陈行泰,立牙将张绛。初,陈行泰逐史元忠,遣监军傒,以军中大将表来求节钺。李德裕曰:'河朔事势,臣所熟谙。比来朝廷遣使赐诏常太速,故军情遂固。若置之数月不问,必自生变。今请留监军傒,勿遣使以观之。'既而军中果杀行泰,立张绛,复求节钺,朝廷亦不问。"

按德裕有《论幽州事宜状》(《文集》卷十三),中有云:"幽州一方,自朱克融留连中使,不受赐衣,继以杨志诚累遣将吏上表邀求官爵,自此悖乱之气,与镇、魏不同。今若便与留务(按留务二字,各本原缺,据陆心源校本补),实为朝廷之耻。伏望且逗留旬月,更候事宜。克恭傒回日,伏望不赐诏书,庶全事体。"(此所谓"克恭",当即幽州监军之名。)由以上所载,可见德裕对当时军中擅自拥立主帅的恶习,采取严肃对待的态度,与牛僧孺等一味苟安退让,完全相反。

《通鉴》本年闰九月于张绛求节钺后又载:"会雄武军使张仲武起兵击绛,且遣军吏吴仲舒奉表诣京师,称绛惨虐,请以本军讨之。冬十月,仲舒至京师,诏宰相问状。"此后即详叙李德裕与吴仲舒二人之问答语。按《通鉴》所载问答语,实即本德裕之《论幽州事宜状》(《文集》卷十七),中有云:"臣伏见报状,见幽州雄武军使张仲武已将兵马赴幽州。今日奏事官吴仲舒到臣宅,臣扶疾与之相见,细问雄武军,只有兵士八百人在,此外更有土团子弟五百人。臣问兵马至少,如何去得。仲舒答臣云:'只系人心归向,若人心不从,三万人去亦无益。'据此说,即是仲武得幽州人心。"后又云:"伏以陈行泰、张绛皆是邀求符节,固不可比,仲武先布款诚,候朝廷指挥,因此拔用,必能尽节,加之恩宠,亦似有名。缘在假未获面奏,谨先密奏,伏望留中不出。"《通鉴》于十月亦载:"德裕奏:'行泰、绛皆使大将上表,胁朝廷,邀节钺,故不可与。今仲武先自发兵为朝廷讨乱,与之则似有名。'乃以仲武知卢龙留后。仲武寻克幽州。"与李德裕之状合。

按德裕对于幽州事件的处置,始终主动,积极谋略。当陈行泰逐节度使史元忠,向朝廷邀求符节时,李德裕认为应革除此种恶习,不应速予,宜静观以待其变,果然不久陈行泰为其部属张绛所杀。张绛又要求符节,李德裕又不予,旋即雄武军使张仲武派遣属下吴仲舒到京城,要求讨伐张绛。这时德裕因病在告,但仍在居宅内接见吴仲舒,详细询问张仲武的军力,并察其为人,及至认为张仲武确实效忠朝廷之后,才加以全力支持,张仲武随即讨平张绛,并在此后征讨回鹘中立有战功。

德裕约于十月间上奏劝谏武宗不宜数出游猎。

《新书》卷一八〇《李德裕传》,叙德裕谏止武宗杀杨嗣复、李珏一事后，载："时帝数出畋游，暮夜乃还，德裕上言：'人君动法于日，故出而视朝，入而燕息。传曰：君就房有常节。惟深察古谊，毋继以夜。侧闻五星失度，恐天以是勤勤儆戒。《诗》曰：敬天之渝，不敢驰驱。愿节田游，承天意。'寻册拜司空。"《新传》所引即《文集》卷十七《论游幸状》。

按谏杀杨、李在会昌元年三月，进位司空在会昌二年正月，则谏游幸当在二者之间。今查《通鉴》会昌元年十一月载："上颇好田猎及武戏，五坊小儿得出入禁中，赏赐甚厚。尝谒郭太后，从容问为天子之道，太后劝以纳谏。上退，悉取谏疏阅之，多谏游猎，自是上出畋稍稀，五坊无复横赐。"据此，则德裕上言当在十一月之前。又《通鉴》于十月载有"上校猎咸阳"之语，德裕《论游幸状》有云："臣窃见近日陛下畋游稍远，还宫近夜。"又云："近频见中朝人说，自秋以来，五星所行，稍失常度。"则德裕上《论游幸状》或当即在本年十月间。

十一月初，德裕请派遣使臣至嗢没斯处，访问太和公主下落。

按太和公主为宪宗女，长庆二年七月嫁于回鹘登罗骨没施合毗伽可汗（《旧·穆宗纪》，并参《唐会要》卷六《和蕃公主》条）。可汗于大和七年三月卒，后回鹘内乱，又为黠戛斯所攻，部落离散，太和公主为乌介可汗所得。《旧书》卷一九五《回纥传》载："初，黠戛斯破回鹘，得太和公主，黠戛斯自称李陵之后，与国同姓，遂令达干十人送公主至塞上。乌介途遇黠戛斯使，达干等并被杀，太和公主却归乌介可汗，乃质公主同行，南渡大碛，至天德界。"唐朝廷至此时尚未知公主所在，故德裕请遣使访问。《唐会要》卷六《和蕃公主·杂录》有云："会昌元年十一月，敕缘回纥国中离乱颇甚，太和公主恐未安宁，须遣文臣专往访问，宜差通使舍人苗绾充使。"

《通鉴》本年十一月亦载："十一月，李德裕上言：'今回鹘破亡，太和公主未知所在。若不遣使访问，则戎狄必谓国家降主虏庭，本非爱惜，既负公主，又伤虏情。请遣通事舍人苗缜赍诏诣嗢没斯，令转达公主，兼可卜嗢没斯逆顺之情。'从之。"

《通鉴》所载李德裕奏语，即《请遣使访问太和公主状》（《文集》卷十三）。又按，所遣使臣，《通鉴》及《考异》引《实录》作苗缜，《唐会要》作苗绾，畿辅本《一品集》作苗镇，明本作苗槙。岑仲勉《会昌伐叛集编证》云未详孰是。今查得苗绅所撰《上党苗府君墓志铭并序》（北京图书馆藏拓本，此据周绍良先生抄本），记苗缜于会昌四年三月卒于长安，绅为其弟，时为将仕郎、守秘书省校书郎、公司东都。缜卒时官衔为"朝散大夫、守将作少监、兼通事舍人、知馆事、御史中丞"。志中有云："会昌初，回纥以丧乱来告，诏公以本官通事舍人兼御史中丞服三品衣鱼往存抚之。而北狄大扰，荡摇边疆，遂兴师以伐而罢其使。朝廷以太和公主在寇，莫知其安否，且边师奔命，事或异同，要知兵势之强弱，而访太和公主之所舍，俾公乘驿而往观焉。"据此，则应作苗缜，《通鉴》是。由此并可见苗缜此次出使，不仅在访太和公主下落，兼有探知回鹘诸部兵势强弱的使命。

十一月，乌介以太和公主名义遣使入朝，欲借唐之振武以居公主

与可汗。十二月,德裕请遣王会为使抚慰,许赈米二万斛,但不许借振武城,并劝其安辑离散部落,恢复旧有疆土,与唐保持和好。

《旧·武宗纪》会昌元年十一月载:"太和公主遣使入朝,言乌介自称可汗,乞行策命,缘初至漠南,乞降使宣慰,从之。"又《通鉴》会昌元年闰九月条《考异》云:"按《实录》,十一月初犹未知公主所在,遣苗缜至嗢没斯处访问。月末始云公主遣使言乌介可汗乞册命,及降使宣慰。十二月庚辰,制曰:公主遣使入朝,已知新立可汗寓居塞下,宜令王会慰问,仍赈米二万斛。"

德裕有《遣王会等安抚回鹘制》(《文集》卷三),即十二月庚辰所下制。制中有云:"近因太和公主遣使入朝,已知新立可汗,寓居塞下,告穷请命,未有所归,每念艰危,载深悯恻。今欲救恤穷困,抚慰疮痍。……宜令右金吾卫大将军兼御史大夫王会持节充安抚大使,宗正少卿兼御史中丞李师偃充副使,专往慰问。仍赈米粟二万石,俾其安辑离散,渐就漠南,再复旧疆,永言恩好。"

德裕又撰《赐回鹘可汗书》(《文集》卷五),岑仲勉《会昌伐叛集编证》以为此书由王会等持往,与前《遣王会等安抚回鹘制》同时发出。书中云:"朕缘公主将可汗丹诚来告,深感于衷,制置之间,须存远大,故遣右金吾卫大将军兼御史大夫王会、宗正少卿兼御史中丞李师偃驰往喻怀。"

按《通鉴》会昌元年十一月记太和公主遣使上表,又载:"乌介又使其相颉干迦斯等上表,借振武一城以居公主、可汗。十二月庚辰……又赐乌介可汗敕书,谕以'宜帅部众渐复旧疆,漂寓塞垣,殊非良计'。又云:'欲借振武一城,前代未有此比,或欲别迁善地,求大国声援,亦须于漠南驻止。朕当许公主入觐,亲问事宜。傥须应接,必无所吝。'"《通鉴》所载,即概括《赐回鹘可汗书》中的主旨。

〔辨正〕《旧纪》与《旧·李德裕传》记时之误。

按《旧·武宗纪》于会昌元年八月载:"回鹘乌介可汗遣使告难,言本国为黠戛斯所攻,故可汗死,今部人推为可汗。缘本国破散,今奉太和公主南投大国。时乌介至塞上,大首领嗢没斯与赤心宰相相攻,杀赤心,率其部下数千帐近西城,天德防御使田牟以闻。乌介又令其相颉干迦斯上表,借天德城以安公主,仍乞粮储牛羊供给。诏金吾大将军王会、宗正少卿李师偃往其牙宣慰,令放公主入朝,赈粟二万石。"按据上所考,十一月底以前,唐朝尚未知太和公主所在,故曾于十一月初遣苗缜前往嗢没斯处探问,又据《实录》,派遣王会等乃在十二月十四日,今《旧纪》乃记于八月,大误,《旧书》于武宗后本纪,多有谬乱,此即一例。此则所记,应移于十二月。又《旧·李德裕传》载此事于会昌二年二月,亦误。

关于德裕乐吏廉郊的记载。

段安节《乐府杂录》曾记述中晚唐时琵琶名手,其中有名廉郊者,为李德裕乐吏,曾尽得一代艺师曹纲之才艺,其《琵琶》条云:"贞元中有王芬、曹保保,保子善才、其孙曹纲皆袭所艺;次有裴兴奴,与纲同时,曹纲善运拨,若风雨,而不事扣弦,兴奴长于拢撚,不拨稍软,时人谓曹纲有右手,兴奴有左手。武宗初,朱崖李太尉有乐吏廉郊者,师于曹纲,尽纲之能。纲尝谓侪流曰：'教授人亦多矣，未有此性灵弟子也。'郊尝宿平泉别墅，值风清月朗，携琵琶于池上，弹蕤宾调，忽闻芰荷间有物跳跃之声，必谓是鱼，及弹别调，即无所闻，复弹旧调，依旧有声。遂加意朗弹，忽有一物，锵然跃出池岸之上，视之乃方响一片，盖蕤宾铁也。以指拨精妙，律吕相应也。"

按此事未详其确年，云"武宗初"，姑系于会昌元年。于此亦可概见李德裕生活之另一面。

德裕子烨约于本年为浙西观察使卢商从事，后授校书郎。

李潘《唐故郴州县尉赵郡李君墓志铭并序》云："始自浙西廉帅□公商辟从事，授校书郎，俄转伊阙尉、河南士曹。"

按《旧·文宗纪》开成二年五月丙寅，李德裕由浙西改淮南，同月辛未，"以苏州刺史卢商为浙西观察使"，墓志中空缺处当是"卢"字。《旧书》卷一七六《卢商传》载，商元和四年擢进士第，"少孤贫力学"，"开成初，出为苏州刺史。……迁润州刺史、浙西团练观察使"（《新书》卷一八二《卢商传》略同）。新旧书本传皆未载商何时罢浙西镇。《旧传》于叙镇浙西后即云："入为刑部侍郎，转京兆尹。（会昌）三年，朝廷用兵上党，飞挽越太行者环地六七镇，以商为户部侍郎、判度支，兼供军使，军用无缺。"则卢商对讨伐昭义亦曾有功。其入为刑部侍郎当在德裕为相时。吴廷燮《唐方镇年表》系卢商为浙西在开成二年至五年，会昌元年缺人，二年为卢简辞，亦无确据。今按李潘所作李烨墓志，载烨曾受卢商辟为浙西从事，烨生于宝历二年（八二六），开成五年（八四〇）为十五岁,年龄过小,会昌元年为十六岁,差可。卢商当是会昌元年尚在浙西,故辟李烨入其幕府,明年浙西即改为卢简辞矣。

十一月,崔郸出为剑南西川节度使,德裕有诗送之,杜牧、姚合皆有和作。

《新书》卷六十三《宰相表》下,会昌元年,"十一月癸亥,郸检校吏部尚书、同平章事、剑南西川节度使"。

杜牧有《奉和门下相公送西川相公兼领相印出镇全蜀诗十八韵》(《樊川文集》卷二):"盛业冠伊唐,台阶翊戴光。无私天雨露,有截舜衣裳。蜀辍新衡镜,池留旧凤凰。同心真石友,写恨蔼河梁。虎骑摇风旆,貂冠韵水苍。彤弓随武库,金印逐文房。栈压嘉陵咽,峰横剑阁长。前驱二星去,开险五丁忙。回首峥嵘尽,连天草树芳。丹心悬魏阙,往事怆甘棠。治化轻诸葛,威声慑夜郎。君平教说卦,犬子召升堂。塞接西山雪,桥维万里樯。夺霞红锦烂,扑地酒垆香。忝逐三千客,曾依数仞墙。滞顽堪白屋,攀附亦周行。肉管伶伦曲,箫韶清庙章。唱高知和寡,小子斐然狂。"

德裕时为门下侍郎、同中书门下平章事,故杜牧诗题称"门下相公"。清冯集梧《樊川诗集注》卷二解此诗有云:"据此诗云'盛业冠伊唐,台阶翊戴光',当为武宗以弟继兄初立时事。郸尝副杜元颖西川节度使,故有'往事甘棠'之语。且郸以中书侍郎出镇,亦合所云'池留旧凤凰'者。又崔郸为崔郾之弟,牧之于郾下及第,又与'曾依数仞墙'之语为合。至此时为门下侍郎者,李德裕及陈夷行二人,据《旧唐书·崔郸传》,会昌初,李德裕用事,与郸弟兄素善云云,兹诗有石友、河梁等语,知门下相公之为德裕无疑也。"

按冯氏之说是(又缪钺《杜牧年谱》谓诗中"忝逐三千客,曾依数仞墙",系指杜牧曾在崔郸宣歙观察使幕府为幕僚之事,非如冯氏所云杜牧曾于崔郸之兄崔郾下及第)。今德裕原唱已佚,赖杜牧此诗知德裕尚有送崔郸之作。按杜牧本年七月自蕲州归长安,任比部员外郎,并兼史馆修撰之职(见《樊川文集》卷十《自撰墓志铭》)。

姚合有《和门下李相饯卤蜀相公》(《姚少监诗集》卷九),云:"圣朝同舜日,作相有夔龙。理化知无外,蒸黎尽可封。夑和皆达识,出入并登庸。"赞美德裕、崔郸为相之政绩。又云:"恩深施远俗,化美见前踪(自注:大和四年,门下相公出镇,至今西蜀事理化清净,民俗歌谣不绝)。"于此亦可见德裕前在蜀中之治绩。姚合另有《太尉李德裕自城外拜辞后归敝居瞻望音徽即书一绝寄上》(《姚少监诗集》卷十),当为后数年所作。姚合大和时曾与李汉等共同攻击过德裕,大和八年为杭州刺史,有《牧杭州谢李太尉德裕》(《全唐诗》卷五〇一),则德裕入相后,姚合态度有所转变,其弟姚勖则对德裕贬谪后始终同情,详见后谱。

本年王茂元为忠武节度、陈许观察使,李商隐有代王茂元致李宗闵书,以表钦慰之意。时李宗闵为太子宾客、分司东都。李商隐有代王茂元致李宗闵书与华州刺史周墀,墀亦被认为牛党。由此可见王茂元当时既非牛党,也非李党。

据张采田《玉溪生年谱会笺》,本年王茂元为忠武军节度、陈许观察使。(吴廷燮《唐方镇年表》卷二亦据李商隐

《为濮阳公陈许谢上表》,定王茂元于开成五年至会昌三年镇忠武)。

李商隐有《为濮阳公上宾客李相公状》两通(《樊南文集补编》卷二)。钱振伦笺谓"宾客李相公"指李德裕,张采田谓指李宗闵,云:"考《德裕传》,两为太子宾客,分司东都,一在大和九年,寻贬袁州长史;一在开成元年,旋检校户部尚书,复浙西观察使。开成二年,节度淮南。武宗即位,德裕由淮南入相。会昌初茂元出镇陈许之时,正德裕重居台席之时,状中所述,是岂当日情事耶?"张氏之说可信。按第二状有云:"相公昔在先朝,实秉大政,当君子信谗之日,禀达人大观之规。"会昌时所谓先朝,即指文宗时事。李宗闵于大和年间作相,后为郑注、李训所奏贬出,"昔在先朝"四句即指此。

状中对李宗闵甚表慰问与钦仰,如第一状云:"相公践履道枢,优游天爵,功无与让,故勇于退,能不自伐,故葆其光。"又云:"某早蒙恩顾,累忝藩方,本冀征辕,得由东洛,伏以延英奉辞之日,宰臣俟对之时,止得便奏发期,不敢更求枉路。限于流例,莫获起居,瞻望恩光,不任攀恋。傥蒙知其丹赤,赐以始终,则虽间山川,若在轩屏。"据此,则王茂元早年曾受到李宗闵的提拔奖引。书状中并表示,此次出守陈州,限于成例,未能前来洛阳相见,"不任攀恋",希望李宗闵谅察其一片丹诚。

第二状云:"某早蒙奖拔,得被宠荣,番禺将去之时,获醉上尊之酒,许下出征之日,犹蒙尺素之书。便道是拘,登门莫遂,向风弭节,掩泣裁笺,思幄恋轩,不胜丹款。"据此,则似王茂元前此出镇岭南，李宗闵曾为之出力。关于王茂元与李德裕、李宗闵的关系，请参拙著《李商隐研究中的一些问题》（《文学评论》一九八二年第三期）。

又据张采田《玉溪生年谱会笺》云："按义山是年为周墀华州表奏颇多，疑暂居墀幕。"并见《上华州周侍郎状》（《樊南文集补编》卷六）、《华州周大夫宴席》诗（《玉溪生诗集笺注》卷一）。周墀即杜牧所谓为李德裕所排挤者（《樊川文集》卷七《唐故东川节度使检右仆射兼御史大夫赠司徒周公墓志铭》）。可见此时李商隐与牛党人物的往还。

〔编年文〕

《论故循州司马杜元颖状》二（《文集》卷十二）

《新·杜元颖传》谓："元颖与李德裕善，会昌初，德裕当国，因赦令复其官。"按查《旧纪》，德裕于会昌年间当国时，朝廷颁大赦令仅二次，一为会昌元年正月庚戌，一为五年正月辛亥。德裕文云"既逢昌运，合与申冤"，与会昌元年正月武宗即位不久之情势合，即系于此。

《赐背叛回鹘敕书》（《文集》卷五）

本年三月前奉宣撰，说详前。

《论救杨嗣复李珏裴夷直》三状（《文集》卷十二）

三月撰，说详前。按题中"裴夷直"，明刊本及同治本"裴"均误作"陈"，应据《旧纪》、《新·裴夷直传》及《通鉴》改正。《新书》卷一四八《张孝忠传》后附裴夷直事。

《唐故开府仪同三司行右领军卫上将军致仕上柱国扶风马公神道碑铭》（别集卷八）

此为马存亮神道碑。文云"至开成六年九月四日，薨于永嘉里第……明年二月八日"葬于灞陵之原。按开成仅五年，此"六"当为"五"之误。则碑文当作会昌元年春。

《请尊宪宗章武孝皇帝为不迁庙状》(《文集》卷十)

按《旧·武宗纪》会昌元年，"三月壬申，宰相李德裕、陈夷行、崔珙、李绅等奏：'宪宗皇帝有恢复中兴之功，请为百代不迁之庙。'帝曰：'所论至当。'续议之，事竟不行"。此处之李绅应作崔郸，因李绅明年始入相(说详后)。

又《唐会要》卷十六《庙议》下载："会昌元年三月，中书门下奏，请尊宪宗为不迁庙曰……表奏，留中不出。"《唐会要》所载奏语，可与文集参校。

《赠裴度太师制》(《文集》卷四)

《旧·武宗纪》会昌元年三月，"赠故中书令、晋国公裴度太师"。制当作于此时。按制词中云："殂谢之初，朋党异议，赠典不称，人情郁然。"裴度卒于开成四年三月，时杨嗣复、李珏为相，所谓"朋党异议"，当即指杨嗣复等人而言。

《牡丹赋》(别集卷九)

文中称"仆射十一丈"，乃指王起。《旧书》卷一六四《王起传》："武宗即位……寻检校左仆射、东都留守，判东都尚书省事。"朱金诚《白居易年谱》会昌元年引白氏《早入皇城赠王留守仆射》诗，谓王起自东都留守征拜吏部尚书、判太常卿事，约在会昌元年春后。本文云"青阳既暮，鶗鴃已鸣"，亦为暮春之景，即当作于本年。详参《李德裕文集校笺》。

《请增谏议大夫等品秩状》(《文集》卷十一)

文中未署年月。《旧·武宗纪》会昌元年，"五月辛未，中书门下奏：'据《六典》，隋置谏议大夫七人……'从之"。其内容与德裕文略同，《旧纪》所载中书门下奏，当即德裕草拟。

《宣懿皇太后祔陵庙状》三状（《文集》卷十）

第一状云："奉宣：宣懿皇太后祔光陵同玄宫及不移福陵只祔庙，何者为便，商量奏来。右臣等伏以园寝已安，神道贵静。光陵因山久固，仅二十年，福陵近又修崇，足彰严奉。今若再因合祔，须启二陵，或虑圣灵为安，未合先旨。……臣等商量，祔太庙，不移福陵，实为允便。"第二、第三状内容略同。按《宣懿皇太后祔太庙制》为本年六月十一日颁下（见后），即已确定祔太庙不移陵寝，而此三状对此事尚在商议之中，则应撰于六月十一日之前，或即在六月上旬。

《新书》卷七十七《后妃传》下载："穆宗宣懿皇后韦氏，失其先世。穆宗为太子，后得侍，生武宗。长庆时，册为妃。武宗立，妃已亡，追册为皇太后，上尊谥，又封后二女弟为夫人。有司奏：'太后陵宜别制号。'帝乃名所葬园曰福陵。既又问宰相：'葬从光陵与但祔庙孰安？'奏言：'神道安于静，光陵因山为固，且二十年，不可更穿。福陵崇筑已有所，当遂就。臣等请奉主祔穆宗庙便。'帝乃下诏：'朕因诞日，展礼于太皇太后，谓朕曰：天子之孝，莫大于承续。今穆宗皇帝虚合享之位，而宣懿太后实生嗣君，当以祔庙。'由是奉后合食穆宗室。"此即所记祔陵庙事。

又《唐会要》卷二十一《皇后诸陵议》条载武宗初中书门下奏福陵事，可与文集所载参看。

《宣懿皇太后祔太庙制》(《一品集》卷三)

《唐会要》卷十六《庙议》下："其年(琼按前叙事谓会昌元年,此云其年,亦即指元年)六月制:朕近因载诞之日,展承颜之敬,太皇太后谓朕曰:天子之孝,莫大于丕承;人伦之义,莫大于嗣续。……"即《文集》所载此制。又据《唐会要》卷二《帝号》,武宗生日在六月十一日。制中"朕近因载诞之日"云云,则当在六月十一日之后,或即在六月中旬之内。

《唐会要》卷三《皇后》条:"穆宗皇后韦氏,会昌时追册为皇太后,谥曰宣懿,武宗母也。"

《赐回鹘嗢没斯特勒等诏书》(《文集》卷五)

会昌元年八月,说见前。

《论田牟请许党项仇复回鹘嗢没斯部落事状》(《文集》卷十三)

会昌元年八月二十四日,说见前。

《秋声赋》(《别集》卷九)

自序云:"昔潘岳寓直骑省,因感二毛,遂作《秋兴赋》。况余百龄过半,承明三入,发已皓白(自注:自中书舍人及今,三参掖垣),清秋可悲。尚书十一丈,鸰掖上寮,人文大匠,聊为此作,以俟知音。"

尚书十一丈,即王起。《旧书》卷一六四《王起传》:"武宗即位,八月充山陵卤簿使。……寻检校左仆射、东都留守,判东都尚书省事。会昌元年,征拜吏部尚书,判太常卿事。"德裕序中称王起为尚书,即会昌元年征为吏部尚书。刘禹锡有《同留守王仆射各赋春中一物从一韵至七》、《仆射来示有三春向晚四者难异之说……》等诗(《刘禹锡集笺证》外集卷四),则会昌元年春末王起尚在洛阳。又《刘禹锡集笺证》卷一亦有《秋声赋》,其自序云:"相国中山公赋《秋声》,以属天官太常伯,唱和俱绝,然皆得时行道之余兴,犹动光阴之叹,况伊郁老病者乎?吟之斐然,以寄孤愤。"此所谓天官太常伯,即吏部尚书。又刘禹锡卒于会昌二年七月,则其和《秋声赋》之作,当在会昌元年秋,由此亦可定德裕《秋声赋》所作之年月。

《请赐回鹘嗢没斯等物状》(《文集》卷十三)

闰九月作,说见前。

《赐回鹘嗢没斯等诏》(《文集》卷五)

闰九月作,说见前。

《请于太原添兵备状》(《文集》卷十三)

作于闰九月之后,十一月之前,说见前。

《论幽州事宜状》(《文集》卷十三)

闰九月作,说见前。

《论幽州事宜状》(《文集》卷十七)

十月作,说见前。

《宰相与刘约书》(《文集》卷九)

按《一品集》卷十三之《论幽州事宜状》曾云:"臣等今月五日于紫宸,陛下访问刘约事宜,令臣等亦与君赏一书……"此《论幽州事宜状》作于闰九月,时张绛尚未为张仲武所逐,则此《与刘约书》亦当作于闰九月。书中云:"张判官至,奉问,具承情旨。尚书以幽蓟频有叛乱,志在澄清,远陈嘉猷,益见忠恳。况先侍中累代继美,功德在人,尚书目按邻封,日彰惠政。"刘约时为义昌节度使、沧州刺史(参《唐方镇年表》卷四),与幽州接壤,故德裕书中称为"比邻"。刘约为刘总弟,其父刘济,贞元、元和时任幽州节度使,加兼侍中,奉诏讨王承宗有功,故德裕书中称"先侍中累代继美,功德在人"。

《请令符澈与幽州大将书状》(《文集》卷十三)

中云:"访闻张仲武是幽州大将张朝先(琼按此误,应作张光朝)之子,沉勇有谋。陛下纵欲加恩,亦须且挫其气;又幽州旬月之内,移易三人,因此翻覆多端,亦要令其知愧。臣等商量,且望令符澈与大将已下一书,观其报答词理,足以知其情。出邻道节将,于国体无亏。其书白谨同封进。"此当是张仲武起兵后,武宗急欲加恩,德裕上奏,以为"须且挫其气",令符澈先与幽州大将书。此状当作于十月。

《代符澈与幽州大将书意》(《文集》卷八)

前状云"其书白谨同封进",则此文亦当作于十月。按《旧·文宗纪》开成四年"六月辛亥朔,以长武城使符澈为邠宁节度使",又《旧·武宗纪》载会昌二年三月以刘沔代符澈为河东节度使、太原尹。李宗闵《义阳郡王符璘碑》(《全唐文》卷七一四)云:"子澈,前为邠宁节度使,后为河东节度、太原尹、北都留守。"则会昌元年十月间符澈正任河东节度使。《一品集》中"符澈"之"符",当作"苻"。

《论游幸状》(《文集》卷十七)。

十月间作,说见前。

《请遣使访问太和公主状》(《文集》卷十三)

十一月初作,说见前。

《遣王会等安抚回鹘制》(《文集》卷三)

十二月十四日作,说见前。

《赐回鹘可汗书》(《文集》卷五)

十二月十四日作,说见前。

《论九宫贵神坛状》(《文集》卷十一)

按此文又见《唐会要》卷十下《九宫坛》条,作:"会昌元年十二月,中书门下奏……"所奏即德裕此状。可据以参校。

又《旧书》卷一六九《舒元舆传》,载元舆为监察御史时(大和初),曾上奏言祀九宫贵神事,据其所奏,此九宫贵神为:太一、天一、招摇、轩辕、咸池、青龙、太阴、天符、摄提。

会昌二年壬戌(八四二)　五十六岁

正月己亥,德裕进位司空,有《让司空后举太常卿王起自代状》(《文集》卷十八)。

《旧·武宗纪》曾载会昌元年三月"宰臣李德裕进位司空",未记日期。按《新·宰相表》会昌二年载:"正月己亥,李德裕为司空。"又载:"正月己亥,(陈)夷行为尚书左仆射,(崔)珙为尚书右仆射。"又《旧·武宗纪》会昌二年正月亦载"宰相崔珙、陈夷行奏定左右仆射上事仪注"。则德裕进位司空当在会昌二年。且王起于会昌元年春末尚在洛阳,至夏秋始应召入朝,为吏部尚书、判太常卿(见上年德裕与王起先后撰《秋声赋》条）。此《自代状》称王起为太常卿，则决非会昌元年三月事，《旧·武宗纪》误。

德裕举王起自代状云："臣伏见前件官五朝旧老，一代名臣，孔门四科，实居其首，皋陶九德，无不备包。足以燮和阴阳，允叶人望，当唐虞让德之举，副陛下则哲之知。"按王起素与德裕善，在洛阳时亦频与白居易诗酒交往。文宗开成时，起与郑覃皆因博学为文宗所知。《旧书》卷一六四《王起传》云："文宗好文，尤尚古学。郑覃长于经义，起长于博洽，俱引翰林，讲论经史。起僻于嗜学，虽官位崇重，耽玩无斁，夙夜孜孜，殆忘寝食，书无不览，经目靡遗。"

正月，以张仲武为卢龙节度使；并以兵部郎中李拭为巡边使，察看天德、振武等兵备。

《通鉴》卷二四六会昌二年："春正月，以张仲武为卢龙节度使。朝廷以回鹘屯天德、振武北境，以兵部郎中李拭为巡边使，察将帅能否。"以上措施，都在于防备回鹘的侵扰，部署边塞的将帅。

二月，李绅由淮南节度使召入拜相，为中书侍郎、同平章事、判度支。

关于李绅于会昌时拜相的时间，史书记载不一。《旧·武宗纪》系于会昌元年二月，云："壬寅，以淮南节度使、检校吏部尚书李绅为中书侍郎、同平章事。"（《旧·李绅传》同）《旧纪》且于三月载宰臣连名上请以宪宗为百代不迁之庙，称"宰相李德裕、陈夷行、崔珙、李绅等奏"。《新·武宗纪》系于会昌二年二月，云："二月丁丑，淮南节度副大使李绅为中书侍郎、同中书门下平章事。"《新·宰相表》同。《通鉴》会昌二年亦载:"二月,淮南节度使李绅入朝。丁丑,以绅为中书侍郎、同平章事、判度支。"

按《通鉴》会昌元年三月载李德裕上疏救杨嗣复、李珏事(详见上年谱),谓"(三月)丙申,德裕与崔珙、崔郸、陈夷行三上奏"。又《考异》引德裕《献替记》文,记德裕于三月二十五日入中书,会见他相,称"崔相珙续至,崔郸次至,陈相最后至,已巳时矣"。皆未记有李绅。若李绅于二月已入相,绝不可能略去其姓名。又元王恽《玉堂嘉话》卷一载孔温业所撰《李绅拜相制》,载有年月日,为"会昌二年二月十二日"。由上所载,则李绅入相,应以会昌二年二月为是。关于此事,可参岑仲勉《唐史馀沈》页一八六《李绅命相年》条。

回鹘乌介可汗又向唐朝廷求粮食,并称欲借振武城居住。二月,德裕撰《赐回鹘书意》,称城不可借,其余可酌予应允。

《赐回鹘书意》载《文集》卷五。岑仲勉《会昌伐叛集编证》以为会昌二年初作,但未有论证。今按《通鉴》会昌二年二月载:"回鹘复奏求粮,及寻勘吐谷浑、党项所掠,又借振武城。诏遣内使杨观赐可汗书,谕以城不可借,余当应接处置。"此即德裕《赐回鹘书意》之内容大旨,可定其时间即在二年二月。文中云:"朕二年以来,保护可汗一国,内阻公卿之议,外遏将帅之言,朕于可汗,心亦至矣。可汗亦须深见事体,早见归还。所求种粮及安存摩尼、寻勘退浑、党项动掠等事,并当应接处置,必遣得宜,惟是拟借一城,自古以来,未有此事。"又云:"所借一城,理绝言议,想可汗便须息意,勿更披陈。其余令杨观专往,示谕朕意。"此即《通鉴》所载二月"诏遣内使杨观赐可汗书"。按唐振武城即东受降城所在之地,位于河东与天德军之间,为军事重镇,若振武为乌介所据,河东向天德的应援即被切数断,故德裕坚持绝不能借此城与乌介。乌介也想以此窥测唐朝的决心与实力,逐步南侵。

二月,德裕又奏上《条疏太原以北边备事宜状》(《文集》卷十三),主张增兵防守杷头峰及东、中受降城,采取积极防御的措施。

岑仲勉《会昌伐叛集编证》谓此状当上于李拭正月出巡之后,及三月中旬李拭还京之前。是。按《通鉴》二月载:"河东节度使苻澈修杷头烽旧戍以备回鹘。李德裕奏请增兵镇守,及修东、中二受降城以壮天德形势,从之。"《通鉴》所载李德裕奏请者,即此《条疏太原以北边备事状》。中有云:"云州之北,并是散地,备御之要,系杷头烽,今苻澈虽修缮已毕……"按《通鉴》云:"三月,李拭巡边还,称振武节度使刘沔有威略,可任大事。时河东节度使苻澈疾病,庚申,以沔代之。"而德裕奏状中苻澈尚在河东节度使任,可见奏上即在二月。

状中又云:"(东受降城)隔河便是胜州,相去数里,望委巡边使与刘沔计会。"此所谓巡边使即李拭,而刘沔尚在振武(振武治东受降城)。德裕大意谓须修缮杷头烽、东中二受降城,而中受降城(在今内蒙古自治区包头市西)最是要地,"速与修筑,便令镇守,即天德形势自壮,虏骑不敢窥边"。后又云:"臣等伏以回鹘在边,切须有备,边备既壮,制置不难。"这是李德裕的一贯备边思想,以为首先必须增强边防实力,作好人力物力的各种准备,然后才谈得上其他应付事宜。

三月四日,德裕撰《论天德军捉到回鹘生口等状》(《文集》卷十三),请禁止边将杀害回鹘降者及俘虏。

按此文末注云"会昌二年三月四日"。文中称据天德军奏事官云,每有回鹘投降及捉得十人、五人,守将于问得事情后即加杀害。德裕以为:"伏以回鹘穷困,情亦可怜,屡有杀伤,恐伤仁化。望付翰林赐田牟、仲武诏,前后更有此类,便递送太原,令配在诸州安置,稍为允惬。"按张仲武时为幽州卢龙节度使,田牟"会昌初为丰州刺史、天德军使"(《旧书》卷一四《田弘正传》附)。

按日本僧人圆仁《入唐求法巡礼行记》卷三于会昌二年三月十二日曾记云:"回鹘军兵入唐境,今在秦府。国家抽六节度府兵马,遣回鹘界首。城中有回鹘人数百,准敕尽斩杀讫。在诸州府,亦同斯格。"圆仁谓长安城中有数百回鹘人尽皆斩杀,其他州府亦同此例,盖得之误传,实不可靠,观德裕此状,亦可证明。德裕后论回鹘人石诫直状(见后),也可证明,即使在此之后唐军已正式与乌介交战,也未有尽杀长安城中之回鹘人一事。

圆仁于四月某日又记:"见说回鹘兵马入秦府城住,节度使逃走,新除节度使在路不敢入。"此所谓秦府,即振武。按据《通鉴》载:"三月,李拭巡边还,称振武节度使刘沔有威略,可任大事。时河东节度使符澈疾病,庚申,以沔代之;以金吾上将军李忠顺为振武节度使。遣将作少监苗缜册命乌介可汗,使徐行,驻于河东,俟可汗位定,然后进。既而可汗屡侵扰边境,缜竟不行。"此时因唐朝廷拒绝乌介提出借振武城的要求,乌介又屡次侵边,因此天德、振武一带形势紧张,唐廷重新配置边境将帅,刘沔调任河东,李忠顺出镇振武。圆仁对武宗朝政事有偏见(此时唐朝廷已开始限制佛教活动),因此对唐与回鹘战事的记载,多有偏失,如此处所记,刘沔本由振武迁调河东,却记云"节度使逃走";李忠顺出镇振武,而册命使苗缜在路徐行,以察看乌介方面的形势,却误记为"新除节度使在路不敢入"。

回鹘一部侵唐横水栅,李德裕奏请令刘沔、李忠顺进击,并使乌介知所警惧。

　　《通鉴》三月载:"回鹘嗢没斯以赤心桀黠难知,先告田牟云,赤心谋犯塞;乃诱赤心并仆固杀之,那颉啜收赤心之众七千帐东走。河东奏:'回鹘兵至横水,杀掠兵民,今退屯释迦泊东。'李德裕上言:'释迦泊西距可汗帐三百里,未知此兵为那颉所部,为可汗遣来。宜且指此兵云不受可汗指挥,擅掠边鄙。密诏刘沔、仲武先经略此兵,如可以讨逐,事亦有名,摧此一支,可汗必自知惧。'"《通鉴·考异》云:"《实录》:苻澈奏回鹘掠横水。事在正月李拭巡边前。按《一品集》此状云'宜密诏刘沔、忠顺',则状必在李忠顺镇振武之后也。盖澈在太原时奏之,沔除河东后德裕方有此奏,故置于此。"

四月,李德裕上疏论天德应付回鹘侵掠之对策大要为:一、以石雄骁勇善战,请授天德军都防御副使,佐助田牟攻讨。二、田牟不得出兵野战,致使城内空虚,应坚守城垒,等待救兵。三、及早授予嗢没斯官爵,并令边将联络退浑等部落,合力进击乌介部。四、优

待降虏,给予粮食。

　　《通鉴》二年四月载:"夏四月庚辰,天德都防御使田牟奏:'回鹘侵扰不已,不俟朝旨,已出兵三千拒之。'壬午,李德裕奏:'田牟殊不知兵。戎狄长于野战,短于攻城。牟但应坚守以待诸道兵集,今全军出战,万一失利,城中空虚,何以自固!望亟遣中使止之。如已交锋,即诏云、朔、天德以来羌、浑各出兵奋击回鹘,凡所虏获,并令自取。回鹘羁旅二年,粮食乏绝,人心易动。宜诏田牟招诱降者,给粮转致太原,不可留于天德。嗢没斯情伪虽未可知,然要早加官赏,纵使不诚,亦足为反间。且欲奖其忠义,为讨伐之名,令远近诸蕃知但责可汗犯顺,非欲尽灭回鹘。石雄善战无敌,请以为天德都团练副使,佐田牟用兵。'上皆从其言。"

　　按德裕所奏,即《文集》卷十三《条疏应接天德讨逐回鹘事》,计有七条,《通鉴》所载,确已概括其大要。文末云:"以前,臣等商量,若待天德奏到,已恐不及事机,望付翰林,各撰密诏,令中使向前审详事势。如已接战,便须准此处分。如蒙允许,其石雄便须今日降敕。"文后注"会昌二年四月十八日"。由此亦可见德裕办事,绝不留滞。

　　按石雄本为王智兴部下,英勇善战,王智兴忌之,曾于文宗朝奏贬其官。德裕为相,力荐之,石雄后在抗御回鹘、征讨泽潞中立有大功。《新书》卷一七一有传。

四月,李德裕又奏请赐幽州张仲武诏,令奚、契丹同力讨除赤心下散卒,驱遣回鹘出唐边界。

　　此即《奏回鹘事宜状》(四部丛刊本《李文饶文集》据陆

心源《唐文拾遗》录补）。岑仲勉《会昌伐叛集编证》引《考异》云："此状虽无月日，约须在杨观自回鹘还，赤心死，那颉啜未败前也。"岑氏以为："此状当上于四月。"

按此系请赐张仲武诏，令奚、契丹"同力讨除赤心下散卒，遣可汗渐出汉界，免有滞留"。由此可见，逐乌介部出唐边界，是李德裕处置此次边事的总方针、总目标，亦即是前《条疏应接天德讨逐回鹘事宜状》所云"朝廷只是责可汗犯顺，非是要灭回鹘"。

宦官仇士良忌恶德裕，乘间向武宗进谗言，德裕及时识破其阴谋。

《通鉴》本年四月载："上信任李德裕，观军容使仇士良恶之。会上将受尊号，御丹凤楼宣赦。或告士良，宰相与度支议草制减禁军衣粮及马刍粟，士良扬言于众曰：'如此，至日，军士必于楼前喧哗！'德裕闻之，乙酉，乞开延英自诉。上怒，遽遣中使宣谕两军：'赦书初无此事。且赦书皆出朕意，非由宰相，尔安得此言！'士良乃惶愧称谢。"

此事又见《旧·武宗纪》会昌二年四月，所记略同。

回鹘嗢没斯部归附于唐，五月，唐以嗢没斯为左金吾大将军、怀化群王，并与其部众米、绢；六月，又以其所部为归义军，嗢没斯充军使，并改名李思忠，随唐军征讨乌介。

《通鉴》本年四月记："甲申，嗢没斯帅其国特勒、宰相等二千二百余人来降。（《考异》曰：《一品集·嗢没斯特勒等状》五月四日上，《实录》在五月丙申，盖据奏到之日也。）"又："五月戊申，遣鸿胪卿张贾安抚嗢没斯等，以嗢没斯为左金吾大将军、怀化郡王；其次酋长官赏有差。赐其部众米五千斛，绢三千匹。""嗢没斯入朝。六月甲申，以嗢没斯所部为归义军，以嗢没斯为左金吾大将军，充军使。"七月，"嗢没斯请置家太原，与诸弟竭力捍边"；又八月"丁丑，赐嗢没斯与其弟阿历支、习勿啜、乌罗思皆姓李氏，名思忠、思贞、思义、思礼；国相爱邪勿姓爱，名弘顺，仍以弘顺为归义军副使"。

按唐对嗢没斯部落的处理，主要出于李德裕的谋略。嗢没斯原也是回鹘的一支，但与乌介有矛盾，较倾向于唐廷。但其初到唐边界时，边将及朝中诸臣多主张出兵击讨，唯李德裕主张不能轻率用兵，力主安抚，并济以粮食。这就使嗢没斯逐步归向唐廷。李德裕处理此事，是谋略上的一大成功，使唐边境减少一部分敌对力量，集中力量打击对唐侵扰不已的乌介部。

《文集》中有关此事者，有《授嗢没斯可特进行左金吾卫大将军员外置仍封怀化郡王制》、《授历支特勒以下官制》、《论嗢没斯特勒等状》、《论嗢没斯下将士二千六百一十八人赐号状》、《授嗢没斯检校工部尚书兼归义军使制》、《请赐嗢没斯枪旗状》、《谢宣示嗢没斯等冠带讫图状》、《奉宣嗢没斯所请落下马价绢便赐与可汗稳便否奏来者状》、《论嗢没斯家口等状》等。

德裕于八月初一日奏上《论讨袭回鹘事宜状》(《文集》卷十七)，建议令石雄率少数精骑，夜袭斫乌介营，当可获得成功；后因朝臣有异议，此计暂时作罢。

按回鹘虽为黠戛斯所败，内部又自相攻战离析，但乌介一部兵众尚多，且逐步南移，侵掠唐之边界，《通鉴》曾记谓：

"时乌介众虽衰减，尚号十万，驻牙于大同军北闾门山。"又云："初，可汗往来天德、振武之间，剽掠羌、浑，又屯杷头烽北（《通鉴》胡注引宋白曰：杷头烽在朔川）。朝廷屡遣使谕之，使还漠南，可汗不奉诏。"在此情况之下，德裕即奏上《论讨袭回鹘事宜状》，提出夜袭斫营的计策，大要谓："右臣频奉圣旨，缘回鹘渐逼杷头烽，早须讨袭，兼如何取得公主者。臣久经思虑，非不精详。回鹘皆骑兵，长于野战，若在碛卤，难与交锋，虽良将劲卒，无以制胜。臣比闻戎虏不解攻城，则知除马上驰突，其他并不惯习，臣料必无游奕伏道，又未会斫营。倘令石雄以义武马军一千骑，兼拣退浑一千骑，精选步卒，以为羽翼，衔枚夜袭，必易成功。"

按《通鉴》会昌二年八月条《考异》引《实录》云："八月壬戌朔，李德裕奏请遣石雄斫营取公主，擒可汗。"由此可知奏此状在八月初一日。按德裕此处分析回鹘用兵的长处与短处，也分析了唐军的长处与短处，扬长避短，提出夜袭的计策。后会昌三年正月石雄即用此计策大破乌介部众，迎太和公主归唐。但德裕此计在会昌二年八月未曾施行，其《论回鹘事宜状》（《文集》卷十四）有云："前日尚书丞郎郑肃等皆见臣等恳说，且欲曲全恩信，告谕丁宁，纵要驱除，只可出于边将，常令曲在于彼，未要便与交锋。……臣等今月一日所商量遣石雄斫营事，望且令驻，更审候事势。"由此可见朝臣中有一部分畏与回鹘交战，而以"曲全恩信"为掩饰，李德裕对此不得不作暂时妥协，令石雄斫营事暂且作罢。

按郑肃，《旧书》卷一七六、《新书》卷一八二有传。《旧传》称其"素与李德裕亲厚";文宗时本为河中节度使,"会昌初……召拜太常卿,累迁户部、兵部尚书"。

八月二十七日,德裕奏请召集公卿会议,商讨对付乌介部入侵事宜。以牛僧孺为首的部分朝臣,畏敌避战,采取消极应付的态度,德裕于奏论中一一加以辩驳。

《文集》卷十四有《驱逐回鹘事宜状》,文末注云"会昌二年八月二十七日"。状中提出两项处理办法,一为"待至来春回鹘人马羸困之时,计会驱逐",如此则幽州之兵暂在本界屯集,待候处分;一为"若虑冰合后,回鹘更有驰突,事当及早驱逐",则"即须速为计会","须令一两个月内便见成功,如此即免费资财,得早安边境"。为此建议公卿集议,谓:"元和中征讨王承宗、李师道,长庆中征讨李齐,并令集议。况闻向外议论不一,互有异同,若不一度遍询群情,终为闲词所挠。望令公卿集议,两日内闻奏,所冀博尽群议,厌服众心。"《通鉴》定此事于八月戊子,云:"戊子,李德裕等上言:'……今闻外议纷纭,互有异同,傥不一询群情,终为浮辞所挠。望令公卿集议。'诏从之。"戊子亦八月二十七日。由此可见,当时朝臣中对如何处理回鹘侵边,意见分歧,而主张消极避战者,则以牛僧孺为代表,德裕连续有《公卿集议须便施行其中有未尽处须更令分析闻奏谨具一一如后状》(《文集》卷十四)、《牛僧孺等奉敕公卿集议须便施行其中有未尽处须更令分析谨连如前状》(同上)加以辩驳。

按《公卿集议须便施行其中有未尽处须更令分析闻奏谨具一一如后状》,明本文末注"九月二十",畿辅本无此注。岑仲勉《会昌伐叛集编证》考云："畿本此状无月日。合后七日状比观，即知此状应在七日状之前；且七日状显指第二次集议言，否则不得云'公卿所议犹未切要'也。况二十七日状有云'望令公卿集议，两日内闻奏'。则公卿集议，应在八月底（是月大建），其闻奏应在九月一日或二日。今明本此状末署'九月二十'，下缺日字，与全集书例不符，合而思之，知二十乃二日之讹，如是，则前后皆可相通矣。"岑说是，可信从。

按此两次公卿集议，主持者为牛僧孺、陈夷行。据《通鉴》所载，陈夷行则连嗢没斯欲求粮食亦不欲应允者，德裕奏论中所引"虚论"、"浮词"，当出于以牛僧孺为首之一部分朝臣。

德裕于九月二日奏论中引用公卿集议的部分言论，并加辩驳云："议状云：'选将练卒，未甚得人。'今缘边节镇，将下群守，谁人最不称职？文武班中，谁人堪任将帅？须指陈其事，不得泛言。"又："又云：'守御要害，未甚有备；犄角之设不相应，辅车之谋不相依。'今何处置兵，即为要害，何处加备，即为相应，并须指言去处。"又："又云：'来即驱逐，去亦勿追。'昨所令集议出师驱逐，去亦勿追，如此相守，何时得了？军粮日有所费，边境终无安宁。此最关取舍大计，须便堪行用。"

按牛僧孺等可称之为此次抵御回鹘入侵的取消派，他们采取抽象否定的办法，认为此时唐朝的兵力根本不可能与回鹘一战，李德裕则针锋相对地加以质问，请他们作出具体的回答，而这正是牛僧孺等所害怕也最不能回答的，因为他们对这次防御部署毫无所知。又，李德裕认为这次论议中"最关取舍大计"的，是"来即驱逐，去亦勿追"这样一种论调，这完全是一种被动应付的消极措施。回鹘是游牧民族，长于驰骋野战，如果退走而不加进击，实际上是给回鹘恢复元气，以求再犯的机会，而唐朝则势必"军粮日有所费，边境终无安宁"。这牵涉到根本战略问题，因此德裕在此次进状中郑重提出，求得明确的解决，"须便堪行用"。

　　九月七日，德裕又进上《牛僧孺等奉敕公卿集议须便施行其中有未尽处须更令分析谨连如前状》（《文集》卷十四）。文末署"会昌二年九月七日"，即前九月二日后牛僧孺又集公卿会议，德裕认为"犹未切要"者，因此又进一步予以批驳："状云：'边将不闻以攻守之术，上闻朝廷，则将略可知也。又诸道征兵，其数不少，乌合之众，号令不齐。又近者回鹘攻劫云州，渐入内地，节级城守，莫能式遏，亦未见邻近堡栅首尾救援者。'窃详此意，只是见大段形势，实未切事机。朝廷比来待遇回鹘，惟推恩信，谕其职分，使自退归。所征戍兵，只令守备，都未尝有攻讨之意。昨者回鹘迫于饥困，至云州劫夺牛羊，已为侵暴事，须与城栅斗敌，兵法所谓疾雷不及掩耳。便云莫能式遏，亦似过诬。堡栅既无重兵，合须自守，令其首尾救援，亦是虚谈。自古所云乌合之众，皆谓临时召募，未经训习，如韩信驱市人而战，即是乌合。陈许、淄青等兵，并是节制之师，久经战伐，但令一处指挥，自然号令齐一，固不可谓之乌合。"大凡反对者，皆盛言回鹘之兵势，又极言唐军之不足与战，德裕一一剖明，持论坚实。《旧·武宗纪》会昌二年八月亦载云：

"诏以回纥犯边，渐侵内地，或攻或守，于理何安？令少师牛僧孺、陈夷行与公卿集议可否以闻。僧孺曰：'今百僚议状，以固守关防，伺其可击则用兵。'宰相李德裕议以回纥所恃者啒没、赤心耳，今已离叛，其强弱之势可见。戎人犷悍，不顾成败，以失二将，乘忿入侵，出师急击，破之必矣，守险示弱，虏无由退。击之为便。天子以为然。"

又，杜牧所作牛僧孺墓志与李珏所作牛僧孺神道碑皆未载此次论议事。

九月上旬，德裕撰《授刘沔招抚回鹘使制》、《授张仲武东面招抚回鹘使制》，正式任命对回鹘作战的将帅，并令刘沔等采集蕃马，充实军备，沿边各路兵马作好向前攻讨的准备。

《文集》卷三载《授刘沔招抚回鹘使制》、《授张仲武东面招抚回鹘使制》。岑仲勉《会昌伐叛集编证》云："九月七日状有云：'昨来加刘沔招抚使。'可见此官之授，在九月，且在七日前。"《旧·武宗纪》系于八月条下，但《旧纪》本年八月后即接十月，无九月。《通鉴》即载之于九月，云："九月，以刘沔兼招抚回鹘使，如须驱逐，其诸道行营兵权令指挥；以张仲武为东面招抚回鹘使，其当道行营兵及奚、契丹、室韦等并自指挥。以李思忠（琮按即啒没斯之改名）为河西党项都将回鹘西南面招讨使；皆会军于太原。"

可见李德裕一面在朝中剖析对回鹘用兵的方略，批驳朝臣中畏敌避战的主张，另一面则作实际的部署，先任命指挥将帅，以刘沔统辖，张仲武统率东面军，李思忠（啒没斯）统率西南面军,而以太原为前线指挥中心。

德裕于九月十一日又撰《请市蕃马状》(《文集》卷十四),请令刘沔收买蕃马以充军备,并防回鹘劫夺。九月十二日撰《请发镇州马军事状》(《文集》卷十四),请令太原与幽州合兵,向前移营,以作驱除乌介部的准备,镇州马军则暂可不予征发。九月十三日,又撰《请契苾通等分领沙陀退浑马军共六千人状》(《文集》卷十四),云:"臣等商量,令刘沔与幽州、振武、天德合出大军置营栅,渐移向前逼蹙,即令思忠领蕃浑马军深入。计思忠兵势相及可汗牙帐,必自有变,兼令招其降者,即易成功。"九月中旬又撰《赐思忠诏书》(《文集》卷五),告以何清朝、契苾通等受其指挥,以示信用,云:"今令左卫将军何清朝、蔚州刺史契苾通,分领蕃浑部落,取卿指挥。朕已切戒何清朝等,令其协尽心力,副卿忠诚,进取之时,一切取卿方略。"

〔辨正〕《通鉴》所载李德裕素恶白居易,排斥居易为相一事,系司马光出于对李德裕的偏见。

《通鉴》会昌二年九月载:"上闻太子少傅白居易名,欲相之,以问李德裕。德裕素恶居易,乃言居易衰病,不任朝谒,其从父弟左司员外郎敏中,辞学不减居易,且有器识。甲辰,以敏中为翰林学士。"

按此事亦见两《唐书·白敏中传》,《旧书》卷一六六《白敏中传》谓:"会昌初,为殿中侍御史,分司东都,寻除户部员外郎,还京。武宗皇帝素闻居易之名,及即位,欲征用之,宰相李德裕言居易衰病不任朝谒,因言从弟敏中辞艺类居易,即日知制诰,召入翰林充学士,迁中书舍人。"《新书》卷一一九《白敏中传》亦言:"武宗雅闻居易名,欲召用之。是时居易足病废,宰相李德裕言其衰茶不任事,即荐敏中文词类其兄而有器识。即日知制诰,召入翰林为学士,进承旨。"

按《通鉴》关于此事的记载,与新旧《唐书》不同的,第一,《通鉴》增加李德裕素恶白居易句,突出德裕斤斤于个人私怨。第二,两《唐书》仅谓武宗欲召用白居易,而《通鉴》则改为"欲相之",以显示李德裕之持权忌才。

按白居易本年已七十一岁,开成四年即得"风疾",左足病残。其《病中诗十五首》(《白居易集》卷三五)自序云:"开成己未岁(琮按开成四年),余蒲柳之年,六十有八。冬十月甲寅旦,始得风痹之疾,体瘀目眩,左足不支,盖老病相乘时而至耳。"开成五年有《病入新正》、《卧疾来早晚》等之作,又《强起迎春戏赠思黯》云"杖策人扶废病身",《病后四首》云"摩挲病脚日阳前","行无筋力寻山水",《足疾》云"足疾无加亦不瘳,绵春历夏复经秋",《老病幽独偶吟所怀》云"眼渐昏昏耳渐聋,满头霜雪半身风"(以上皆《白居易集》卷三五)。至会昌二年,其所作《病中看经赠诸道侣》(《白居易集》卷三六)仍云:"右眼昏花左足风,金篦石水用无功(自注:金篦刮眼病,见《涅槃经》;磁石水治风,见《外台方》)。"可见李德裕说白居易"衰病不任朝谒","足病废",完全合乎事实,在当时处于对外与回鹘交战、对内须妥善处理藩镇与宦官关系的复杂情势中,白居易确是不堪任此剧要的。

又丁居晦《重修承旨学士壁记》载:"白敏中:会昌二年九

月十三日自右司员外郎充，其月十五日改兵部员外郎，十一月二十九日加知制诰，三年五月二十九日转职方郎中，十二月七日加承旨、赐紫，四年四月十五日拜中书舍人，九月四日迁户部侍郎，知制诰，并依前充。"由此可见，白敏中正是在会昌年间李德裕执政时官位逐步迁升的，《新传》谓德裕"荐敏中文词类其兄而有器识"，正说明德裕对白氏兄弟并无朋党成见。宋叶梦得《避暑录话》卷一称"白乐天与杨虞卿为姻家而不累于虞卿……李文饶素不乐，而不为文饶所深害"，说德裕"素不乐"居易，乃是受《通鉴》等书的影响，并无根据，但说"不为文饶所深害"，却说明德裕并未加害于居易。当然宋人也有依据不可靠的材料而以党派门户之见来评论白、李二人的关系的，如罗大经就不以叶梦得上述的话为然，并说白居易"至一闻李文饶之败，便作诗畅快之，岂非冤亲未忘、心有偏党乎？"实则德裕贬崖州，居易已死，何能再为作诗经表"畅快"？（此事详见后辨）

康骈《剧谈录》曾记李德裕对于白敏中的奖掖，其书卷上《李朱崖知白令公》条云："白中书方居郎署，未有知者，唯朱崖李相国器之，许于搢绅间多所延誉。然而资用不充，无以祗奉僚友。一旦，相国遗钱十万，俾为酒肴之备，约省阁名士数人，克日同过其第。时秋暮阴沈，涉旬霖沥。贺拔基任员外府罢，求官未遂，将欲出京薄游，与白公同年登第，羸驹就门告别。阍者以方俟朝客，乃以他适对之。贺拔基遂驻车留书，备述羁游之意。白公览书叹曰：'丈夫处世，穷达当有时命，苟不才以侥幸取容，未足为发身之道，岂得家蓄美馔，止邀当路豪贵，曩时登第贫交，今日闭关不接，纵使便居荣显，又安得不愧于怀！'遽令仆者命贺拔甚回车，遂以杯盘同费。俄而所约朝贤联骑而至，阍者具陈与贺拔从容，无不愧愕而去。翌日，于私第谒见相国，询朝士来者为谁。白公对以宾客未至，适有同年出京访别，悯其龙钟委困，不忍弃之，留饮数杯，遂缺祗接，既负吹嘘之意，甘从谴斥之罪。相国称赏，逾时曰：'此事真古人之道，由兹贵达，所以激劝浇薄。'不旬日，贺拔自使下评事，先授美官，白公以库部郎中为翰林学士，未逾三载，便秉钧衡。"

此事又见于王谠《唐语林》卷三《赏誉》，字句略同。《唐语林》当即本于《剧谈录》。事之有无虽不可必，但也可概见在唐末的记载中，白敏中于会昌年间仕途的迁升是得力于李德裕的荐引的，由此也可见德裕在用人方面并非完全出于朋党之见。

封敖于十二月初一日为翰林学士。敖为李德裕所器识。

丁居晦《重修承旨学士壁记》："封敖：会昌二年十二月一日自左司员外郎兼侍御史知杂事充。其月三日改驾部员外郎。三年五月二十五日加知制诰，四年四月十五日迁中书舍人，九月四日迁工部侍郎、知制诰，依前充，五年三月十八日三表陈乞，蒙恩出守本官。"又《新书》卷一七七《封敖传》："转右拾遗，雅为宰相李德裕所器。会昌初，以左司员外郎召为翰林学士。"

十二月，德裕又奏上《请发河中马军五百骑赴振武状》、《请发李思忠进军于保大栅屯集状》、《赐刘沔张仲武密诏》等，作与乌介部决

战准备,并催促刘沔、张仲武等进军。

《文集》卷十四载《请发河中马军五百骑赴振武状》,文末注:"会昌二年十二月十日。"此状系奏请发河中马军五百骑赴振武,归李忠顺指挥,因此时乌介"可汗移营,已近振武"。

《文集》卷十四载《请李思忠进军于保大栅屯集状》,文末注:"会昌二年十二月二十七日。"按《通鉴》会昌二年冬载:"刘沔、张仲武固称盛寒未可进兵,请待岁首,李忠顺独请与李思忠俱进。十二月丙寅,李德裕奏请遣思忠进屯保大栅,从之。"《通鉴》所载十二月丙寅之德裕奏请,即此状。状中并建议令刘沔、张仲武与李思忠配合,作好明年岁初进军之准备,云:"伏以今年八月制置,待诸道进军移营,逼可汗衙帐,即李思忠领衔蕃骑深入,覆其巢穴。续缘刘沔、张仲武确称冬寒进军未得,请待正初,今已及期,望诏刘沔、张仲武一时进军,以壮思忠兵马。"文末又云:"其刘沔、仲武诏意,谨同封进。"此同时封进者即《文集》卷六《赐刘沔张仲武密诏》,中云:"卿宜遣使告谕,明示朕怀,如或迟留,尚为巧诈,即须犄角相应,临以兵威。"

德裕对宦官请托用人的态度。

《唐语林》卷七《补遗》载:"陇西李胶,年少持才俊,历尚书郎。李太尉称之,欲处之两掖。江夏卢相判大计,白中书,欲取员外郎李胶权盐使。太尉不答。卢不敢再请胶。太尉曰:'某不识此人,亦无因缘,但见风仪标品,欲与谏议大夫,何为有此事?'卢曰:'某亦不识,但以要地嘱论。'因于袖中出文，乃仇士良书也。太尉归戒阇者，此人来不要通。后竟坐他罪，出为峡内郡丞。"

按仇士良卒于会昌三年，且三年已失宠无权势，此当是会昌元年或二年事。李胶本为德裕所赏识，欲加荐拔，但后闻其结托宦官，仇士良又作书请托于朝官，德裕即不与来往，更不与升迁。由此可见德裕对宦官干预朝政抱深恶痛疾的态度。又，江夏卢相，周勋初《唐语林校证》谓指卢商。商，《新书》卷一八二有传。

日僧圆仁所记唐朝廷重道轻佛及已开始令僧尼还俗。

《入唐求法巡礼行记》卷三会昌二年六月十一日记："上德阳日。大内降诞斋，两街大德对道士，御前论义。道士二人得紫，僧门不得着紫。""上德阳日"，即武宗生日，武宗生日为六月十二日。

又十月九日记："敕下：天下所有僧尼解烧炼咒术禁气，背军身上杖痕乌文，杂工巧，曾犯淫养妻不修戒行者，并勒还俗。若僧尼有钱物及谷斗田地庄园，收纳官，如惜钱财，情愿还俗去，亦任勒还俗，宛入两税徭役。……左街功德使奏，准敕条流僧尼，除年已衰老及戒行精确外，爱惜资财、自愿还俗僧尼共一千二百卅二人。右街功德使奏，准敕条流僧尼，除年已衰老及戒行精确外，爱惜资财、自愿还俗僧尼共二千二百五十九人。奉敕：左右街功德使奏，准去年十月七日、十六日敕条流，令还俗僧尼，宜依。其爱惜资财、情愿还俗者，各委本贯收宛两税户。向后诸道有如此色类，并准此处分。"可见此时已开始勒令部分僧尼还俗。

七月，刘禹锡卒，时为太子宾客，在洛阳，年七十一。

> 《旧书》卷一六〇《刘禹锡传》："会昌二年七月卒，时年
> 七十一。"又参见卞孝萱《刘禹锡年谱》。

**杜牧约于三、四月间出为黄州刺史。〔辨正〕关于杜牧在大中年间
就出任黄州刺史事对李德裕的攻讦。**

> 杜牧《上宰相求湖州第二启》（《樊川文集》卷十六）："会
> 昌元年四月，兄慥自江守蕲，某与颙同舟至蕲。某其年七月，
> 却归京师。明年七月，出守黄州。"据缪钺《杜牧年谱》所考，
> 此处"明年七月"之"七"有误，据杜牧所作《黄州准祭百神
> 文》《祭城隍祈雨第二文》等，杜牧于会昌二年三、四月即已
> 在黄州。

> 杜牧《祭周相公文》（《樊川文集》卷十四）中云："会昌之
> 政，柄者为谁？忿忍阴污，多逐良善。牧实忝幸，亦在遣中。
> 黄岗大泽，葭苇之场，继来池阳，柄在孤岛。僻左五岁，遭逢
> 圣明。收拾冤沉，诛破罪恶。"此处"会昌之政，柄者为谁"等
> 数句指李德裕于会昌柄政时多排斥驱逐"良善"，杜牧之出守
> 黄州，也出于李德裕之意。周相公即周墀。此文为大中五年
> 七月杜牧在湖州刺史时作，时德裕已贬死崖州，白敏中、令狐
> 绹等当权，故杜牧作此语以进一步攻讦德裕。

> 今查杜牧在黄州时期所作诗文，对出守黄州一事的看
> 法，则与此《祭周相公文》不同。杜牧有《黄州刺史谢上表》
> （《樊川文集》卷十五），云："臣奉某月日敕旨，自某官授臣黄
> 州刺史，以某月日到任上讫。……臣某自出身已来，任职使
> 府，虽有官业，不亲治人。及登朝二任，皆参台阁，优游无事，

止奉朝谒。今者蒙恩擢授刺史，专断刑罚，施行诏条，政之善恶，唯臣所系。素不更练，兼之昧愚，一自到任，忧惕不胜，动作举止，唯恐罪悔。"杜牧自谓在此之前，或为幕府官，或为台阁中任文字之职，从未有专治一方而握有实权的。表中又对会昌之政加以颂扬，云："今自陛下即位已来，重罪不杀，小过不问，普天之下，蛮貊之邦，有罹艰凶，一皆存恤。圣明睿哲，广大慈恕，远僻隐厄，无不欢戴十四圣之生育，张二百四十年之基宇。臣于此际，为吏长人，敢不遵行国风，彰扬至化。"

如果说《谢上表》是例行公文，不得不说一些恭维的话，那么杜牧尚有《上李中丞书》（《樊川文集》卷十二），也作于黄州时，可作进一步剖析。据缪钺《杜牧年谱》，此李中丞为李回，回于会昌初任户部侍郎兼御史中丞，为李德裕所器识。杜牧书中谓："某入仕十五年间，凡四年在京（缪《谱》谓：杜牧自大和二年制策登科入仕为校书郎，下数到会昌二年，恰为十五年），其间卧疾乞假，复居其半。嗜酒好睡，其癖已痼，往往闭户便经旬日，吊庆参请，多亦废缺。至于俯仰进趋，随意所在，希时徇势，不能逐人。是以官途之间，比之辈流，亦多困踬。……默默成戚，守日待月，冀得一官，以足衣食。一自拜谒门馆，似蒙奖饰，敢以恶文连进机案，特遇采录，更不因人，许可指教，实为师资，接遇之礼过等，询问之辞悉纤。虽三千里僻守小郡，上道之日，气色济济，不知沉困之在己，不知升腾之在人，都门带酒，笑别亲戚。斯乃大君子之遇难逢，世途之不偶常事，虽为远宦，适足自宽。"据此，则知杜牧在朝中任职，薪俸不丰，"冀得一官，以足衣食"，意即欲得一地方官以补济其经济上的不足，于是求之于李回，而又因李回之佐助乃得黄州刺史，杜牧自谓"上道之日，气色济济"，这与《祭周相公文》所述，相距多远。

杜牧又有《雪中书怀》诗（《樊川文集》卷一），中有"北虏坏亭障，闻屯千里师"句，缪《谱》谓即指会昌年间回鹘侵边事，乃本年冬作。有云："北虏坏亭障，闻屯千里师。牵连久不解，他盗恐旁窥。臣实有长策，彼可徐鞭笞，如蒙一召议，食肉寝其皮。"杜牧与牛僧孺等不同，终以国事为念，期望唐朝廷能够中兴，而寄希望于会昌的政事，因此诗中谓："天子号仁圣，任贤如事师。凡称曰治具，小大无不施。明庭开广敞，才俊受羁维。"这与他在大中时所说的会昌之政"忿忍阴污，多逐良善"，适相违反。

本年郑亚子畋登进士科，礼部侍郎柳璟知贡举（徐松《登科记考》卷二十二）。

〔编年文〕

《论九宫贵神合是大祠状》（《文集》卷十一）

《唐会要》卷十下《九宫坛》条："（会昌）二年正月四日，太常礼院奏：准监察御史关牒，今月十三日祀九宫贵神，已敕宰相崔珙摄太尉行事，合受誓诫，及有司徒司空否……伏恐不合却用大祀礼科，伏候裁旨。中书门下奏曰……"按《唐会要》此处所载中书门下奏，即德裕此状，由此可考见其事在正月上旬。又《唐会要》所载与文集，文字颇有出入，可以考校。（又《旧·武宗纪》会昌二年正月载："中书奏百官议九宫坛本大祠，请降为中祠。"意有所不同，可以参看。）

《让司空后举太常卿王起自代状》(《文集》卷十八)

正月作,见前谱。

《赐回鹘书意》(《文集》卷五)

奉宣撰,作于二月,见前谱。又宋叶梦得《石林燕语》卷五:"唐诏令,虽一出于翰林学士,然遇有边防机要大事,学士所不能尽知者,则多宰相以其处分之要者自为之辞,而付学士院,使增其首尾常式之言而已,谓之诏意,故无所更易增损。今犹见于李德裕、郑畋集中。"

《条疏太原以北边备事宜状》(《文集》卷十三)

二月作。《岑仲勉史学论文集》页三七六注释(一四)指出明刊本此文误接下一篇《条疏应接天德讨逐回鹘事宜状》,将二文混合为一文。前文作于会昌二年二月,后文作于会昌二年四月十八日。

《论河东等道比远官加给俸料状》(《文集》卷十二)

按此又见《旧·武宗纪》会昌二年丙寅中书奏语。又见《唐会要》卷九二《内外官料钱》条(《会要》误作元年,应据《旧纪》作二年,《册府元龟》卷五〇八《邦计部·俸禄》四亦作元年)。

《论天德军捉到回鹘生口等状》(《文集》卷十三)

文末注曰"会昌二年三月四日"。详见前谱。

《进上尊号玉册文状》(《一品集》卷十八)

《旧·武宗纪》会昌二年载:"四月乙丑朔,光禄大夫、守司空、兼门下侍郎、平章事李德裕,银青光禄大夫、守右仆射、门下侍郎、平章事崔珙,银青光禄夫大、中书侍郎、同平章事李绅,金紫光禄大夫、检校司徒、兼太子太保牛僧孺等上章,请加尊号曰仁圣文武至神大孝皇帝。戊寅,御宣政殿受册。"

德裕《进上尊号玉册文状》第一状于题下注云"会昌二年",文中云"今月二十一日奉宣,令臣撰文者"。按据《旧纪》,请上尊号在二年四月乙丑朔,受册在四月戊寅(十四日),则此所谓"今月二十一日",当为三月二十一日,由此可知《进上尊号玉册文》及下《上尊号玉册文》皆为三月下旬作。

又《进上尊号玉册文》云:"臣本以门荫入仕,不由俊造之选,独学无友,未尝琢磨。然心好艺文,老而不倦,近加衰病,久废含毫,祗奉渥恩,实怀荣惧。"由此数句自述,可见德裕并未有轻视或嫉视进士之意,不惟如此,而且他推崇进士为"俊造之选",自谦以门荫入仕,未能素究于艺文。则晚唐五代关于德裕排斥进士的种种记载,多为失实。

《上尊号玉册文》(《文集》卷一)

三月下旬作,说见前。按此文第一首于题下注云"会昌二年奉敕撰",首云:"维会昌二年,岁次壬戌,四月乙丑朔,十四日戊寅。"所署名有李德裕、陈夷行、崔珙、李绅、牛僧孺。《旧纪》无陈夷行名(引见前条)。按夷行于本年六月始罢相为太子太保,此次宰相连名上书上尊号玉册,应有其名,《旧纪》漏书。

《条疏应接天德讨逐回鹘事宜状》(《文集》卷十三)

文末注云"会昌二年四月十八日"。《旧·武宗纪》会昌二年四月载:"天德奏,回纥族帐侵扰部内。"岑仲勉《会昌伐叛集编证》引《旧纪》此文,谓"此状即指其事"。

状中云："石雄骁勇善战，当今无敌，望授天德军都防御副使兼马步都知兵马使，助田牟攻讨。"《新书》卷一七一《石雄传》谓："会昌初，回鹘入寇，连年掠云、朔，牙五原塞下。诏雄为天德防御副使，兼朔州刺史，佐刘沔屯云州。"（岑仲勉谓此处作朔州误）

《奏回鹘事宜状》（四部丛刊本《李文饶文集》据陆心源《唐文拾遗》补录）

四月作，说详见前谱。

《赐回鹘可汗书意》（《文集》卷五）

岑仲勉《会昌伐叛集编证》云："杨观之使，在二年初，此则杨观刚回，而书中对嗢没斯则谓已许降附，必不别有任使，是在嗢没斯既降尚未授官之时，即二年四月也。"按《通鉴》系于二年四月，当依岑说以作于四月为是。

《授嗢没斯可特进行左金吾卫大将军员外置仍封怀化郡王制》（《文集》卷八）

《旧·武宗纪》会昌二年六月载："回纥降将嗢没斯将吏二千六百余人至京师。制以嗢没斯检校工部尚书，充归义军使，封怀化郡王，仍赐姓名曰李思忠；以回纥宰相爱耶勿为归义军副使、检校右散骑常侍，赐姓名曰李弘顺。"岑仲勉《会昌伐叛集编证》谓封爵在四月，除军使在六月，赐姓名在八月，"三事并不同时，《旧纪》盖蒙前后而总言之者"。据岑说，则此制作于四月。

《授历支特勒以下官制》（《文集》卷八）

岑仲勉《会昌伐叛集编证》以为与上制同时发出。又《新书》卷二一七下《回鹘传》下，"历支"作"阿历支"，岑仲勉谓"不审孰正"。

《论嗢没斯特勒等状》（《文集》卷十三）

畿辅本、明本《一品集》皆未注日期，《通鉴》会昌二年四月甲申条《考异》谓此状五月四日上，岑仲勉《会昌伐叛集编证》据此推断曰："是宋时见本尚未缺也。"

《论嗢没斯下将士二千六百一十八人赐号状》（《文集》卷十三）

文末注云"会昌二年六月二十一日"。

《授嗢没斯检校工部尚书兼归义军使制》（《文集》卷八）

《通鉴》会昌二年，"嗢没斯入朝。六月甲申，以嗢没斯所部为归义军，以嗢没斯为左金吾大将军，充军使"。六月甲子朔，甲申为二十一日。

《请赐嗢没斯枪旗状》（《文集》卷十三）

文末注云"会昌二年六月二十二日"。

《谢宣示嗢没斯等冠带讫图状》（《文集》卷十九）

状中云："故得嗢没斯誓心向阙，稽首归忠。……今则荣以髟纓，解其衣毳，簪笏就列，威仪可观。"当是嗢没斯朝京师后不久作，约六、七月间。

《异域归忠传序》（《文集》卷二）

《谢恩令所进异域归忠传两卷序中改云奉敕撰状》（《文集》卷十九）

岑仲勉《会昌伐叛集编证》谓："嗢没斯以六月二十一日加检校工尚，而序文著之，则应在其后，不称思忠而称嗢没斯，又应在八月十六之前，故兹附于六月之末。"按《唐会要》卷三十六《修撰》："会昌二年七月，宰臣德裕进《异域归忠传》两卷。"岑仲勉先生未及检寻《唐会要》文，故云"附于六月之末"，今可据《唐会要》定于七月。

《谢恩赐锦彩银器状》（《文集》卷十九）

岑仲勉《会昌伐叛集编证》谓"盖进《归忠传》后颁赐之谢状也"，则亦作于七月。

《奉宣嗢没斯所请落下马价绢便赐与可汗稳便否奏来者状》（《文集》卷十三）

文末注云"会昌二年七月十九日"。

《论嗢没斯家口等状》（《文集》卷十三）

状中云："右嗢没斯既加军号，请留家口在太原安置。"又云："望诏刘沔、义忠于云、朔等州捡一空闲城垒，兼与随事造土屋。"按《通鉴》会昌二年七月载："嗢没斯请置家太原，与诸弟竭力捍边；诏刘沔存抚其家。"即指此事。

《奏张仲武寄回鹘生口驰马状》（《一品集》卷十二）

岑仲勉《会昌伐叛集编证》云："右状无月日，仲武寄回鹘生口，当在破回鹘后，其破回鹘，余疑是七月事（参看下文《纪圣功碑铭》注），故附此。"

《代忠顺报回鹘宰相书意》（《文集》卷八）

《论太原及振武军镇及退浑党项等部落互市牛马骆驼等状》（《文集》卷十三）

岑仲勉谓此二文皆七月末作。

《论讨袭回鹘事宜状》（《文集》卷十七）

八月初一日，详见前谱。

《论回鹘事宜状》（《文集》卷十四）

八月初七日，详见前谱。

《请发陈许徐汝襄阳等兵状》（《文集》卷十四）

文末注云"会昌二年八月十日"。

《请密诏塞上事宜状》（《文集》卷十三）

岑仲勉《会昌伐叛集编证》以为当在八月七日以后，十五日以前。

《赐回鹘可汗书》（《文集》卷五）

《赐太和公主诏书》（《文集》卷五）

《赐回鹘可汗书》末云："石诫直久在京城，备知人心愤惋，发于诚恳，固请自行。嘉其深见事机，所以不能违阻，可汗审自询问，速择良图。"则此书当是令石诫直带回予乌介可汗者。《通鉴》会昌二年八月载"上遣回鹘石戒直还其国，赐可汗书"，《考异》云："《旧纪》此诏在刘沔、张仲武为招讨使下。按《一品集》八月十八日状：'两日来臣等窃闻外议云，石诫直久在京城，事无巨细，靡不谙悉。昨缘收入鸿胪，惧朝廷处置，因求奉使，意在脱身。'又云：'石诫直先有两男逃走，必是已入回鹘，料其此去岂肯尽心。伏望速诏刘沔，所在勒回。'然则遣石诫直赐可汗书必在此状之前，未知后来果曾勒回否也。"按《论遣石诫直状》在八月十八日，曰"两日来臣等窃闻外议云"，岑仲勉《会昌伐叛集编证》即据此断定《赐回鹘可汗书》及《赐太和公主书》在此之前的八月十五日。

《授嗢没斯赐姓李名思忠制》（《文集》卷八）

《授回鹘内宰相爱耶勿归义军副使兼赐姓名制》(《文集》卷八)

《通鉴》系此事在八月丁丑,即八月十六日。

《论回鹘石诫直状》(《文集》卷十四)

文末署"会昌二年八月十八日"。

《代刘沔与回鹘宰相颉于伽思书》(《文集》卷八)

此文首云:"会昌三年八月二十日,大唐河东节度使、检校右仆射刘沔,致书于九姓回鹘颉于相公阁下。"《通鉴》则载于会昌二年八月:"上又命李德裕代刘沔答回鹘相颉干伽思书,以为……"按会昌三年八月,乌介早已败亡,更不劳由刘沔致书与其宰相。文中"会昌三年"当为"会昌二年"之讹。

《条疏边上要事宜状》(《文集》卷十四)

岑仲勉《会昌伐叛集编证》:"此状缺奏上月日,依《一品集》卷十四编次推之,似是二年八月下旬所上。"

《论振武以北事宜状》(《文集》卷十四)

状云:"右缘回鹘牙帐渐移向东,去振武疆界稍近。今以草青马壮,深虑有意窥边,望令刘沔于云伽关及边界要害添兵,严加警备。先令郑许、陈滑两道兵马于代州就粮。"

岑仲勉《会昌伐叛集编证》云:"此状今题会昌二年十月十日上。但状有云:'今以草青马壮,深虑有意窥边。'十月乃塞草黄落之时,十月字必误,殆无疑义。状又言郑许、陈滑两道兵马于代州就粮。按陈许等兵是八月十日诏发,则此状之上亦不能在八月十日以前可知。合诸《一品集》卷十四编次推之,余谓本状当上于八月十八日之后(即《石诫直状》后),

八月二十七日（即《驱逐回鹘事宜状》）之前也。"按岑氏说是。

《驱逐回鹘事宜状》（《文集》卷十四）

文末注云"会昌二年八月二十七日"。并详前谱。

《公卿集议须便施行其中有未尽处须更令分析闻奏谨具一一如后状》（《文集》卷十四）

作于九月二日，说详前谱。

《牛僧孺等奏敕公卿集议须便施行其中有未尽处须更令分析谨连如前状》（《文集》卷十四）

文末注云"会昌二年九月七日"，又详前谱。

《授刘沔招抚回鹘使制》（《文集》卷三）

《授张仲武东面招抚回鹘使制》（《文集》卷三）

九月上旬作，详见前谱。

《请市蕃马状》（《文集》卷十四）

文末注云"会昌二年九月十一日"。

《请发镇州马军事状》（《文集》卷十四）

文末注云"会昌二年九月十二日"。

《请契苾通等分领沙陀退浑马军共六千人状》（《文集》卷十四）

文末注云"会昌二年九月十三日"。

《赐思忠诏书》（《文集》卷五）

前九月十三日状云："即令思忠领蕃浑马军深入。"即此诏所云，则当在九月十三日后数日之内，即九月中旬。

《授何清朝左卫将军兼分领蕃浑兵马制》（《文集》卷八）

岑仲勉《会昌伐叛集编证》云："依前书意，此制当是同时发出。"

《李思忠下蕃骑状》(《文集》卷十四)

文末注云"会昌二年九月二十七日"。

《河东奏请留沙陀马军状》(《文集》卷十四)

文末注云"会昌二年十月五日"。

《请何清朝等分领李思忠下蕃兵状》(《文集》卷十四)

文末注云"会昌二年十月八日"。

《请赐刘沔诏状》(《文集》卷十四)

文末注云"会昌二年十月十七日"。

《授郑朗等左谏议大夫制》(《文集》卷四)

未注年月。《旧书》卷一七三《郑朗传》，朗字有融，长庆元年登进士第，"(开成)四年，迁谏议大夫。会昌初，为给事中。出为华州刺史，入为御史中丞、户部侍郎，判本司事"。未载其曾任左谏议大夫。《旧·武宗纪》会昌二年十月载："帝幸泾阳，校猎白鹿原。谏议大夫高少逸、郑朗等于阁内论：'陛下校猎太频，出城稍远，万机废弛，星出夜归，方今用兵，且宜停止。'上优劳之。谏官出，谓宰相曰：'谏官甚要，朕时闻其言，庶几减过。'"按《旧纪》记本年事，仅止于十月，缺十一、十二月。《通鉴》载高少逸、郑朗之谏在会昌二年十一月乙卯，同月己未又载："以少逸为给事中，朗为左谏议大夫。"德裕此制云："朝散大夫，守谏议大夫兼弘文馆学士、上柱国郑朗等，皆以贞正守道，列于左掖，从容讽谏，每竭嘉猷。况朗、璜近因陛见，乃能庭争，执以言责，本于志诚。"此所谓

"近因陛见"者,即指郑朗等谏游猎事。朗于开成四年为谏议大夫,此时又为左谏议大夫。唯制词中"璜"不知何人,已查新旧《唐书·高少逸传》,少逸亦未有名璜者。

《请发河中马军五百骑赴振武状》(《文集》卷十四)

文末注云"会昌二年十二月十日"。

《请发李思忠进军于保大栅屯集状》(《文集》卷十四)

文末注云"会昌二年十二月二十七日",又详见前谱。

《赐刘沔张仲武密诏》(《文集》卷六)

与前状同时,详见前谱。

《代刘沔与回鹘宰相书意》(《文集》卷八)

文末未注年月。按文中云:"纥扢斯专使将军踏布合祖……等七人至天德,上表云:'破灭回鹘之时,收得皇帝女公主,缘与大唐本是同姓之国,固不敢留公主,差都吕施合将军送至南朝,至今不知信息,不知得达大唐,为复被奸人中路隔绝。缘此使不回,今出四十万兵寻觅,若被别人留连不放,请子细报,即差人就彼寻觅,上天入地,终须觅得送公主使。'"《通鉴》系此事于会昌二年十月,谓:"黠戛斯遣将军踏布合祖等至天德军,言先遣都吕施合等奉公主归之大唐……"云云。

按德裕另有《论译语人状》(《文集》卷十五),有云:"右缘石佛庆等皆是回鹘种类,必与本国有情,纥扢斯专使到京后,恐语有不便于回鹘者,不为翻译,兼潜将言语辄报在京回鹘。望赐刘沔、忠顺诏,各择解译蕃语人不是与回鹘亲族者,令乘递赴京。"此状文末注云"会昌三年正月十日"。岑仲勉

《会昌伐叛集编证》据此《论译语人状》，云："《论译语人状》上于三年正月十日，则踏布合祖等抵边，当在二年岁底，此书应即其时所拟；否则三年正月十一后，刘沔既取得公主，与书中语气不侔矣。"

据上所述，则《代刘沔与回鹘宰相书意》当作于本年十二底或明年正月初。

《授徐商礼部员外郎制》（《文集》卷四）

约本年作，参《李德裕文集校笺》。

〔编年诗〕

《遥伤茅山县孙尊师三首》（别集卷四）

《尊师是桃源黄先生传法弟子尝见尊师称先师灵迹今重赋此诗兼寄题黄先生旧馆》（同上）

宋欧阳棐《集古录目》卷十《李德裕遥伤孙尊师诗》："李德裕《遥伤孙尊师》诗三首，《寄题黄先生旧馆》诗一首，附试秘书省校书郎裴大质八分书。德裕时为司空平章事。以会昌三年刻在茅山。"此条下附注出于《宝刻丛编》。按德裕于会昌二年正月加司空，则此二诗当作于会昌二年、三年间。

按孙尊师为孙智清，《茅山志》卷十一有传。李德裕另有《寄茅山孙炼师》诗，见前大和三年（八二九）。《茅山志》卷二八并记："右四诗石刻，唐会昌癸亥年暮春十八日，秘书郎、上柱国裴质方书。"会昌癸亥为会昌三年。裴质方，当据《集古录目》作"裴质"，见《唐五代人物传记资料综合索引》。按《新唐书·宰相表》，会昌二年，"正月己亥，李德裕为司空"。又《新唐书·武宗纪》会昌三年六月，"辛酉，李德裕为司徒"。

据此,则悼孙智清诸诗或当作于会昌两年,三年刻于茅山。

又《尊师是桃源黄先生传法弟子……》,此处之黄先生为黄洞元,《茅山志》卷十一:"十五代宗师洞真先生姓黄,讳洞元,南岳人。早游华阳……后入武陵,住桃源观。有瞿童子名柏庭,自辰溪来。……大历八年癸丑夏五月晦,童子辞师曰:'后当于句曲相见。'明年,师徙居庐山紫霄峰,凡十载。复来山,住下泊宫。……又八载,瞿童子者至,师适曳杖而出,柏庭不留。及归,闻姓名,大骇,遂易服焚香,望空拜伏,久之,凝立而化。"此瞿童子柏庭,即德裕诗中"棋客留童子,山精避直神"及自注:"瞿山童即先生弟子,桃源得仙人棋子,载在传记";"先生初至茅山,童子触法坐有声。先生疑山神所为,书符召至之。其灵异如此矣。"按《茅山志》文,参陶敏《全唐诗人名考证》。又瞿童子事,又见《全唐文》卷六八九符载《黄仙师瞿童记》,卷七六一狄中立《桃源观山界记》。刘禹锡《游桃源一百韵》亦有述此事者:"乃言瞿氏子,骨状非凡格。往事黄先生,群儿多侮剧。"云云,文繁不录(见《刘禹锡集笺证》卷二三)。

《早入中书行公主册礼事毕登集贤阁成咏》(别集卷四)会昌二年八月。详参《李德裕文集校笺》。

会昌三年癸亥(八四三)　五十七岁

正月十一日,石雄等大破回鹘乌介部,迎太和公主归唐。奏捷至,

德裕奉宣撰《讨回鹘制》(《文集》卷三)。

按石雄破乌介牙帐,新旧《唐书》之《刘沔传》、《石雄传》皆有叙述,但不如《通鉴》翔实。今录《通鉴》会昌三年正月如下:

"春正月,回鹘乌介可汗帅众侵逼振武,刘沔遣麟州刺史石雄、都知兵马使王逢帅沙陀、朱邪、赤心三部及契苾、拓跋三千骑袭其牙帐,沔自以大军继之。雄至振武,登城望回鹘之众寡,见毡车数十乘,从者皆衣朱碧,类华人;使谍问之,曰:'公主帐也。'雄使谍告之曰:'公主至此,家也,当求归路。今将出兵击可汗,请公主潜与侍从相保,驻车勿动。'雄乃凿城为十余穴,引兵夜出,直攻可汗牙帐,至其帐下,虏乃觉之。可汗大惊,不知所为,弃辎重走,雄追击之。庚子,大破回鹘于杀胡山,可汗被疮,与数百骑遁去,雄迎太和公主以归。斩首万级,降其部落二万余人。丙午,刘沔捷奏至。"

又《旧·武宗纪》会昌三年二月载:"太原刘沔奏:'昨率诸道之师至大同军,遣石雄袭回鹘牙帐,雄大败回鹘于杀胡山,乌介可汗被创而走。已迎得太和公主至云州。'是日,御宣政殿,百僚称贺。制曰……"按此制文即《文集》卷三之《讨回鹘制》。《旧纪》载刘沔之奏与下制皆在二月,未记日期,《通鉴》则谓正月丙午刘沔奏捷至,二者有异。

按清毛凤枝《关中石刻文字新编》卷二载《唐故光禄大夫守太子太傅致仕上柱国彭城郡开国公食邑二千户赠司徒刘公神道碑铭并序》,即刘沔神道碑(以下简称《刘沔碑》)。碑中云:"得谍者曰:回纥已卜正月一日将校当晨谒都护府,我兵并力攻,必得其城,食其粟,阴山漠南旧吾土,可以争衡,取□之道。□□召邢(琮按应作胜)州刺史石雄、马步都知兵马使王逢、游奕先锋使刘万佺,令之曰:与尔□一万,至安众寨,遇寇当战,复须以捷报,如乘其虚,即尽虏妻男女牛马,倍道归我,比虏还,已失旍帐,吾遣□登城薄之,可一麾来降,□三年正月九日矣。至十一日夜,□于杀胡岭大破之,斩首三千级,得太和公主还上京。”

据此,则石雄破乌介,迎太和公主归,在会昌三年正月十一日。此碑为韦博所撰。毛凤枝《关中金石文字存佚考》卷九永寿县下称:“《赠司徒刘沔碑》,韦博撰,柳公权正书,大中二年十一月。”大中二年距会昌三年仅六年,时间甚近。毛凤枝又云:“刘沔,新旧《唐书》皆有传,碑中所载事迹,多与史合。撰文之韦博,《新唐书》亦有传。博尝为沔从事,故叙次特详也。”可见《刘沔碑》所载事迹,多可信从。岑仲勉《会昌伐叛集编证》即据《刘沔碑》推断云:“按《刘沔碑》,沔以正月十一日夜破乌介,疑捷报未必迟至二月到京,《旧纪》文恐有倒误。余以事势推之,此制应在下文《邀截回鹘状》之前,因制内言优赏河东立功将士,则必在接到捷报之日也。”

按岑仲勉先生未引《通鉴》,《通鉴》载刘沔捷报至即在正月。又德裕《请更发兵山外邀截回鹘状》(《文集》卷十五),文末注为“会昌三年正月二十五日”,文中云:“右缘回鹘既已讨除,须令殄灭。今可汗穷蹙,正可枭擒,忽万一透入黑车子部落,必恐延引岁月,劳师费财。”则作此状时已知石雄破乌介部,可知刘沔奏捷及《讨回鹘制》必在正月二十五日以前。

又《通鉴》会昌三年正月载此事，《考异》谓德裕虽于会昌二年建议令石雄斫营，但"德裕寻自请驻斫营事，而石雄于城上见公主牙帐迎得之，非因德裕之策"。按德裕于上年八月曾提出令石雄发挥唐军所长，利用夜袭就近斫营，后虽有所变更，但其论议已传达至石雄军中。这次石雄的奇袭，实际上即是秉承德裕上年的策略。《通鉴·考异》云石雄此次的胜利与李德裕无涉，也是出于司马光的偏见。

又，封敖有《批宰臣贺太原破回鹘夺得太和公主表》（《全唐文》卷七二八）。

正月下旬，德裕又上奏请邀击乌介余部，不使逃窜，以免后患。

《文集》卷十五载《请更发兵山外邀击回鹘状》，文末注云"会昌三年正月二十五日"。文中谓回鹘乌介部既已讨除，须令殄灭，防其逃入黑车子部落，故云："望速诏忠顺，令进军于山外黑车子去路邀截。……如至阴山北蕃，知回鹘犹在旧处，便令从北进军取背，则前后受敌，必无所逃。"按《新书》卷二一七下《回鹘传》下谓"（乌介）可汗收所余往依黑车子"，可见在此之前德裕于正月下旬已见及此。

《文集》卷十五又有《殄灭回鹘事宜状》，文末注云"会昌三年正月三十日"，其中云："回鹘衰残，取之在速，一切须令三月已前事了。"德裕意在尽早结束此次战争，以免拖延时日，虚耗军费。

宋孔平仲《珩璜新论》卷四云："唐时回鹘最强盛，武帝（琮按此应称武宗）时为黠戛斯可汗所破，其一支奔天德塞下,天德军使温德彝奏回鹘溃兵侵逼西城,亘六十里不见。其后回鹘及可汗又来袭振武城居之,赖李德裕在朝,随事应接,不为巨患。"孔平仲为北宋熙宁、元祐时人,可见当时仍有相当一部分士大夫肯定李德裕抵御回鹘的功绩。回鹘在文宗、武宗时虽受到黠戛斯部的攻击,已逐步衰落,但乌介一部"尚号十万",仍能给唐朝西北边塞造成不小的威胁,而唐朝当时驻守天德、振武一带的兵力并不强盛,乌介仍可随时南下,不断侵扰。经会昌三年正月一战,其主力已破,从此不振,回鹘对唐的威胁从此解除。

德裕建议不必限定进士及第人数,并重申礼部录取进士名单不须先向宰相府第呈榜。

《唐会要》卷七六《贡举》中《进士》条载:"会昌三年正月敕,礼部所放进士及第人数,自今后但据才堪即与,不要限人数每年止于二十五人。"此又见《册府元龟》卷六四一《贡举部·条制》三,同卷并载"(开成)二年五月,礼部奏请每年进士以三十人为限,从之"。由此可见,德裕对于进士试,不仅不持反对态度,而且认为不应在录取数量上受成例的限制。

《册府元龟》卷六四一并载:"(会昌三年正月)是月,宰臣李德裕等奏:旧例进士未放榜前,礼部侍郎遍到宰相私第,先呈及第人名,谓之呈榜,比闻多有改换,颇致流言。宰相稍有寄情,有司固无畏忌,取士之滥,莫不由斯。将务责成,在于不挠,既无取舍,岂必预知。臣等商量,今年便任有司放榜,更不得先呈臣等,仍向后便为定例,如有固违,御史纠举奏者。"按大和八年正月德裕任相时亦已奏请此事,今年当重申前所建议者。

圆仁所记本年正月唐朝廷令僧尼还俗措施。

《入唐求法巡礼行记》卷三，会昌三年正月十七日记："功德使帖诸寺，僧尼入条流内，并令还俗。此资圣寺三十七人。"又正月十八日记："早朝，还俗讫。左街还俗僧尼共一千二百卅二人，右街还俗僧尼共二千二百五十九人。"又二月一日记："使牒云，僧尼已还俗者，辄不得入寺及停止。又发遣保外僧尼，不许住京入镇内。"

武宗欲因黠戛斯之兵力，进而取安西、北庭都护府，德裕以为唐之军力尚不能及，不宜"用实费以易虚名"。

《旧·李德裕传》："（会昌）三年二月，赵蕃奏黠戛斯攻安西、北庭都护府，宜出师应援。德裕奏曰……乃止。"按此事亦见《通鉴》会昌三年二月："辛未，黠戛斯遣使者注吾合索献名马二；诏太仆卿赵蕃饮劳之。……上欲令赵蕃就颉戛斯求安西、北庭，李德裕等上言：'安西去京师七千余里，北庭五千余里，借使得之，当复置都护，以唐兵万人戍之。不知此兵于何处追发，馈运从何道得通，此乃用实费以易虚名，非计也。'上乃止。"《通鉴·考异》引《献替记》，谓德裕此奏在二月十一日。由此可见，武宗在取得对回鹘乌介部的胜利时，又欲进一步依靠黠戛斯的兵力以取得安西、北庭，而当时唐朝的军力和经济力量，实不足以攻取，即使攻取，也不能长期加以保持。德裕劝止武宗这一打算，是对现实作了符合于实际的估计。

又，德裕此奏未见于《一品集》。

二月,太和公主还至长安。许浑等有诗记之。

《旧·武宗纪》会昌三年载太和公主至京师在三月,未记日期。《通鉴》系于二月,谓:"(二月)庚寅,太和公主至京师,改封安定大长公主;诏宰相帅百官迎谒于章敬寺前。"按据《二十史朔闰表》,此时庚寅为三月初一日。又《唐会要》卷六《和蕃公主·杂录》载:"(会昌)三年二月,太常礼院奏,太和公主到日,百寮于章敬寺门立班……从之。其月二十五日,公主自蕃还京,诏左右神策各出军二百人,及太常仪仗卤簿,从长乐驿迎公主入城。其日,改封安定大长公主。"又载同月二十七日敕,"安定大长公主自蕃还京,莫不哀悯"云云。《会要》所载日期甚为具体,且《通鉴》与此合。《旧纪》自武宗后所记月份多有误,此亦是一例。

日僧圆仁入《入唐求法巡礼行纪》卷三,会昌三年二月二十五日亦记有:"和蕃公主入京。百司及三千兵马出城外迎。"又唐诗人有以太和公主还京为题而咏其事者,如许浑《破北虏太和公主归宫阙》(《全唐诗》卷五三五):"毳幕承秋极断蓬,飘飘一剑黑山空。匈奴北走荒秦垒,贵主西还盛汉宫。定是庙谟倾种落,必知边寇畏骁雄。恩沾残类从归去,莫使华人杂犬戎。"李频《太和公主还宫》(《全唐诗》卷五八七):"天骄发使犯边尘,汉将推功遂夺亲。离乱应无初去貌,死生难有却回身。禁花半老曾攀树,宫女多非旧识人。重上凤楼追故事,几多愁思向青春。"(李频,大中八年进士第)刘得仁有《马上别单于刘评事》(《全唐诗》卷五四五),题下自注:"时太和公主还京,评事罢举起职。"诗云:"庙谋宏远人难测,公主生还帝感深。天下底平须共喜,一时闲事莫惊心。"
按许浑、李频诗不如刘得仁诗之有气魄,刘诗认为太和公主
得以还京,应归功于"庙谋宏远",此实指德裕。又《全唐诗》
卷五〇八亦载李敬方《太和公主还京》诗,系五言排律。关于
李敬方,可参见拙著《唐诗人李敬方事迹辨证》(《文学遗产》
复刊第一期)。

三月,德裕追论维州事,请追赠悉怛谋官。

《通鉴》会昌三年三月载:"李德裕追论维州悉怛谋事,
云:'……乞追奖忠魂,各加褒赠。'诏赠悉怛谋右卫将军。"
《旧·李德裕传》亦系于会昌三年,云:"三年二月,赵蕃奏黠
戛斯攻安西、北庭都护府,宜出师应援,德裕奏曰……乃止。
德裕又以大和五年吐蕃维州守将以城降,为牛僧孺所沮,终
失维州,奏论之曰:'……'帝意伤之,寻赐赠官。其年,德裕
兼守司徒。四月,泽潞节度使刘从谏卒。"据此处所叙时序,
德裕论维州事在二月之后,四月之前,与《通鉴》载于三月
者合。

《文集》卷十二有《论大和五年八月将故维州城归降准诏
却执送本蕃就戮人吐蕃城副使悉怛谋状》,卷四有《赠故蕃维
州城副使悉怛谋制》,卷十九有《谢赠故蕃维州城副使悉怛谋
官状》,皆未注年月。卷十二之状云:"虽时更一纪,而运属千
年。"大和五年八月至本年三月,恰为十二年。卷十九之状
云:"臣忝补钧衡,尝居戎帅,仰感元造,倍百群情。"也正是会
昌中秉政之时。

又杜牧所作牛僧孺墓志铭(《樊川文集》卷七),有云:

"明年，武宗即位，就加司徒。会昌元年秋七月，汉水溢堤入郭，自汉阳王张柬之一百五十岁后，水为最大。李太尉德裕挟维州事，曰修利不至，罢为太子少师。未几，检校司徒，兼太子少保。明年，以检校官兼太子太傅，留守东都。"按牛僧孺罢山南东道节度使在会昌元年闰九月。因汉水泛滥，冲溢城郭，不尽其职责而罢节镇（见前谱），而德裕奏维州事乃在此后二年的会昌三年三月。李珏所作牛僧孺神道碑（《全唐文》卷七二〇）叙僧孺罢山南东道事，虽也影射李德裕，但仍未与论维州事联系，仅云："属大水坏居人庐舍，公以实上闻，仇家得以逞志，举两汉故事，坐灾异策免，降授太子少师。"可见杜牧为了攻击李德裕，连事实之有无也置于不顾，类似的情况在此篇墓志中不仅一二见。

德裕提出维州事的理由，甚为正当，因悉怛谋本于唐有功，而遭惨杀，此事一直未有昭雪，德裕主要是为悉怛谋申冤，并非在于借机攻击牛僧孺，僧孺当时处理维州事甚为失策，也已为文宗所知，故罢其相位。此事得失，至会昌更为明晰，德裕无需再以此攻讦僧孺。德裕文中亦未提僧孺之名，只笼统叙及"其时与臣仇者，望风疾臣，遽兴疑言"而已，主要乃为悉怛谋申雪，其《论大和五年八月……悉怛谋状》云："伏惟仁圣文武至诚大孝皇帝陛下，振睿圣之宏图，得怀徕之上策，故南蛮申请朝之愿，北虏效款塞之诚。臣实痛惜悉怛谋等举城向化，解辫归义，而未加昆邪之爵，不赏庶其之功，翻以忠爱受屠，为仇雠所快。身遭此酷，名又不彰，职由愚臣，陷此非罪。……伏乞宣付中书，各加褒赠，冀华夷感德，幽显伸冤,警既往之幸心,激将来之峻节。"盖此时乌介余部尚存,吐蕃内部争斗日甚,南诏与唐也时和时战,德裕追赠悉怛谋官职,也寓有争取边疆少数族部分守将之意。

德裕于四月间曾上表求退。

《通鉴》会昌三年四月载:"夏四月辛未,李德裕乞退就闲局,上曰:'卿每辞位,使我旬日不得所。今大事皆未就,卿岂得求去!'"按此未见两《唐书》本纪及本传,《文集》卷十八有《让官表》,与《通鉴》所载情事相合,当即此时所作,中有云:"伏惟仁圣文武至神大孝皇帝……故得王道正直,海内清和,边朔底宁,干戈永戢。"所叙为乌介已被驱除,而泽潞之讨尚未开始,也当是四月间事。又叙己之病状云:"患风毒脚气十五余年,服药过虚,又得渴疾,每日自午以后,瞑眩失常,形骸仅存,心气俱竭,唯恐晚归私第,殪尽道途。"又云:"伏望陛下察臣恳诚,矜臣衰耗,得罢繁务,退守州行,稍获安闲,渐自颐养,一二年后,或冀有瘳。"据此,则德裕此时确有疾病(疑为糖尿病兼高血压),屡上表求退,也说明他并非固位贪权之人。

〔辨正〕本年卢肇应进士试,《玉泉子》、《北梦琐言》载李德裕授意吏部尚书知贡举王起与之登第,疑非实。

唐无名氏《玉泉子》载:"李德裕抑退浮薄,奖拔孤寒,于时朝贵朋党,德裕破之,由是结怨。而绝于附会,门无宾客。唯进士卢肇,宜春人,有奇才。德裕尝左宦宜阳,肇投以文卷,由此见知。后随计京师,每谒见,待以优礼。旧例,礼部放榜,先呈宰相。会昌三年,王起知举,问德裕所欲,答曰:

'安用问所欲为！如卢肇、丁稜、姚鹄,岂可不与及第邪!'起于是依其次而放。"此一记载又为《北梦琐言》所承袭,《琐言》则又加渲染,有云:"会昌三年,王相国起知举,先白掌武。乃曰:'某不荐人,然奉贺今年榜中得一状元也。'起未喻其旨,复遣亲吏于相门侦问。吏曰:'相公于举子中,独有卢肇,久接从容。'起相曰:'果在此也!'其年卢肇为状头及第。"此事《唐语林》、《唐诗纪事》均载之。

按卢肇确为本年状元及第(宋罗诱《宜春传信录》也载:"卢肇字子发,唐人也,开成中就江西解。……会昌三年肇为状元及第。")。但云卢肇及第为德裕向主司者授意,则疑非确。《玉泉子》与《北梦琐言》所载,情节即不一致。《玉泉子》载王起问德裕欲推荐何人,德裕直告之以卢肇、丁稜等人,《北梦琐言》则载为德裕故隐其名,使王起于侦察得之,同一事而歧异如此。按两书均载旧例主司者于放榜前先将所取名单呈宰相过目,但此旧例已为德裕所革除,《唐会要》载于大和八年,《册府元龟》即载于会昌三年,德裕不可能在此不久之前已被革除的成例,自身又加施行。且王起与德裕交谊虽深,但立朝有操行,不可能卑躬屈膝、讨好德裕如《玉泉子》、《北梦琐言》所述者。此当为德裕尝贬官袁州,卢肇曾以文投德裕,蒙赏识,而肇又以本年登第,故晚唐五代人遂附会编造此类情节。

又《唐摭言》卷一载会昌三年王起知贡举,华州刺史周墀撰诗寄贺,称"新榜既至,众口称公"。王起与及第新进士皆有和诗,其中樊骧和诗有"孤进自今开道路"之句,石贯诗亦云"孔门弟子皆贤哲,谁料穷儒忝一名"。可见本年所取进士大多贫寒,所拔称为公道。

昭义节度使刘从谏于四月初七日卒,其侄稹自称留后,秘不发丧。四月二十三日,唐朝廷为从谏辍朝,诏刘稹护丧归东都,刘稹不从。

《新·武宗纪》会昌三年,"四月乙丑,昭义军节度使刘从谏卒,其子稹自称留后"。乙丑为四月初七日。按从谏卒日,《旧纪》、《通鉴》皆未载。又《通鉴》会昌三年四月载:"辛巳,始为从谏辍朝,赠太傅,诏刘稹护丧归东都。又召见刘从素,令以书谕稹(胡注:令父以书谕其子也。从素时在朝为右骁卫将军),稹不从。"辛巳为四月二十三日。

按刘从谏在文宗时已与唐朝廷对立,积聚军力,不听朝命。《通鉴》本年四月载:"从谏榷马牧及商旅,岁入钱五万缗,又卖铁、煮盐亦数万缗。大商皆假以牙职,使通好诸道,因为贩易。商人倚从谏势,所至多陵轹将吏,诸道皆恶之。"可见刘从谏还倚靠大商人的经济势力充实其府库,并以商人入其军籍。但终因其商人与其他地区商人势力的矛盾,使昭义在经济上也陷于孤立,不能长久维持其割据。《通鉴》又载:"从谏疾病,谓妻裴氏曰:'吾以忠直事朝廷,而朝廷不明我志,诸道皆不我与。我死,他人主此军,则吾家无炊火矣!'乃与幕客张谷、陈扬庭谋效河北诸镇,以弟右骁卫将军从素之子稹为牙内都知兵马使,从子匡周为中军兵马使,孔目官王协为押牙亲事兵马使,以奴李士贵为使宅十将兵马使……从谏寻薨,稹秘不发丧。王协为稹谋曰:'正当如宝历年样为之，不出百日，旌节自至。但严奉监军，厚遗敕使，四境勿出兵，城中暗为备而已。'"刘稹擅立，且泽潞地处紧要，唐朝廷若仍依前此惯例，予以承认，不仅河北三镇更成化外，而且其他节镇也可能起而效尤，中央政权就将更为削弱。

　　按《李相国论事集》卷三《论泽潞事宜》载李绛奏曰："且泽潞五州据山东要害，河北连结，唯此制之，磁邢洺三州入其腹内，国之宝地，系在安危。"又《新书》卷一五二《李绛传》亦引绛语曰："泽潞据山东要害，磁、邢、洺跨两河间，可制其合从。"《新书》卷一六五《权德舆传》谓："宪宗元和初……时泽潞卢从史诈傲，寖不制，其父虔卒京师，而成德王承宗父死求袭，德舆谏，以为：'欲变山东，先择昭义之帅。'"可见自中唐以来，泽潞的地势在唐人心目已日渐重要，因为它正与河北三镇相接，唐朝廷能控制泽潞，则可进一步维系河北（也就是李绛、权德舆所说的山东）三镇，如果泽潞擅立，则河北三镇就更难听命于朝廷。因此，如何处理刘稹拥兵擅命一事，是对唐中央政府国力和决心的考验。

四月十九日，德裕撰《赐何重顺诏》、《赐张仲武诏》，为对付刘稹事作军事上的准备。

　　《通鉴》会昌三年四月载："上命德裕草诏赐成德节度使王元逵、魏博节度使何弘敬，其略曰：'泽潞一镇，与卿事体不同，勿为子孙之谋，欲存辅车之势。但能显立功效，自然福及后昆。'丁丑，上临朝，称其语要切，曰：'当如此直告之是也。'又赐张仲武诏，以'回鹘余烬未灭，塞上多虞，专委卿御侮'。元逵、弘敬得诏，悚息听命。"按此即《赐何重顺诏》、《赐张仲武诏》之大要（以上二诏皆见《文集》卷六）。《通鉴》系于四月丁丑，即四月十九日。此时唐朝廷知从谏已卒，但因刘稹尚秘不发表，故至二十三日始为之辍朝，但在这之前，李德裕已为应付此一事件预作准备。

按成德节度使领镇州（治所在今河北省正定县）、冀州（治所在今河北省冀州市）、深州（治所在今河北省深州市）、赵州（治所在今河北省赵县），在昭义的东面，时王元逵为节度使。魏博领魏州（治所元城，在今河北省大名县东）、博州（治所聊城，在今山东省聊城市东北）、贝州（治所清河，在今河北省清河县）、卫州（治所汲县，今河南省汲县）、澶州（在今河南省澶渊）、相州（治所相州，在今河南省安阳市），在昭义南，何重顺（后改名何弘敬）时为节度使。昭义五州，潞州（治所在今山西省长治市）、泽州（治所在今山西省晋城县）在今山西省境内，邢州（治所在今河北省邢台市）、洺州（治所在今河北省肥乡县北）、磁州（治所在今河北省磁县）均在河北省。因此唐朝廷联络成德、魏博二镇，就能牵制昭义的一大部分兵力，并使之处于腹背受敌的地位。

《赐何重顺诏》曰："卿宜训练戎旅，严固封疆，候彼军中有变，便须遣书告谕，令其三军送刘稹归阙，请朝廷推新择帅。朕必选旧德重望，委之抚循，刘稹厚加爵赏，别有任用。如妄自制置，邀求宠荣，国家典法，亦难宽宥。"又云："泽潞一镇，与卿事体不同，勿为子孙之谋，欲存辅车之势，但能显立功效，自然福及后昆。"又按，会昌三年四月赐此诏书，何重顺已改名弘敬，《文集》中他文均作弘敬，此诏"重顺"二字疑非是。

《赐张仲武诏》曰："今缘从谏疾病颇以深绵,深虑将校异谋,妄有制置。"因此时尚未辍朝,故未称其已卒,只云"疾病颇以深绵"。又云:"太原地连河朔,城府空虚,已诏刘沔旋师,却归本镇。又缘回鹘余烬未灭,塞上须有防虞,借卿长才,列于御侮,边境戎事,悉以付卿。"即令张仲武专意抵御回鹘残部,使唐朝廷得以用主要兵力对付刘稹。

四月二十九日,任王茂元为河阳节度使,王宰为忠武节度使,代王茂元。

《通鉴》会昌三年四月,"丁亥,以忠武节度使王茂元为河阳节度使,邠宁节度使王宰为忠武节度使"。按两《唐书》王茂元传附于其父栖曜传之后,甚为简略,其任河阳节度,亦未有年月。李商隐《祭外舅赠司徒公文》(《樊南文集补编》卷十二):"赤狄违恩,晋城告变,假三齐之余丑,犯神州之近甸,怀邑营匪,河桥旆转。"即指此事。

五月初二日,德裕上《论昭义三军请刘稹勾当军务状》,奏请朝臣集议对刘稹之处置。时宰相及朝臣中大多主张妥协,德裕坚持应加讨伐。

《论昭义三军请刘稹勾当军务状》载《文集》卷十五,文末注云"会昌三年五月二日"。文中云:"从谏顷因父殁,自总兵权。属宝历中政务因循,事归苟且,与其符节,以紊国章。……爰自近岁,颇聚甲兵,招致亡命之徒,遂成逋逃之薮,怵于邪说,自谓雄豪。及寝疾弥留,罔思臣节,又令纪纲旧校,诱动军情,树置騃童,再图兵柄。"又云:"此而可容,孰不可忍。固须广询廷议，以尽群情。臣等商量，望令两省及尚书省、御史台，并文官四品以上、武官三品以上，于尚书省集议奏闻，未审可否。"

此为五月二日奏，请集朝臣讨论如何措置，而《旧·武宗纪》却载于四月（无纪日），云："四月，昭义节度使刘从谏卒，三军以从谏侄刘稹为兵马留后，上表请授节钺。寻遣使赍诏潞府，令稹护从谏之丧归洛阳。稹拒朝旨。诏中书门下两省、尚书、御史台、四品已上、武官三品已上，会议刘稹可诛可宥之状以闻。"《旧纪》以此事载于四月，显误，当据德裕奏状在五月上旬。

《旧纪》于五月载集议情况云（无纪日）："宰臣百僚进议状，以'昆戎未殄，塞上用兵，不宜中原生事，潞府请以亲王遥领，令稹权知兵马事，以俟边上罢兵'。独李德裕以为泽潞内地，前时从谏许袭，已是失断，自后跋扈难制，规胁朝廷。以稹竖子，不可复践前车，讨之必殄。武宗性雄俊，曰：'吾与德裕同之，保无后悔。'自是谏官上疏言不可用兵相继。"由此可见，当时讨论对刘稹用兵，反对者甚众，宰臣中有持异议的，大臣三、四品以上也大多反对，即使武宗同意德裕意见主张对刘稹加以征讨，谏官也仍上疏谏止，可见阻力甚大。

《旧·李德裕传》云："四月，泽潞节度使刘从谏卒，军人以其侄稹擅总留后，三军请降旄钺。帝与宰臣议可否，德裕曰：'泽潞国家内地，不同河朔。前后命帅，皆用儒臣。顷者李抱真成立此军，身殁之后，德宗尚不许继袭，令李缄护丧归洛。洎刘悟作镇，长庆中颇亦自专，属敬宗因循，遂许从谏继袭。开成初,于长子屯军,欲兴晋阳之甲,以除君侧,与郑注、李训交结至深,外托效忠,实怀窥伺。自疾病之初,便令刘稹管兵马。若不加讨伐,何以号令四方?若因循授之,则藩镇相效,自兹威令去矣!'帝曰:'卿算用兵必克否?'对曰:'刘稹所恃者,河朔三镇耳。但得魏、镇不与稹同,破之必矣。请遣重臣一人,传达圣旨,言泽潞命帅,不同三镇。自艰难已来,列圣皆许三镇嗣袭,已成故事。今国家欲加兵诛稹,禁军不欲出山东。其山东三州,委镇、魏出兵攻取。'上然之,乃令御史中丞李回使三镇谕旨,赐魏、镇诏书云:'卿勿为子孙之谋,欲存辅车之势。'何弘敬、王元逵承诏,耸然从命。初议出兵,朝官上疏相继,请依从谏例,许之继袭,而宰臣四人,亦有以出师非便者。德裕奏曰:'如师出无功,臣请自当罪戾,请不累李绅、让夷等。'"

按《旧传》此段叙述,时间有颠倒处。命李回出使,乃在七月(详后),而赐镇、魏诏书所谓"勿为子孙之谋,欲存辅车之势",乃《赐何重顺诏》中语,此诏于四月十九日发下(已见前文),而《旧传》却将赐镇、魏诏书列于李回出使之后。但《旧传》所述仍有可参考之处,大约当时反对用兵者,宰臣中尚有李绅、李让夷,故德裕曰:"如师出无功,臣请自当罪戾,请不累李绅、让夷等。"按据《新·宰相表》,会昌二年二月以前,宰相有四人,为李德裕、陈夷行、崔珙、李绅;二年六月,陈夷行罢为太子太保;七月,李让夷由尚书左丞兼御史中丞为中书侍郎、同中书门下平章事。会昌三年二月,崔珙又罢守尚书右仆射。至五月戊申(二十日)始任命崔铉为相,而德裕此对乃在五月上旬,时宰相仅为德裕、李绅、让夷三人,故德裕谓"请不累李绅、让夷等"云云,但《旧传》叙述中却又云"宰臣四人,亦有以出师非便者",称"四人",则当为偶误。

又《新书·李德裕传》叙此事,亦有《旧传》、《通鉴》所未载者,录于此,以备参资:"始议用兵,中外交章固争,皆曰:'(刘)悟功高,不可绝其嗣。又从谏畜兵十万,粟支十年,未可以破也。'它宰相亦婧婀趋和,德裕独曰:'诸葛亮言曹操善为兵,犹五攻昌霸,三越濮,况其下哉。然赢缩胜负,兵家之常,惟陛下圣策先定,不以小利钝为浮议所摇,则有功矣。有如不利,臣请以死塞责!'帝忿然曰:'为我语于朝,有沮吾军议者,先诛之!'群论遂息。"

五月初十日,改李宗闵太子宾客分司为湖州刺史。

《通鉴》会昌三年,"五月,李德裕言太子宾客分司李宗闵与刘从谏交通,不宜置之东都。戊戌,以宗闵为湖州刺史"。按会昌三年五月己丑朔,戊戌为初十日。又《嘉泰吴兴志》卷十四《郡守题名》亦载:"李宗闵:会昌三年五月十日自东都分司太子宾客授,寻贬漳州刺史,续贬漳州长史。"继其任者为姚勖,乃会昌三年六月二十九日自尚书左司郎中授(按会昌三年疑误,似应为四年)。

按《通鉴·考异》有引《献替记》云:"四月十九日,上言:'东都李宗闵,我闻比与从谏交通。今泽潞事如何?可别与一官,不要令在东都。'德裕曰:'臣等续商量。'上又云:'不可与方镇,只与一远郡!'德裕又奏曰:'须与一郡。'"《考异》引此《献替记》文,按曰:"此盖德裕自以宿憾因刘稹事害宗闵,畏人讥议,故于《献替记》载此语以隐其迹耳,今从《实录》。"司马光于此处完全否定《献替记》之所载,但并无确据能证明其为德裕杜撰,谓德裕囚宿憾而害李宗闵,亦出于揣测。李宗闵与刘从谏前曾有交往,征讨泽潞,洛阳为军事要冲,将宗闵调往别地,亦在情理之中,且由太子宾客分司改为州刺史,乃由闲官改授实职,更不能以贬谪当之。岑仲勉曾对《考异》所云有所辨正,谓:

"此之猜议,纯由司马氏不明此郡状况而然。杜牧求出守湖州,《上宰相启》至于再三,卒得请以去(见拙著《会昌伐叛集编证》上一一二页),湖州盖当时美缺也。假使德裕必要力排宗闵,以首相地位,尽可有力阻挠,置之恶郡。而且宰相不止德裕一人,如作诳言,宁不畏同官之揭发,抑牛党记事亦未闻加以辨正也。《实录》为宋敏求补作,容所知不尽,司马氏唯未明湖州情形,故疑德裕作伪。若严格批判,直可云以小人之腹,度君子之心矣。"(《通鉴隋唐纪比事质疑》第二八页《李宗闵授湖刺》条)

又《旧书》卷一七六《李宗闵传》云:"(会昌)三年,刘稹据泽潞叛。德裕以宗闵素与刘从谏厚,上党近东都,宗闵分司非便,出为封州刺史。又发其旧事,贬郴州司马。"《新书》卷一七四《李宗闵传》则云:"会昌中,刘稹以泽潞叛,德裕建言宗闵素厚从谏,今上党近东都,乃拜宗闵湖州刺史。稹败,得交通状,贬漳州长史,流封州。宣宗即位,徙郴州司马。"新旧二书比较,当以《新书》为是,《旧传》云"又发其旧事,贬郴州司马",实则李宗闵之为郴州司马,是宣宗立后,前所贬之大臣皆内徙,宗闵即内徙为郴州司马,但诏命虽下,未离贬所而死。《旧传》所记,其为郴州司马,似又为德裕所害者,可见晚唐五代时人为中伤诬蔑李德裕,连基本事实竟也置之不顾。

五月辛丑(十三日),唐朝廷下制讨刘稹,德裕奉宣撰《讨刘稹制》(《文集》卷三)。时以王元逵为泽潞北面招讨使,何弘敬为南面招讨使,与陈夷行、刘沔、王茂元合力攻讨。

《通鉴》会昌三年五月载:"辛丑,制削夺刘从谏及子稹官爵,以元逵为泽潞北面招讨使,何弘敬为南面招讨使,与夷行、刘沔、茂元合力攻讨。先是河朔诸镇有自立者,朝廷必先有吊祭使,次册赠使、宣慰使继往商度军情。必不可与节,则别除一官;俟军中不听出,然后始用兵。故常及半岁,军中得缮完为备。至是,宰相亦欲且遣使开谕,上即命下诏讨之。"《考异》又引《献替记》曰:"五月十一日,德裕疾病,先请假在宅,李相绅其日亦请假。李相让夷独对,上便决攻讨之意。李相归中书后,录圣意四纸,令德裕草制。至薄晚封进,明日遂降麻处分。"按《旧纪》载下诏讨刘稹制(即德裕之《讨刘稹制》)在会昌三年九月,时唐军与泽潞军早已交战,何得迟至九月始下招讨之制? 当据《通鉴》及《献替记》系于五月。

又据《文集》所载制文,王元逵为泽潞北面招讨使,何弘敬为东面招讨使,与《通鉴》、《旧纪》作"南面"者有异。又云"仍委夷行、刘沔、茂元各务进兵,同力攻讨"。当时唐朝廷之军力布置,据《通鉴》所记为:"河阳节度使王茂元以步骑三千守万善;河东节度使刘沔步骑二千守芒车关,步军一千五百军榆社;成德节度使王元逵以步骑三千守临洺,掠尧山;河中节度使陈夷行以步骑一千守翼城,步兵五百益翼氏。"又"王元逵受诏之日,出师屯赵州"。采取四面包围、合力齐进之策。(《旧纪》载陈夷行为河中节度使在会昌三年八月,当依《通鉴》及德裕制文,在三年五月。)

又《通鉴》于五月载:"刘沔自代州还太原。"韦博撰《刘沔碑》亦云:"军还河东,六月,又诏领师南讨泽潞,屯榆社。"亦与《通鉴》、德裕制文合。

德裕约于五月中下旬代何弘敬、李彦佐等写与泽潞军将书,晓谕诸将勿从刘稹为逆。

《文集》卷八载《代弘敬与泽潞军将书》,未注年月,文中有云:"昨览大将等陈情表,未知迷复,颇事游词。弘敬任忝专征,兼许招谕,思欲布朝廷大信,解彼深疑,指事而言,更无文饰。"文末又云:"圣上曲为含忍,询访百僚,朝廷大臣,藩翰戎帅,切齿愤惋,如报私仇。圣上事非获已,方降明制,始终恩礼,可谓无遗。"按下诏刘稹在五月十三日,并任命何弘敬为泽潞南面招讨使,故书中云"弘敬任忝专征,兼许招谕"。又云"方降明诏",当是下诏以后不久,当在五月中下旬。

又《通鉴》于五月壬寅以崔铉为中书侍郎后载:以武宁节度使李彦佐为晋绛行营诸军节度招讨使。《文集》卷八有《代彦佐与泽潞三军书》,云:"彦佐忝受明命,总彼成师,感叹之怀,寝食忘次,愿将忠素,宣布皇恩,俟彼英豪,见几而作。"此云"忝受明命,总彼成师",当是指彦佐任为晋绛行营诸军节度招讨使而言。此书当与前代弘敬书约略同时,作于五月中下旬。大旨亦为劝谕泽潞诸将勿从刘稹之逆,云:"爵秩荣宠,身自取之,岂得临难因循,为人受祸。"

李商隐亦为王茂元作书与刘稹,喻以祸福,劝其归顺。时王茂元为河阳节度使。

王茂元任河阳节度使在四月二十九日。李商隐有《为濮阳公与刘稹书》(《樊南文集笺注》卷八),冯笺谓"李卫公文集有代诸节度与泽潞军将书,《玉海》又引《册府元龟》,武宗遣诸镇告谕以利害祸福之宜。茂元与稹书云云,盖上受庙谟,故可贻书诫谕"。

按商隐所撰书中有云:"昨者秘不发丧,已逾一月,安而拒诏,又历数旬。"刘从谏四月初七日卒,朝廷于四月二十三日下诏刘稹护丧归东都,此云"已逾一月"、"又历数旬",约在五月下旬。

五月二十日,崔铉为相。

《新·宰相表》会昌三年五月戊申(二十日),"翰林学士承旨、中书舍人崔铉为中书侍郎、同中书门下平章事"。《通鉴》则以崔铉拜相在五月壬寅(十四日),而据《新表》,壬寅乃李绅为门下侍郎,恐当仍应以《新表》为准。

《通鉴》又记谓:"上夜召学士韦琮,以铉名授之,令草制,宰相、枢密皆不之知。"按《旧书》卷一六三《崔铉传》载铉拜相后"为同列李德裕所嫉,罢相,为陕虢观察使、检校刑部尚书"。《新书》卷一六〇《崔铉传》亦云:"泽潞平,兼户部尚书。与李德裕不叶,罢为陕虢观察使。"由此可见,崔铉为相,非出于德裕推荐,乃出于武宗之意。

六月初四日,德裕加司徒。

　　《文集》卷十八有《加司徒请停册礼状》,未注年月。关于德裕加司徒的时间,记载不一。《旧纪》未载。《旧传》于记叙德裕论维州事后,接云"其年,德裕兼守司徒",而下又云"四月,泽潞节度使刘从谏卒。……"追论维州事在会昌三年三月(见前),则德裕加司徒似应在三、四月间。《新·武宗纪》会昌三年六月载:"辛酉,李德裕为司徒。"《新·宰相表》同。而《新传》于叙太和公主归京后,云:"进位司徒。"在此之后又记黠戛斯遣使来,武宗欲更取安西、北庭,德裕以为不可,而此事乃在二月,据此,则德裕为司徒又应在二月。

　　今按《加司徒请停册礼状》云:"臣伏见今月二十二日制书,制授臣司徒,仍令所司择日备礼册命者。"会昌三年六月戊午朔,辛酉为六月初四日。此当是六月初四日授司徒,六月二十二日又下制,令所司择日备礼册命,德裕请求停止行此册礼。状中云:"又以伐叛之时,所宜务简,炎蒸之候,不可劳人。"所谓伐叛之时,即指讨伐刘稹;"炎蒸之候",与六月正合,《旧纪》、《新传》系于三、四月或二月,皆不合。

六月,日僧圆仁所记武宗重道轻佛情况;又段成式《酉阳杂俎》亦记三年夏长安有并佛寺者。

　　圆仁《入唐求法巡礼行记》卷四,会昌三年六月十一日记:"今上德阳日(琼按德阳日即武宗诞生日),内里设斋,两街大德及道士御前论义,每街停止十二员大德,功德使帖巡院令简择大德,每街各七人,依旧例入内。大德对道士论义,道士二人敕赐紫衣,而大德总不得着紫。"

又六月十三日记："太子詹事韦宗卿撰《涅槃经疏》廿卷进。今上览已，焚烧经疏，敕中书门下，令就宅追索草本烧焚，其敕文如左：'敕：银青光禄大夫、守太子詹事、上柱国、华阴县开国男、食邑三百户韦宗卿，忝列崇班，合遵儒业，溺于邪说，是扇妖风。既开訹惑之端，全戾典坟之旨，簪缨之内，颓靡何深。况非圣之言，尚宜禁斥，外方之教，安可流传。虽欲包容，恐伤风俗。宜从左官，犹谓宽恩。任成都府尹，驰驿发遣。太子詹事宗卿，进佛教《涅槃经》中撰成三德廿卷，奉敕：《大圆伊字镜略》廿卷，具已详览。佛本西戎之人，教张不生之说；孔乃中土之圣，经闻利益之言。而韦宗卿素儒士林，衣冠望族，不能敷扬孔墨，翻乃溺信浮屠，妄撰胡书，辄有轻进。况中国黎庶久染此风，诚宜共遏迷声，使其反朴，而乃集妖妄，转惑愚人。位列朝行，岂宜自愧。其所进经，内中已焚烧讫。其草本委中书门下追索焚烧，不得传之于外。会昌三年六月十三日下。'"

按韦宗卿，见《全唐文》卷六九五小传，似曾与秘书少监吕述共撰《黠戛斯朝贡图传》（见《文集》卷二《黠戛斯朝贡图传序》）。

又段成式《酉阳杂俎》续集卷五《寺塔记》上："武宗癸亥三年夏，予与张君希复善继，同官秘丘，郑君符梦复，连职仙署。会暇日，游大兴善寺。因问《两京新记》及《游目记》，多所遗略，乃约一旬寻两街寺。以街东兴善为首，二记所不具，则别录之。游及慈恩，初知官将并寺，僧众草草，乃泛问一二上人及记塔下画迹，游于此遂绝。"由此知本年夏唐朝廷已于长安开始,进行"并寺",惜具体情况仍不得而知。

七月,任卢钧为昭义节度招抚使。

　　《通鉴》会昌三年,"秋七月,以山南东道节度使卢钧为昭义节度招抚使。朝廷以钧在襄阳宽厚有惠政,得众心,故使领昭义以招怀之"。《新书》卷一八二《卢钧传》亦载:"王师伐刘稹,武宗以钧宽厚能得众,诏兼节度昭义军。"

七月,德裕又奏请李回出使,宣慰幽州、成德、魏博三镇,命幽州张仲武讨灭回鹘残部,命成德、魏博二镇速进军泽潞。

　　《文集》卷十五有《幽州镇魏使状》,文末注云"会昌三年七月十一日"。《旧·武宗纪》,会昌三年,"秋七月戊子,宰相奏:'秋色已至,将议进军,幽州须早平回鹘,镇、魏须速诛刘稹,各须遣使谕旨,兼侦三镇军情。今日延英面奉圣旨,欲遣张贾充使。臣等续更商量,张贾干济有才,甚谙军中体势,然性刚负气,虑不安和,不如且命李回。若以台纲缺人,即兵部侍郎郑涯久为征镇判官,情甚精敏,虽无词辩,言事分明,官重事闲,最似相称。'上曰:'不如令李回去。'即遣回奉使三镇"(此又见《册府元龟》卷一三六《帝王部·慰劳》)。

　　按德裕《幽州镇魏使状》内容大旨即《旧纪》此处所载。岑仲勉《会昌伐叛集编证》云:"集作十一日,是戊戌,如是戊子,则应书朔,今不书朔,当是戊戌之讹。"

　　又《文集》卷七有《李回宣慰三道敕旨》,此文未注年月。前《幽州镇魏使状》建议李回出使,并得到武宗认可。此所拟敕旨,当是七月十一日后数天内发出。文中云:"成德军、魏博皆出兵甲,俯临贼境,秋气已至,攻取是时。元逵、弘敬制胜伐谋，必有成算，固须命使，远访嘉猷。又回鹘虽已遁逃，尚存余烬……仲武久欲荡除，俾无噍类。成其志业，壮彼威声，亦在使臣，往喻朕意。各宜奋厉，早建殊勋。"

又《旧书》卷一七三《李回传》载回出使事颇详，录之于下："会昌三年，刘稹据潞州，邀求旄钺，朝议不允，加兵问罪。武宗惧稹阴附河朔三镇，以沮王师，乃命回奉使河朔。魏博何弘敬、镇冀王元逵皆具櫜鞬郊迎。回喻以朝旨，言泽潞密迩王畿，不同河北，自艰难已来，唯魏、镇两藩，列圣皆许袭，而稹无功，欲效河朔故事，理即太悖。圣上但以山东三郡，境连魏、镇，用军便近，王师不欲轻出山东，请魏、镇两藩只收山东三郡。弘敬、元逵俯偻从命。幽州张仲武与太原刘沔攻回鹘，时两人不协，朝廷方用兵，不欲藩帅不和。回至幽州，喻以和协之旨，仲武欣然释憾。乃移刘沔镇滑台，命仲武领太原军攻潞。"（按，刘沔由河东移滑州刺史、义成军节度使在本年十月；又张仲武始终在幽州防御回鹘，并未有领河东军攻泽潞之事，此为《旧传》记事之误）

李回有吏才，明敏干练，德裕大和为相时即器其为人，见前谱。此次出使河北三镇，破除刘稹与河北的联系，并促使张仲武与刘沔和协，都立有功绩，而李回此次的出使，即出于德裕的推荐。宋范祖禹《唐鉴》卷二十载德裕处置三镇事及李回之出使，曾有评曰："自天宝以后，河朔世为唐患，宪宗虽得魏博，而穆宗复失之，是以朝廷唯事姑息，幸其不叛，斯可矣，岂得而使之也。至于武宗不惟使三镇不敢助逆，又因以为臂指之用，由德裕所以告之者能服其心也。扬雄曰：御得其道,则天下狙诈咸作使;御失其道,则天下狙诈咸作敌。人主威制天下,岂有不由一相者哉!"

七月十七日,李德裕奏请令攻讨刘稹诸军,各专取州,毋得取县,以免拖延时日。

《通鉴》会昌三年七月载:"甲辰(十七日),李德裕言于上曰:'臣见向日河朔用兵,诸道利于出境仰给度支。或阴与贼通,借一县一栅据之,自以为功,坐食转输,延引岁时。今请赐诸军诏指,令王元逵取邢州,何弘敬取洺州,王茂元取泽州,李彦佐、刘沔取潞州,毋得取县。'上从之。"新旧传均载此事,但未著明月日,《旧传》以为德裕此策,促使征讨诸军攻刘稹要地,"以至平殄,皆如其算"。又按,德裕关于此事之奏,未见于文集,两《唐书》及《通鉴》或即取材于《伐叛记》、《献替记》。

七月十八日,德裕鉴于李彦佐逗留不进,请诏书切责,又请以石雄为晋绛行营节度副使,并令石雄至军中后,即代李彦佐任。又督责刘沔、王茂元等进兵,毋存观望。

《通鉴》会昌三年七月载:"晋绛行营节度使李彦佐自发徐州,行甚缓,又请休兵于绛州,兼请益兵。李德裕言于上曰:'彦佐逗遛顾望,殊无讨贼之意,所请皆不可许,宜赐诏切责,令进军翼城。'上从之。德裕因请以天德防御史石雄为彦佐之副,俟至军中,令代之。乙巳,以雄为晋绛行营节度副使,仍诏彦佐进屯翼城。"

乙巳为七月十八日。《文集》卷六有《赐彦佐诏意》,即告以已命石雄为其副使,当在七月十八日后数天之内。由此可见德裕任人的果断,见李彦左有逗留观望之意,即拟由石雄代之,石雄在破除乌介部时立有战功,德裕即不次任用。

《文集》卷六又有《赐刘沔茂元诏》,其中述及王元逵率兵先于诸军进入昭义境内,"拔宣务要害之垒,绝尧山应援之兵",此乃指《文集》卷四之《授王元逵平章事制》,据《通鉴》在七月下旬。诏中督责刘沔、王茂元等"宜早进军,速临贼境"。《通鉴》本年七月亦载:"诏切责李彦佐、刘沔、王茂元,使速进兵逼贼境,且称元逵之功以激厉之。"

杜牧约于七月前后有上德裕书,论对刘稹用兵之策。

杜牧《樊川文集》卷十一有《上李司徒相公论用兵书》。《通鉴》系之于会昌三年四月,谓"黄州刺史杜牧上李德裕书,自言……时德裕制置泽潞,亦颇采牧言"。

按杜牧此书,题中称"李司徒"。德裕加司徒乃在三年六月。书中又云:"伏睹明诏诛山东不受命者。"明诏者,即讨刘稹制书,于五月十三日行下,杜牧于黄州看到诏书,当又在此之后。《通鉴》系牧之上书在四月,显系不确。书中又建议唐军于河阳,宜取守势,不宜进攻,谓"高壁深堑,勿与之战,忽有败负,势惊洛师。盖河阳军士,素非精勇,战则不足,守则有余"。观此数句,则当在王茂元八月科斗寨败之前,若杜牧已知河阳之败,则叙河阳形势,即非如此书中作虚拟之笔。由此可见,杜牧上李德裕书论泽潞军事,当作于六月之后,八月之前,即七月左右。

杜牧以为成德节度使王元逵与昭义是世仇,且元逵已尚公主,更可为朝廷所用。但杜牧认为山东之兵只能围一城、攻一堡，作配合之用，"必不能背二十城，长驱上山，径捣上党"，因此他以为，"其用武之地，必取之策，在于西面"。他主张："严紫塞之守备，谨白马之堤防，只以忠武、武宁两军，以青州五千精甲，宣、润二千弩手，由绛州路直东径入，不过数日，必覆其巢。"原因是："昭义军粮，尽在山东。……山东粮谷既不可输，山西兵士亦必单鲜，捣虚之地，正在于此。"

《通鉴》谓德裕平泽潞，颇用杜牧书中之策。实则以成德、魏博攻昭义山东三州，德裕于五、六月即已定策，尚在杜牧上书之前。在尔后的军事行动中，正由于成德、魏博两军已攻取山东之州，昭义失去军粮的支持，然后又由王宰从河阳北上，石雄由翼城东进，以至刘稹、郭谊势穷力屈而降，与杜牧所言均有出入，因此说德裕平泽潞，颇用其策，实为夸大之词。

又杜牧书中对德裕为相，颇有称颂，书中首云："伏睹明诏诛山东不受命者，庙堂之上，事在相公。"末又云："昨者北房才毕，复生上党。赖相公庙算深远，北房即日败亡。悦使北房至今尚存，沿边犹须转战，回顾上党，岂能讨除。……伏闻圣主全以兵事付于相公，某受恩最深，窃敢干冒威严，远陈愚见，无任战汗。"杜牧对于驱除回鹘乌介侵扰对于此时讨伐泽潞的意义，分析是正确的，他对于李德裕谋略的赞颂也符合于当时的实际，这些都完全与他在大中年间对德裕的攻讦不同。杜牧此处自称"某受恩最深"，而大中时却又称他之出守黄州是李德裕排挤的结果，前后竟判若两人。

八月初，昭义大将李丕来降，众有疑虑，德裕谓应加厚赏，以招其

余。用丕为忻州刺史。

《通鉴》会昌三年，"八月乙丑（初九日），昭义大将李丕来降。议者或谓贼故遣丕降，欲以疑误官军。李德裕言于上曰：'自用兵半年，未有降者，今安问诚之与诈，且须厚赏以劝将来，但不要置之要地耳。'"此事新旧本纪皆未载。《新书》卷二一四《刘稹传》后附李丕事，云："李丕者，善长短术，与从谏厚善，署大将。及稹阻命，军中疾其才，丕惧，乞为游弈深入，以图营壁处，遂自归。议者疑为贼遣，德裕奏言：'讨贼半年，始有降者，当赏以劝余。'帝召见，擢忻州刺史。"按忻州在太原以北，在今山西省忻州市。

魏博节度使何弘敬观望形势，逗留不进，德裕乃命陈许节度使王宰假道魏博境，直趣磁州。何弘敬不得已，始进战，攻取刘稹之平恩县。

《通鉴》会昌三年八月载："王元逵前锋入邢州境已逾月，何弘敬犹未出师，元逵屡有密表，称弘敬怀两端。丁卯，李德裕上言：'忠武累战有功，军声颇振。王宰年力方壮，谋略可称。请赐弘敬诏，以河阳、河东皆阂山险，未能进军（胡注：河阳阂太行之险，河东阂石会、昂车之险），贼屡出兵焚掠晋、绛。今遣王宰将忠武全军径魏博，直抵磁州，以分贼势。弘敬必惧，此攻心伐谋之术也。'从之。诏宰悉选步骑精兵自相、魏趣磁州。"

丁卯即八月十一日。《文集》卷十五有《请赐弘敬诏状》，《通鉴》所载与此状意合，状中有云："缘令王宰自领陈许兵，直抵邢州，要诏示元逵、弘敬，谕以河阳、太原皆隔山险,进军未得,缘卿等已东面进军,贼中慑惧,近日频入晋、绛,焚烧村舍,地迩关辅,深要防虞。……今令王宰自领全师,直抵磁州,以分贼势。"

据《新书》卷二一〇《何弘敬传》,称"弘敬倚积相唇齿,无深入意",又《通鉴》载刘稹曾于七月上表自陈,何弘敬则为之奏雪。故德裕用计,令忠武节度使王宰领陈许兵,通过魏博境,趋攻磁州。何弘敬闻之疑惧,乃向刘稹军进击,并拔取平恩县(今河北省曲周县东南)。

《文集》卷十五又有《论陈许兵马状》,文末注云"会昌三年月二十日"。文中云:"徐迺文到京之后,方知陈许发兵,便云弘敬全军自取磁州,则是畏惧陈许。须待弘敬出军表到,方得委知,若便遣王宰罢行,亦是姑息太过。……望密诏示王宰,但令从容排比,未要速便道途。"则是闻弘敬已经出军,即令王宰缓行(后八月河阳之败,即又命王宰守河阳)。

八月中旬,河阳节度使王茂元兵败于科斗寨。朝中息兵之议又起,德裕力主继续征讨,并调遣王宰守河阳,旋又任王宰为河阳行营诸军攻讨使,使稳定泽潞南面战线。

《通鉴》会昌三年六月曾载:"六月,王茂元遣兵马使马继等将步骑二千军于天井关南科斗店,刘稹遣衙内十将薛茂卿将亲军二千拒之。"同年八月载:"甲戌,薛茂卿破科斗寨,擒河阳大将马继等,焚掠小寨一十七,距怀州才十余里。茂卿以无刘稹之命,故不敢入。时议者鼎沸,以为刘悟有功,不可绝其嗣,又从谏养精兵十万,粮支十年,如何可取!上亦疑之,以问李德裕,对曰:'小小进退,兵家之常。愿陛下勿听外议,则成功必矣.'上乃谓宰相曰:'为我语朝士,有上疏沮议者,我必于贼境上斩之!'议者乃止。"甲戌为十八日,至二十四日,德裕又上《论河阳事宜状》第一状(《文集》卷十五),请王宰不之磁州,先赴河阳救援。文末注云"会昌三年八月二十四日"。《通鉴》于本年八月亦记其事,云:

"庚辰,李德裕上言:'河阳兵力寡弱,自科斗店之败,贼势愈炽。王茂元复有疾,人情危怯,欲退保怀州。臣窃见元和以来诸贼,常视官军寡弱之处,并力攻之,一军不支,然后更攻他处。今魏博未与贼战,西军阄险不进,故贼得并兵南下。若河阳退缩,不惟亏沮军声,兼恐震惊洛师。望诏王宰更不之磁州,亟以忠武军应援河阳,不惟捍蔽东都,兼可临制魏博。若虑全军供饷难给,且令发先锋五千人赴河阳,亦足张声势。'"庚辰即八月二十四日。《通鉴》所载德裕奏言即此《论河阳事宜状》第一状。

至八月二十八日,鉴于河阳情况危急,德裕又上《论河阳事宜第二状》(《文集》卷十五),亟请王宰继先锋五千人先发后,须领全军进援,并请将河阳所贮军器物资资助王茂元军。文末注云"会昌三年八月二十八日"。《通鉴》八月载:"甲申,(德裕)又奏请敕王宰以全军继进,仍急以器械缯帛助河阳窘乏。上皆从之。"甲申即二十八日。按状中云:"访闻河阳兵力已竭,弓矢皆尽。……内外人情,无不忧恐。切望诏王宰发先锋五千人,后须自领全军继进。"又云:"河阳所贮诸道进助军器械,并望且搬赐茂元。"

至九月初,河阳军情稍稍稳定,德裕又奏以王宰为河阳行营诸军攻讨使，罢王茂元军权，泽潞以南军权皆由王宰掌管。《文集》卷十五有《请授王宰兼行营诸军攻讨使制》，文末注云"会昌三年九月四日"。按《通鉴》八月载："上以王茂元、王宰两节度使共处河阳非宜，庚寅，李德裕等奏：'茂元习吏事而非将才，请以宰为河阳行营攻讨使。茂元病愈，止令镇河阳，病困亦免他虞。'九月辛卯，以宰兼河阳行营攻讨使。"据《通鉴》所载，则是德裕之奏在八月庚寅，但八月实无庚寅，庚寅乃九月四日，《通鉴》系于八月盖误。

德裕状中云："缘王茂元虽是将家，久习吏事，深入攻讨，非其所长。访闻东畿，自闻狂寇侵轶，尚未安定，茂元纵得痊复，且要留镇河阳，行营诸军，须便有所委。……前月二十九日，延英面奉圣旨，亦以两道节度同在一处非便。臣等商量，望授王宰兼行营诸军攻讨使。"则武宗开延英对宰相论及河阳事在八月二十九日，德裕之奏在九月四日。《新纪》亦载王宰以忠武节度使兼河阳行营攻讨使在九月辛卯。《旧纪》载王宰所授为"泽潞南面招讨使"。由此亦可见，在河阳军情发生紧急情况时，德裕能采取果断措施，罢王茂元军权，而以年龄较轻、资历较浅的王宰来掌管一方面的指挥权。（据《新书》卷一七二《王智兴传》，宰为智兴子，在当时征讨诸镇中，年纪最轻。）

按李商隐《代仆射濮阳公遗表》（《樊南文集详注》卷一）中亦云："臣虽忝望族，本实将家。自先臣出总郊圻，遇大国静无师旅，被服玄化，翱翔盛时，遂与季弟参元（琼按柳宗元有贺王参元失火书，即此人），俱以词场就贡，久而不调，因以上书自荐，求通干时，愿试芸香作吏。"德裕奏状中对王茂元的评价，与李商隐此处代撰之遗表，看法一致，可见德裕对茂元并无党派之私见，更无褊袒之处。

九月中旬，王茂元病卒，德裕有《赠王茂元司徒制》（《文集》卷四）。

《通鉴》会昌三年九月载："丙午，河阳奏王茂元卒。"丙午为二十日，其卒当在二十日前数日。《新书》卷一七〇《王茂元传》："卒，赠司徒，谥曰威。"德裕所撰制文，当作于九月二十日后数日。

李商隐《代仆射濮阳公遗表》（《樊南文集详注》卷一）云："臣又伏思任司农大卿之日，授忠武统帅之时，紫殿承恩，彤庭入对，躬瞻尧日，亲沐舜风，获睹陛下神武之姿，获闻陛下忧勤之旨，即北蕃小寇，东土微妖，亦何足烦陛下之甲兵，污陛下之铁锧。伏愿时推明略，光阐睿图，内则收德裕、让夷、绅、铉之嘉谟，外则任彦佐、元逵、宰、沔之威力，廓清华夏，昭荐祖宗。"

九月下旬，又任石雄为晋绛行营节度使，代李彦佐，德裕并奏请添益石雄之兵。十月上旬，石雄逾乌岭，大破刘稹军。

《通鉴》本年九月载："庚戌，以石雄代李彦佐为晋绛行营节度使，令自冀氏取潞州，仍分兵屯翼城以备侵轶。"庚戌为二十四日。《文集》卷四有《授石雄晋绛行营节度使制》，当是于九月二十四日行下。《文集》卷十五并有《论石雄请添兵状》，文末注"会昌三年九月二十四日"。状中有云："访闻冀氏去潞州最近，才二百里以下，于此进兵，最当要害。翼城亦是大路,须备贼奔冲。"按翼城即今山西省翼城县,冀氏在今山西省安泽县南,向东越雕黄岭,即为潞州。

《通鉴》又载:"石雄代李彦佐之明日,即引兵逾乌岭,破五寨,杀获千计。时王宰军万善,刘沔军石会,皆顾望未进。上得雄捷书,喜甚。冬十月庚申,临朝,谓宰相曰:'雄真良将!'……诏赐雄帛为优赏。雄悉置军门,自依士卒例先取一匹,余悉分将士,故士卒乐为之致死。"此十月庚申为十月初五日。《文集》卷七《赐石雄诏意》即对石雄此次取胜加以慰勉,并戒之曰:"然闻卿每自履军,常先士卒,既为轻敌,未足耀奇。……今卿为万人之帅,启十乘之行,举必贵谋,动资持重。"

又封敕有《批宰臣贺石雄破贼阵表》(《全唐文》卷七二八)。

河东节度使刘沔与幽州节度使张仲武不协,十月,移刘沔为义成节度使,德裕撰《赐刘沔诏意》(《文集》卷七),劝勉其与石雄、王宰合力征讨刘稹。

《通鉴》本年十月载:"初,刘沔破回鹘,得太和公主,张仲武疾之,由是有隙;上使李回至幽州和解之,仲武意终不平。朝廷恐其以私憾败事,辛未,徙沔为义成节度使,以前荆南节度使李石为河东节度使。"新旧《唐书·刘沔传》所载略同。韦博所作《刘沔碑》则云:"公以刘稹宗姓,往为邻封,从谏欲济师助我,今诸军或不捷,必贻论指目,祸基此矣。上疏切言,移滑州节度使,守本官。"此以刘沔为避嫌疑而主动要求离河东任,此恐为韦博虚饰之辞。

德裕所撰《赐刘沔诏意》谓"缘卿二年在外,城府久虚。今残虏未平,南北皆有戎事,欲令卿却归本镇,应接两隅行营诸军";又云:"今缘石雄、王宰皆欲进兵,得卿一军齐入,足分贼势。"德裕措辞,也避开刘沔与张仲武的矛盾,而从正面劝勉其与石雄、王宰合力征讨,也可见其调协节镇矛盾的苦心。沔本为滑州刺史、义成节度使,德裕文中称"城府久虚"、"却归本镇"者,皆指滑州而言。

十月,李绅、郑亚进重修之《宪宗实录》。

《旧·武宗纪》会昌三年载:"十月,宰相监修国史李绅、兵部郎中史馆修撰判馆事郑亚进重修《宪宗实录》四十卷,颁赐有差。"

杜牧于本年岁暮作诗,颂朝廷对泽潞之用兵。

杜牧有《东兵长句十韵》诗(《樊川文集》卷二),缪钺《杜牧年谱》谓诗中"凯歌应是新年唱,便逐春风浩浩声"二句,"盖作于会昌三年岁暮,望次年春初泽潞可平也"。缪说是。

杜牧诗云:"上党争为天下脊,邯郸四十万秦坑。狂童何者欲专地,圣主无私岂玩兵。玄象森罗摇北落,诗人章句咏东征。雄如马武皆弹剑,少似终军亦请缨。屈指庙堂无失策,垂衣尧舜待升平。羽林东下雷霆怒,楚甲南来组练明。即墨龙文光照曜,常山蛇阵势纵横。落雕都尉万人敌,黑稍将军一鸟轻。渐见长围云欲合,可怜穷垒带犹萦。凯歌应是新年唱,便逐春风浩浩声。"

十二月,德裕奏请革除进士科试旧俗:进士登第后不得聚集参谒座主,结成朋党,又不得聚集同年进士,广为宴会。

《唐摭言》卷三《慈恩寺题名游赏赋咏杂记》条有云："会昌三年,赞皇公为上相……(十二月)二十二日,中书复奏:'奉宣旨,不欲令及第进士呼有司为座主,趋附其门,兼题名、局席等条疏进来者。伏以国家设文学之科,求贞正之士,所宜行敦风俗,义本君亲,然后申于朝廷,必为国器,岂可怀赏拔之私惠,忘教化之根源。自谓门生,遂成胶固。所以时风浸薄,臣节何施? 树党背公,靡不由此。(琼按顾炎武《日知录》卷十七《座主门生》条曾引此,因云:"按韩文公《送牛堪序》'吾未尝闻有登第于有司而进谢其门者',则元和、长庆之间,士风犹不至此。")臣等商量,今日已后,进士及第任一度参见有司,向后不得聚集参谒及于有司宅置宴。其曲江大会朝官及题名、局席,并望勒停。缘初获美名,实皆少隽,既遇春节,难阻良游。三五人自为宴乐,并无所禁,唯不得聚集同年进士,广为宴会。仍委御史台察访闻奏。谨具如前。'奉敕:'宜依。'于是向之题名,各尽削去,盖赞皇公不由科第,故设法以排之。洎公失意,悉复旧态。"

按徐松《登科记考》卷二二载上述文字,谓据《唐诗纪事》,实则《唐诗纪事》即据《唐摭言》。《摭言》所载,除"赞皇公不由科第,故设法以排之"带有偏见,不合事实外,其所载中书奏语,确保存德裕革除科试旧习的真实材料。

本年,卢肇、丁稜、黄颇、姚鹄登进士科,吏部尚书王起知贡举(徐松《登科记考》卷二十二)。

〔编年文〕

《讨回鹘制》(《文集》卷三)

正月二十五日前作,详见前谱。

《请更发兵山外邀截回鹘状》(《文集》卷十五)

文末注云"会昌三年正月二十五日"。

《殄灭回鹘事宜状》(《文集》卷十五)

文末注云"会昌三年正月三十日",又详见前谱。

《与黠戛斯王书》(畿辅本补遗)

《旧·武宗纪》会昌三年二月:"黠戛斯使注吾合素入朝,献名马二匹,言可汗已破回鹘,迎得太和公主归国,差人送公主入朝,然回鹘残众,夺之于路。帝遂遣中使送注吾合素往太原,迎公主。"德裕此书当是遣注合吾素往太原时所作,后即又遣赵蕃持节而往。

《与纥扢斯可汗书》(《文集》卷六)

未注年月。书中云"已取得太和公主,即至阙庭"。太和公主于二月二十五日至京。则此书当作于二月中,二十五日以前。

《进黠戛斯朝贡图传状》(《文集》卷十八)

《黠戛斯朝贡图传序》(《文集》卷二)

《谢宣示进黠戛斯朝贡图深惬于怀状》(《文集》卷十九)

据岑仲勉《会昌伐叛集编证》,以上三文当作于二月底。

《授狄兼谟兼益王傅郑𩔖之兼益王府长史制》(《文集》卷四)

未注年月。《旧书》卷八九《狄兼谟传》亦未载为益王傅事,《新书》卷一一五本传云"武宗子岘封益王,命兼谟为傅",未载为何时。《新·武宗纪》:会昌二年"十月丁卯,封子岷为益王"。今查《册府元龟》卷七〇八《宫臣部·选任》云:"武宗会昌三年二月,以狄兼谟兼益王傅、郑简之兼益王府长史,制曰……"按此即《文集》所载之制,文字有异同,可参校。据此,则当作于三年二月。

《授元晦谏议大夫制》(《文集》卷四)

元晦,新旧《唐书》无传。《唐方镇年表》卷七引《册府元龟》:"元晦为吏部郎中,会昌三年二月除右谏议大夫。"

《讨袭回鹘事宜状》(《文集》卷十五)

岑仲勉《会昌伐叛集编证》云:"明本作二年五月,畿本作三年五月,然二年尚未取却公主,故可断是三年之讹。"按文中有"塞草未青"语,作五月者误,疑"五"字为"三"字之讹。

《李靖传事状》(《文集》卷十五)

前《讨袭回鹘事宜状》叙李靖破颉利可汗事,云"望付翰林录李靖传诏示刘沔",后又云"其李靖传事谨连奏上",则此文为同时所作。

《停归义军敕旨》(《文集》卷七)

未注年月。按文中令归义军士分散属诸道节度团练收管,而据《通鉴》会昌三年三月载刘沔奏,归义军回鹘三千余人准诏分逮诸道,据滹沱河起事,则此文之撰亦当在三月间。

《论大和五年八月将故维州城准诏却执送本藩就戮人吐蕃城副使悉怛谋状》(《文集》卷十二)

《赠故蕃维州城副使悉怛谋制》(《文集》卷四)

《谢赠故蕃维州城副使悉怛谋官状》(《文集》卷十九)

以上三文作于本年三月,详见前谱。

《赐张仲武诏》(《文集》卷六)

《赐张仲武诏意》(《文集》卷六)

此二文未著明时间。前文云："周珝至,省表知可汗犹有疑惧,近日移营……宜选练劲兵,掩其无备……须及塞草未青,虏骑方困,一举便克,使无孑遗。"则是乌介已败,向幽州方向东移,依黑车子部之时,云"塞草未青",则亦当三月间事。后文有云"今缘从谏疾病,颇以深绵,深虑将校异谋,妄有制置"。亦当是三、四月间。

《让官表》(《文集》卷十八)

《谢赐让官批答状》(《文集》卷十九)

四月十三日及后数日内,详见前谱。

《赐何重顺诏》(《文集》卷六)

《赐张仲武诏》(《文集》卷六)

以上二文均在四月十九日。详见前谱。

《论昭义三军请刘稹勾当军务状》(《文集》卷十五)

五月二日。详见前谱。

《讨刘稹制》(《文集》卷三)

五月十三日。详见前谱。

《代弘敬与泽潞军将书》(《文集》卷八)

《代彦佐与泽潞三军书》(《文集》卷八)

五月中下旬。详见前谱。

《加司徒请停册礼状》(《文集》卷十八)

六月间作。详见前谱。

《李彦佐翼城驻军事宜状》(《文集》卷十五)

文末注云"会昌三年六月五日"。

《请赐泽潞四面节度使状》(《文集》卷十五)

文末注云"会昌三年六月十九日"。

《幽州镇魏使状》(《文集》卷十五)

七月十一日。详见前谱。

《李回宣慰三道敕旨》(《文集》卷七)

七月中旬。详见前谱。

《赐彦佐诏意》(《文集》卷六)

七月十八日后数日之内,详见前谱。

《授王元逵平章事制》(《文集》卷四)

未注年月。按《通鉴》本年七月载:"王元逵奏拔宣务栅,击尧山;刘稹遣兵救尧山,元逵击败之。……加元逵同平章事。"新旧书本纪未记此事,《通鉴》列于七月之末。据《新书》卷三十九《地理志》,尧山县属邢州。《旧书》卷一四二《王元逵传》,元逵为庭凑子,袭父为成德节度使,"元逵素怀忠顺,顿革父风,及领藩垣,颇输诚款。……开成二年,诏以寿安公主出降,加驸马都尉"。《新书》卷二一一《王元逵传》载:"其后刘稹叛,武宗诏元逵为北面招讨使。诏下,即日师引道,拔宣务壁,破援军尧山,攻邢州降之,累迁检校司徒、同中书门下平章事。"

《赐彦佐沔茂元诏》(《文集》卷六)

七月下旬。详见前谱。"彦佐"二字原无,参《李德裕文集校笺》。

《请赐弘敬诏状》(《文集》卷十五)

义木注云"会昌三年八月十一日"。

《请发陈许军马状》(《唐文拾遗》)

文末注云"会昌三年八月十一日"。陆心源据影宋《一品集》补入。见于明本、畿辅本等卷十五目录,但有目无文。文中称王宰云:"王宰年力方壮,才略可称,委之征行,必有殊效,非惟破贼积之胆,足以坚镇、魏之心。"

《论彦佐刘沔下诸道客军状》(《文集》卷十五)

文末注云"会昌三年八月十五日"。

《论陈许兵马状》(《文集》卷十五)

文末注云"会昌三年八月二十日"。

《论河阳事宜状》(《文集》卷十五)

第一状文末注云"会昌三年八月二十四日",第二状注云"会昌三年八月二十八日"。详见前谱。

《奉宣王宰欲令直抵磁州得否宜商量奏来状》(《文集》卷十五)

文末注云"会昌三年九月一日"。谓何弘敬既已出军,河阳兵又寡弱,"王宰已排北兵,又颁恩赐,且令全军赴河阳,兼得遥制魏博"。

《请赐仲武诏状》(《文集》卷十五)

文末注云"会昌三年九月二日"。

《请授王宰兼行营诸军攻讨使状》(《文集》卷十五)

文末注云"会昌三年九月四日"。

《授王宰兼充河阳行营诸军攻讨使制》(《文集》卷三)

未著年月。按《新·武宗纪》会昌三年载"九月辛卯,忠武军节度使王宰兼河阳行营攻讨使"。《旧·武宗纪》亦系于九月,但未载何日。辛卯为九月初五日。德裕《请授王宰兼行营诸军攻讨使状》在九月四日,制词行下在九月五日,日期亦正相合。张采田《玉溪生年谱会笺》据《金石萃编》所引王宰《灵石县记石》云:"会昌三年,蒙恩换许昌节。至九月,自许昌统当军骁卒,洎河阳、义成、宣武、浙西、宣歙等军兵马,充攻讨使,诛除壶关寇。"

《赐刘沔诏意》(《文集》卷七)

约九月十日左右,详见前谱。

《赠王茂元司徒制》(《文集》卷四)

作于九月下旬,详见前谱。

《置孟州敕旨》(《文集》卷七)

《通鉴》于九月丙午(二十日)载河阳奏王茂元卒后,曾记李德裕奏,中有云:"河阳节度先领怀州刺史,常以判官摄事,割河南五县租赋隶河阳。不若遂置孟州,其怀州别置刺史。"并云:"上采其言,戊申,以河南尹敬昕为河阳节度、怀孟观察使。"则德裕此《置孟州敕旨》亦当在九月戊申(二十二日)。

《授石雄晋绛行营节度使制》(《文集》卷四)

《论石雄请添兵状》(《文集》卷十五)

以上皆九月二十四日,详见前谱。

《赐石雄诏意》(《文集》卷七)

十月上旬。详见前谱。

《请问薄仲荣贼中事宜状》(《文集》卷十五)

文末注云"会昌三年十月六日"。

《请问生口取贼计策状》(《文集》卷十五)

文末注云"会昌三年十月十日"。

《论时政记等状》(《文集》卷十一)

按《唐会要》卷六四《史馆杂录》下："会昌三年十月，中书门下奏时政记、起居注记、修国史体例等……"《会要》所载即《论时政记等状》文，可以参校。据此则知作于十月，惜未记日。

《赐党项敕书》(《文集》卷六)

未著年月。按《通鉴》本年十一月载："邠宁奏党项入寇。李德裕奏：'党项愈炽，不可不为区处。闻党项分隶诸镇，剽掠于此则亡逃归彼。节度使各利其驼马，不为擒送，以此无由禁戢。臣屡奏不若使一镇统之，陛下以为一镇专领党项权太重。臣今请以皇子兼统诸道，择中朝廉干之臣为之副，居于夏州，理其辞讼，庶为得宜。'乃以兖王岐为灵夏等六道元帅，兼安抚党项大使，又以御史中丞李回为安抚党项副使，史馆修撰郑亚为元帅判官，令赍诏往安抚党项及六镇百姓。"

按此处所载德裕奏语，未见于《文集》，司马光或采自《献替记》。《文集》卷六另有《赐党项敕书》，中云："特命朕之爱子，实总元戎，所冀群帅听命而不敢自专。"即指以兖王岐为灵夏等六道元帅兼安抚党项大使事。则此《赐党项敕书》亦当作于十一月。

《赐李石诏意》(《文集》卷七)

未著年月。文中云："访闻近日贼中转更穷蹙，自相杀戮,人心不安,即日军权多在郭谊。"按文中所谓"自相杀戮,人心不安",即指昭义大将薛茂卿为刘稹所杀事。薛茂卿本为天井关守将,十二月丁巳(三日)因不满刘稹,潜与王宰相通,并放弃天井关,因而为刘稹所杀。据此,则《赐李石诏意》当在十二月中所作。

《赐王元逵诏意》(《文集》卷七)

约亦十二月作。

《请诸道进军状》(《文集》卷十五)

畿辅本文末注云"会昌三年十一月二十二日",明本作"会昌三年十二月二十二日"。据《通鉴》本年十二月"戊辰,王宰进攻泽州"条并《考异》,当是十二月二十二日。

此状乃因王宰取泽州,遂令诸道于明年正月"克期齐进"。

《停进士宴会题名疏》(《全唐文》卷六九六)

据《唐摭言》,此文当上于会昌三年十二月二十二日。详见前谱。

《论冬至岁朝贺状》(《文集》卷十一)

未注年月。文中云:"伏以近例,其日若遇有敕,权停朝贺,惟诣兴庆宫贺太皇太后、义安太后、积善太后。"又云:"臣等商量,向后冬至岁,如遇有敕,权停朝贺者。"则撰此文时,此三太后尚在。据《旧纪》,义安太后卒于会昌五年正月庚申。又据《旧书》卷五十二《后妃列传》下,穆宗贞献皇后萧氏,于武宗即位后,"徒居积庆殿,号积庆太后"。则此处作"积善太后"误,"善"应改为"庆"。《旧传》又云"会昌中

崩"，按《通鉴》大中元年四月己未，积庆太后萧氏崩。李商隐
有《为荥阳公奉慰积庆太后上谥表》（《樊南文集补编》卷
一）。则《旧传》云"会昌中崩，误"。此文当作于会昌元年至
四年之冬至前。义安太后亦《旧·后妃传》下，为穆宗恭僖皇
后王氏。

会昌四年甲子（八四四）　五十八岁

**正月初一日，河东横水栅都将杨弁作乱，逐河东节度使李石，据太
原，并与刘稹相通。**

《通鉴》会昌三年十二月底载："初，刘沔破回鹘，留兵三
千戍横水栅；河东行营都知兵马使王逢奏乞益榆社兵（胡注：
王逢时以河东兵屯榆社），诏河东以兵二千赴之。时河东无
兵，守仓库者及工匠皆出从军。李石召横水戍卒千五百人，
使都将杨弁将之诣逢。壬午，戍卒至太原。先是，军士出征，
人给绢二匹。刘沔之去，竭府库自随，石初至，军用乏，以己
绢益之，人才得一匹。时已岁尽，军士求过正旦而行，监军吕
义忠累牒趣之。杨弁因众心之怒，又知城中空虚，遂作乱。"
《通鉴》卷二四七会昌四年正月又载云："春，正月，乙酉朔，杨
弁帅其众剽掠城市，杀都头梁季叶，李石奔汾州。弁据军府，
释贾群之囚（琮按：贾群乃刘稹于会昌三年十二月中遣诣河
东节度使李石，商议刘稹归降事者，详见下文），使其侄与之
俱诣刘稹，约为兄弟。稹大喜。石会关守将杨珍闻太原乱，

复以关降于积。"

　　按榆社即今山西省榆社县,在太原东南,潞州以北。石
会关在榆社西。

**正月初四日,德裕上《论刘积送款与李石状》(《文集》卷十五)。
按去年十二月中,刘积曾遣其军将贾群诣李石,以洺州刺史李恬
(李石从兄)名义致书于石,谓刘积欲降。德裕于此奏状中谓此乃
刘积缓兵之计,不应受降,且请令诸道从速进兵(德裕上此状时,
杨弁作乱的消息尚未奏到)。**

　　《通鉴》会昌三年十二月载:"洺州刺史李恬,石之从兄
也。石至太原,刘积遣军将贾群诣石,以恬书与石云:'积愿
举族归命相公,奉从谏丧归葬东都。'石因群,以其书闻。李
德裕上言:'今官军四合,捷书日至,贼势穷蹙,故伪输诚款,
冀以缓师,稍得自完,复来侵轶。望诏石答恬书云:前书未敢
闻奏。若郎君诚能悔过,举族面缚,待罪境上,则石当亲往受
降,护送归阙;若虚为诚款,先求解兵,次望洗雪,则石必不敢
以百口保人。仍望诏诸道,乘其上下离心,速进兵攻讨,不过
旬朔,必内自生变。'上从之。"

　　按《文集》所载《论刘积送款与李石状》,即《通鉴》所载
奏语,《通鉴》系于会昌三年十二月,而《通鉴·考异》则云据
《一品集》在会昌四年正月初四日,《考异》云:"《一品集》,正
月四日状曰'臣等得李石状,报刘积潜有款诚'云云。又曰:
'今馈运之费计至春末并足,如二月已来尚未殄灭,然议纳
降,亦未为晚。'又草诏赐石曰:'必不得因此迁延,令其得计。
仍不得先受章表,便与奏闻。'……德裕状正月四日上,然石

发奏必在杨弁未乱前,故置于此。”

按李石之奏当在上年十二月末送上,时太原尚未乱。据《考异》,司马光当日所见之《一品集》,此《论刘稹送款与李石状》于文末尚注明为会昌四年正月四日。太原乱讯亦于正月四日奏到,但德裕上此状时尚未见及,故仍按李石于十二月所奏事答复。

德裕约于同日又有《赐李石诏意》(《文集》卷七)及《代李石与刘稹书》(《文集》卷九)。此二文亦未著年月,文中未提及杨弁作乱事,当亦为正月初四日所上。前文云:“省所奏,刘稹令贾群赍李恬书与卿,将兵属同赴阙庭,兼请归葬东都事宜,具悉。……城孤援绝,情计已穷,所以密将款词,归命上相,恐是偷安旬月,溃缓王师。……卿与其要约,令面缚来降,卿即驰至界首,亲自受纳。苟不如此,且须进军,必不得因此迁延,令其得计。仍不得先受章表,便与奏闻。今赐与刘稹书白,想宜知悉。”据末二句,则《代李石与刘稹书》亦同时所上。

又按德裕以上三文皆正月四日上,而同日河东关于李弁之乱的情报奏到,时李石已奔汾州,贾群亦由杨弁遣送还归刘稹,情况发生变化,则《赐李石诏意》及《代李石与刘稹书》二文当未发出。

正月初五、初六日,德裕撰《论刘稹状(附太原状)》(《文集》卷十七)、《宰相与王宰书》(《文集》卷九),言虽有太原杨弁之乱,刘稹必不可恕,奏请派遣供奉官至诸道行营,督其进兵。

按以上两文皆未注年月。《通鉴》会昌四年正月载:“戊子,吕义忠遣使言状,朝议喧然。或言两地皆应罢兵(胡注:两地谓并、潞也)。王宰又上言:'游弈将得刘稹表,臣近遣人至泽潞,贼有意归附。若许招纳,乞降诏命。'李德裕上言:'宰擅受稹表,遣人入贼中,曾不闻奏,观宰意似欲擅招抚之功。昔韩信破田荣,李靖擒颉利,皆因其请降,潜兵掩袭。止可令王宰失信,岂得损朝廷威命! 建立奇功,实在今日,必不可以太原小扰,失此事机。望即遣供奉官至行营,督其进兵,掩其无备,必须刘稹与诸将皆举族面缚,方可受纳。兼遣供奉官至晋绛行营,密谕石雄以王宰若纳刘稹,则雄无功可纪。雄于垂成之际,须自取奇功,勿失此便。'又为相府与宰书,言:'昔王承宗虽逆命,犹遣弟承恭奉表诣张相祈哀,又遣其子知感、知信入朝,宪宗犹未之许。今刘稹不诣尚书面缚,又不遣血属祈哀,置章表于衢路之间,游弈将不即毁除,实恐非是。况稹与杨弁通奸,逆状如此,而将帅大臣容受其诈,是私惠归于臣下,不赦在于朝廷,事体之间,交恐不可。自今更有章表,宜即所在焚之。惟面缚而来,始可容受。'德裕又上言:'太原人心从来忠顺,止是贫虚,赏犒不足。况千五百人何能为事! 必不可姑息宽纵。且用兵未罢,深虑所在动心。顷张延赏为张朏所逐,逃奔汉州,还入成都。望诏李石、义忠还赴太原行营,召旁近之兵讨除乱者。'上皆从之。"

按《通鉴》所载德裕上奏,即《文集》卷十七之《论刘稹状(附太原状)》;为相府致王宰书,即《文集》卷九之《宰相与王宰书》。《通鉴》于此事后又叙云:"是时,李石已至晋州,诏复还太原。辛卯,诏王逢悉留太原兵守榆社……"辛卯为正月初七日。则德裕以上两文，当作于正月戊子初四日太原奏到之后，正月初七日之前，即正月初五、初六两日。其《附论太原状》后有附语云："以前件，臣缘假日，兵机切速，不暇与李绅等参议，谨密状奏闻，如蒙允许，便望今日。"可见其迫切之状。

正月二十四日，德裕奏杨弁决不可恕。本月底，太原监军吕义忠率军讨平杨弁。

《通鉴》会昌四年正月载："上遣中使马元实至太原，晓谕乱兵，且觇其强弱。杨弁与之酣饮三日，且赂之。戊申，元实自太原还，上遣诣宰相议之。元实于众中大言：'相公须早与之节！'李德裕曰：'何故？'元实曰：'自牙门至柳子列十五里曳地光明甲，若之何取之？'德裕曰：'李相正以太原无兵，故发横水兵赴榆社。库中之甲尽在行营，弁何能遽致如此之众乎？'元实曰：'太原人劲悍，皆可为兵，弁召募所致耳。'德裕曰：'召募须有货财，李相止以欠军士绢一匹，无从可得，故致此乱，弁何从得之？'元实辞屈。德裕曰：'从其有十五里光明甲，必须杀此贼！'因奏称：'杨弁微贱，决不可恕。如国力不及，宁舍刘稹。'"按德裕此处所奏，不见于《文集》，《通鉴》所载，当本之于《伐叛记》或《献替记》。戊申为正月二十四日，其论事及上奏，即在当日。

又据史载，太原监军吕义忠于本月底即领军攻取太原，生擒杨弁。见《通鉴》及新旧《唐书·李德裕传》。

二月初三日，德裕撰《赐王宰诏意》（《文集》卷七），督责王宰进兵，不得迁延。

此文未著年月。按《通鉴》会昌四年二月载："乙卯（二月二日），吕义忠奏克太原。丙辰（二月三日），李德裕言于上曰：'王宰久应取泽州，今已迁延两月。盖宰与石雄素不相叶，今得泽州，距上党犹二百里，而石雄所屯距上党才百五十里。宰恐攻泽州缀昭义大军，而雄得乘虚入上党独有其功耳。又宰生子晏实，其父智兴爱而子之，晏实今为磁州刺史，为刘稹所质。宰之顾望不敢进，或为此也。'上命德裕草诏赐宰，督其进兵，且曰：'朕顾兹小寇，终不贷刘。亦知晏实是卿爱弟，将申大义，在抑私怀。'"按"顾兹小寇"等数句即《文集》所载《赐王宰诏意》中语，当是二月初三日（或初四、五日）所作。

二月初四日，崔元式为河东节度使，代李石；石雄为河中节度使，代崔元式。（辨《旧纪》记时之误）

《旧·武宗纪》会昌四年二月，"丁巳，制河中晋绛慈隰等州节度观察等使、中散大夫、检校左散骑常侍、河中尹、御史大夫、上柱国、博陵县开国男、食邑三百户崔元式可检校礼部尚书、兼太原尹、北都留守，充河东节度观察等使"。此当是杨弁太原之乱，李石未能称职，故以崔元式代之。

《旧纪》未言石雄授官事。《全唐文》卷七二八载封敖《授崔元式太原节度使石雄河中节度使制》，则石雄与崔元式为同日除授。制中所载崔元式官阶与《旧纪》同，石雄则称之为"晋绛行营诸军节度使、银青光禄大夫、检校工部尚书、武威县开国男、食邑三百户"，后又谓"雄可守本官，充河中节度使，仍晋绛行营诸军征讨等使"。

按《旧纪》会昌四年九月载："以天德军使、晋绛行营招讨使石雄检校兵部尚书、河中尹、兼御史大夫、河中晋绛慈隰等州节度使。"以石雄为河中节度使在四年九月。今按制词中有云："噫！并部叛卒已见成擒，壶关狡童尚偷余息，干戈未偃，飞挽犹劳。尔其外训甲兵，内康黎庶，诛妖剪怪，勋庸勿让。"则刘稹尚未平定。按平泽潞在本年八月，《新书》卷一七一《石雄传》亦载雄为河中在刘稹讨平之前，与制词合。《旧纪》系于九月，误。

二月八日，撰《处置杨弁敕》(《文集》卷九)

未著年月。《旧·武宗纪》会昌四年二月，"辛酉，太原送杨弁与其同恶五十四人来献，斩于狗脊岭"。(《通鉴》胡注："按宋白《续通典》，狗脊岭在京城东市。")德裕所撰敕当是斩杨弁时告示中外之敕文。辛酉为二月八日。

鉴于王宰屯兵不进，德裕建议将刘沔由滑州调至河阳，以军二千驻万善，在王宰军之后，激使王宰攻泽州，正月二十五日撰《赐刘沔诏意》(《文集》卷七)。又撰《赐王宰诏意》(陆心源《唐文拾遗》)，再次督责其进军。

《通鉴》会昌四年二月载："壬申，李德裕言于上曰：'事固有激发而成功者：陛下命王宰趣磁州，而何弘敬出师；遣客军讨太原，而戍兵先取杨弁；今王宰久不进军，请徙刘沔镇河阳，仍令以义成精兵二千直抵万善，处宰肘腋之下。若宰识朝廷此意，必不敢淹留。若宰进军，沔以重兵在南，声势亦壮。'上曰：'善！'戊寅，以义成节度使刘沔为河阳节度使。"戊寅为二十五日。

按万善在河阳（今河南省孟县）北，为由河阳通泽州要道。时王宰前军攻泽州，万善正处于其军之后背。《新书》卷一七一《刘沔传》："会王宰逗留，宰相李德裕表沔镇河阳，以滑兵二千壁万善，居宰肘腋下，激之俾出军。"所载即指此事。韦博所撰《刘沔碑》云："会昌四年二月二十五日，以万善之战□克，诏除河阳节度使，领滑师二千人为万善声势，实□公师焉。"

德裕又有《赐王宰诏意》，中云："今授刘沔河阳，日临寇境，俾为声援，常据要冲，卿既进攻，必无后虑。"授刘沔为河阳节度使在二月二十五日，则此《诏意》当在二十五日后数天之内。此文之主旨乃在切责王宰之顿兵不进，云："卿初取天井，大振威声，皆谓计日而取泽州，指期而擒刘稹。顿兵危坂，已涉二时，日费殆过于千金。……在朝公卿，继陈谠论，皆云卿之血属质在贼中。此一人之常情，固当无隐。……若虑危害晏实，未忍急攻，但卿披诚，朕必深恕，即当与卿移镇，必使两全；如能大义灭亲，至诚体国，舍尔所爱，建兹殊勋……"

三月初一日，德裕奏请李回出使天井、冀氏，至王宰、石雄军中宣慰，督促其进军。

《文集》卷十六有《请遣使至天井冀氏宣慰状》，文末注云"会昌四年三月一日"。文中云："臣等近访闻贼中之计，只待林木阴合，以老王师，如此迁延，必恐过夏。"后又云："去秋李回唯至魏、镇两道，王宰、石雄并未有制使宣慰。臣等商量，望令李回至天井、冀氏宣慰，兼取王宰、石雄及诸军都头两道大将等状,令具破贼期限闻奏。如蒙允许,望令乘递早发。"

按《旧书》卷一七三《李回传》未载回第二次出使事,《新书》卷一三一本传载云:"复以回为使,督战至蒲东,王宰、石雄橐鞬谒道左,回不弦行,顾左右呼直史责破贼限牒,宰等震恐,期六旬取潞,否则死之,未及期二日,贼平。"按李回约于六月出使,而刘稹之平在七月,已远超六旬,且《新传》描叙李回倨傲,王宰、石雄震恐等状态,皆系夸大。

《文集》卷七并有《赐王宰诏意》、《赐石雄诏意》,即遣使至其军,令其尽速进军,勿得迁延。《赐王宰诏意》中云:"今贼在网罗,只守巢穴,广立虚栅,多设疑兵,盖谓自防,岂暇侵轶,且欲偷安岁月,以老王师。卿分兵相守,果中奸计。况卿已得天井,寻扼咽喉,游刃其间,更何顾虑。"《赐石雄诏意》大致相同,文句稍有出入。

三月,上旬,任命李丕为晋州刺史、冀氏行营攻讨副使。德裕为撰授命制词。

《文集》卷四有《授李丕晋州刺史充冀氏行营攻讨副使制》,未注年月。《旧·武宗纪》会昌四年,"三月,以晋绛副招讨石雄为泽潞西面招讨,以汾州刺史李丕为副"。又《新·武宗纪》会昌四年载:"三月,石雄兼冀氏行营攻讨使,晋州刺史李丕副之。"合而观之,则泽潞西面招讨使,即冀氏行营招讨使,以李丕为石雄之副(明刊本、畿辅本《一品集》,题中"冀氏"皆作"冀代","代"字当误,应据《新纪》改正)。但《旧纪》作"汾州刺史李丕为副",《新纪》作"晋州刺史李丕副之"。一作汾州，一作晋州，所载歧异。

按李丕去年八月归唐后先授忻州刺史，二月初杨弁平后，论功授汾州刺史，此时则又改授晋州刺史并为石雄之副。德裕《代李丕与郭谊书》（《文集》卷九）曾云："丕自归朝廷，颇获优宠，三领大郡，荣列中司。"三列大郡者，即曾为忻、汾、晋三州刺史（又《新书》卷二一四《刘稹传》后附李丕事，记杨弁平后，亦云"迁汾、晋二州刺史"，即晋州在汾州之后）。《文集》又有《奏晋州刺史李丕状》，其中叙及李丕在晋州绥辑，应接石雄，而石雄进兵时，亦须同李丕"与共谋度"，即李丕已为石雄副使。此文注云"会昌四年三月十四日"，则授李丕制当在本年三月上旬。

李商隐于本年春日作诗，有涉及平刘稹者，赞扬此次伐叛之役。

商隐本年因丁母忧，居山西永乐（据张采田《玉溪生年谱会笺》）。有《行次昭应县道上送户部李郎中充昭义攻讨》诗（《玉溪生诗集笺注》卷一）。冯浩以为此户部郎中即李丕，诗题云"充昭义攻讨"，《文集》有《授李丕晋州刺史充冀氏行营攻讨副使制》，冯氏即据此以为证。张采田《年谱会笺》系此诗于本年，但对冯笺尚有怀疑，云："惟李丕已加御史中丞，而此云户部郎中，殊不可解。"御史中丞之官阶高于户部郎中，义山诗题之户部郎中恐非李丕，但此诗作于本年刘稹未平时则无可疑。诗云："将军大旆扫狂童，诏选名贤赞武功。暂逐虎牙临故绛，远含鸡舌过新丰。鱼游沸鼎知无日，鸟覆危巢岂待风。早勒勋庸燕石上，伫光纶绰汉庭中。"

义山另有《登霍山驿楼》诗（《玉溪生诗集笺注》卷一），

张采田亦谓作于本年,诗云:"庙列前峰迥,楼开四望穷。岭
鬟岚色外,陂雁夕阳中。弱柳千条露,衰荷一向风。壶关有
狂孽,速继老生功。"

李商隐约于本年四、五月间,又有为李贻孙上德裕书,盛赞德裕武
功之盛与文采之美。

　　义山有《为李贻孙上李相公德裕启》(《樊南文集笺注》
卷三)。冯浩笺云:"《唐文粹·四门助教欧阳詹文集序》,李
贻孙作。玩其所自述,则贻孙于大和中曾为福建团练副使,
至大中六年为福建观察使。《酉阳杂俎》有云夔州刺史李贻
孙,《书史会要》曰李贻孙工书,《金石录》有会昌五年九月夔
州刺史李贻孙《神女庙诗》碑,《全蜀艺文志》有会昌五年夔
州刺史李贻孙《都督府记》。则上此启后即刺夔矣。……《新
书·宰相表》,会昌二年正月德裕为司空,三年六月为司徒,
四年八月守太尉。此启是杨弁已诛,刘稹尚未平,会昌四年
四、五月所上,故尚称司徒,且有景风、中吕之语。"张采田《玉
溪生年谱会笺》即采其说。

　　按此启称德裕为叔父,自称从侄,云:"从侄某官某谨斋
沐裁诚著于启事跪授仆者,上献于司徒相国叔父阁下。"此所
谓从侄,当是贻孙依托门第,必非德裕之近亲。

　　启中列叙德裕功迹,尤详于德裕之武功。于驱除回鹘、
讨平杨弁之后,又述讨伐泽潞之役,谓:"潞寇不惩两竖之凶,
徒恃三军之力,干我王略,据其父封。袁熙因累叶之资,卫朔
拒大君之诏,人将自弃,鬼得而诛。蛙觉井宽,蚁言树大。招
延轻险,曾微吴国之钱;藏匿罪亡,又乏江陵之粟。所谋者河

朔遗事,所恃者岩险偷生。今则赵魏俱攻,燕齐并入,奉规于帷幄,遵命于指踪。亚夫拒吴,惊东南而备西北;韩信击魏,叙临晋而渡夏阳。百道无飞走之虞,一缕见倾危之势,计其反接,当不逾时。是则陈曲逆之六奇,翻成屑屑;葛武侯之八阵,更觉区区。此庙战之功三也。"观此段所叙,确为刘稹尚未平定之时。

启又云:"重以心游书囿,思托文林,提枹于绝艺之场,班扬扫地;鞠旅于无前之敌,江鲍舆尸。故矫枉则黄冶之赋兴(冯注谓《一品集》有《黄冶赋》),游道则知止之篇作(冯注引《一品集》自叙诗:五岳径虽深,遍游心已荡。苟能知止足,所遇皆清旷……)。辞穷体物,律变登高,文星留伏于笔间,彩凤翱翔于梦里。此固谈扬绝意,仿效何阶。"此段乃赞扬其文辞。冯浩于篇末曾评曰:"此篇是以全力赴之者。"冯氏所见甚是。

此篇虽为代李贻孙而作,但足见义山对德裕文武治绩深致钦仰。

四月,王宰进攻泽州。德裕撰《赐王宰诏意》、《代卢钧与昭义大将书》、《代李丕与郭谊书》,与军事攻势的同时,对泽潞将佐晓以利害,劝其早日归降,以促进昭义内部的分化。

《旧纪》与《通鉴》均载四月王宰进军攻泽州。《新书》卷一七二《王宰传》云:"德裕以宰乘破竹势不遂取泽州,以其子晏实守磁,为顾望计,帝有诏切责。宰惧,急攻陵川,破贼石会关,进攻泽州。"此云有诏切责,见前三月所记。"破石会关"疑有误,盖石会关远在潞州以北,王宰此时尚在泽州以南,何能北越潞州而破石会关?"急攻陵川"亦有误,陵川在泽州东北、潞州东南,亦非王宰军力所及。破石会关、攻陵川,当是别一军,此处混一于王宰名下,当系《新书》作者对这一地区的地域分布不甚了然,因此致误。

《文集》卷七载《赐王宰诏意》,未注年月,内容即督责其进军,且云"卿顷莅泽",当即为四月所作。中有云:"兼宜遣使逼其军城,再三号令,若能舍逆效顺,速自归降,非但生全,仍加优赏,克城之后,不犯秋毫。如坚守危巢,坐待扑灭,必当不存噍类,务极兵威。"按这时唐兵对昭义已成四面合围之势,刘稹军队经过一年的战争,锐气已失,已不能对唐军发动主动的进攻;但尽管如此,昭义之军仍有一定守御实力,他们想拖延时间,待唐军也已感到疲累,或军费财政不支,然后不得已下诏加以"洗雪",如前几朝对强藩实行的苟延"故事"。因此为了尽可能缩短军事行动的时间,促进昭义内部的分化,德裕此时分别撰文,对昭义将佐晓以利害,开譬祸福,劝其早日归降。此处的《赐王宰诏意》是令王宰于进攻泽州的同时,遣使晓谕泽州之守将,劝其"舍逆效顺,速自归降",另外又有《代卢钧与昭义大将书》(《文集》卷九)、《代李丕与郭谊书》(同上)。

按此二文均未注年月。《代卢钧与昭义大将书》首云:"钧谬承宠寄,获抚雄藩。"卢钧由山南东道节度使为昭义节度招抚使在会昌三年七月(详见前)。文中又云:"今王师问罪,将及岁期。"又云:"李丕中丞能全劲节,自拔乱邦,曾未一年,骤历三郡,已分茆土,为国功臣。"按会昌三年五月下诏讨刘稹,云"将及岁期",则当在四年四月;又李丕为晋州刺史在四年三月,至是已历三郡(忻州、汾州、晋州),亦与四月相符。书之大旨即劝诫昭义军将早日归降:"倘枭戮刘稹自建功名,大则别领将旄,次则不失符竹,身受爵禄,福及子孙,去危就安,事同反掌。"

《代李丕与郭谊书》有云:"丕自归朝廷,颇获优宠,三领大郡,荣列中司。"李丕授晋州在本年三月;书中又谓"夏首初热",则亦当在四月。此文乃因李丕与郭谊之特殊关系劝郭谊归降,中云:"十三叔自料形势,必当坐见危亡。幸因丕在邻近,朝廷委信,必须早图功效,自取宠荣,保衰老之年,全一门之命。"当时刘稹年纪尚轻,郭谊实为昭义的核心人物,使郭谊降唐,实际就使泽潞全盘瓦解,八月泽潞之平,即因郭谊杀稹出降之故,即是明证。

四月五日,德裕奏《魏城入贼路状》(《文集》卷十六)。因石雄西面险阻,王宰等亦未能配合齐进,故拟改变原来部署,由魏城取武乡直南攻潞州,并抽调若干兵马,交由石雄统辖;西线冀氏方面则暂取守势。

《魏城入贼路状》文末注云"会昌四年五月五日"。按陆心源校作五月。文中谓若五月尚未能平刘稹,就须过盛夏,须考虑改变原来之部署,以为:"石雄西面险阻,须得王宰、义忠深入,方可进军;榆社兵甲未足,天井固难独入,以此故遂成因循。"按前文已述,本令石雄由翼城、冀氏东进,但却因"西面险阻",未能如愿。由此亦可见杜牧前上书所谓泽潞西面地势平坦,须由西而进,必可克复,不尽符合实际。

文中又云:"访闻魏城绝当要害,向南十二里至狗脊岭,虽有小山,并无险阻,二十五里便至武乡县;直抵潞州,便是平川。"并建议从义武、忠武、河中等节镇抽调兵马,得一万五千精兵,由石雄统率,"取魏、武路直入,旬月必见成功",冀氏、翼城则"但令保险,又守城寨","待石雄得武乡后,即令冀氏、翼城诸寨兵马齐进,与石雄合军"。按魏城在榆社附近,又当武乡之北,德裕新的部署即是由北而南,加强北线进攻,西线只作配合。这一方案虽然终未见实行,但仍可见德裕对军事部署的精密规划。

武宗宠信道士赵归真,德裕曾加劝谏。

《通鉴》会昌四年三月载:"以道士赵归真为右街道门教授先生。"四月又载:"上好神仙,道士赵归真得幸,谏官屡以为言。丙子,李德裕亦谏曰:'归真,敬宗朝罪人(琮按见前宝历二年),不宜亲近。'上曰:'朕宫中无事时与之谈道涤烦耳。至于政事,朕必问卿等与次对官,虽百归真不能惑也。'德裕曰:'小人见势利所在,则奔趣之,如夜蛾之投烛。闻旬日以来,归真之门,车马辐凑。愿陛下深戒之。'"丙子为四月二十三日。按此事,两《唐书·李德裕传》未载,文集亦未有载,《通鉴》所记或即据已佚之《献替记》。但正因如此,宋人陈善却因此以为是李德裕故作此语以归咎于武宗者。

陈善《扪虱新话》卷十《唐武宗李德裕深信道家之说》条,有谓:"李德裕云,尝于便殿对武宗,言及方士,上曰:'宫中无事,以此遣闷耳。'予窃疑非武宗之言。按《唐纪》,会昌五年正月作仙台于南郊,六月作望仙楼于神策军,至八月,遂大毁僧寺,复僧尼为民。顾其行事如此,岂但遣闷而已。会昌之政,德裕内之,其深信道家之说,恐非但武宗之意。予读《会昌投龙文》,见武宗自称'承道继玄昭明三光弟子、南岳炎上真人',而德裕《茅山三像记》则自号'上清玄都大阙三景弟子',盖其君臣相效所为如此,于是知解闷之语,实一时饰说耳。德裕诚恐天下后世议己,故以此归咎于其君耳,不然则德裕于此不容无说。德裕诚有意于谏,何不以宪宗之事告之。宪宗时,李绛等尝盛夏廷对,帝汗浃衣,绛等欲退,帝曰:'宫中所对惟宦官女子,欲与卿等讲天下事,乃其乐也。'武宗解闷,得无有与讲天下事以为乐者乎?吾故以为德裕实托此语以归咎于其君者;不然,则德裕亦可谓不善补缺者矣。"

按综观李德裕一生的行事和思想,其主导思想应该是儒家,而不是道家。德裕在润州时,确有信奉道家之事,其妻姜并曾一度受道箓,但这主要是受社会上道教流行的影响,德裕特别在政治思想上是反对道家虚诞之说的,敬宗时他在润州反对荐举道士周息元,即是一例(详见前谱)。陈善说《通鉴》所记德裕劝谏武宗之语为本无此事,而系德裕事后追记,托此以归咎于武宗,纯为主观揣测之词,不足信。

四月二十五日,王起由左仆射同平章事,充山南西道节度使。李德裕与王起有唱和酬作。

《通鉴》会昌四年四月,"戊寅,以左仆射王起同平章事,充山南西道节度使。起以文臣未尝执政,直除使相,前无此比,固辞;上曰:'宰相无内外之异,朕有缺失,卿飞表以闻。'"按《旧书》卷一六四《王起传》:"(会昌)三年,权知礼部贡举。

明年，正拜左仆射（按王起于武宗即位之年为检校左仆射——琮），复知贡举。起前后四典贡部，所选皆当代辞艺之士，有名于时，人皆赏其精鉴徇公也。其年秋，出为兴元尹、兼同平章事，充山南西道节度使。"（《新书》卷一六七本传略同）按此云会昌四年秋出镇山南西道，恐误，当以《通鉴》为准。戊寅为四月二十五日。

《文集》别集卷四有《仆射相公偶话于故集贤张学士厅，写得德裕与仆射旧唱和诗，其时和者五人，惟仆射与德裕皆列高位，凄然怀旧，辄献此诗》。据《通鉴》，本年四月戊寅，"以左仆射王起同平章事"，德裕诗题中称"仆射相公"，则亦当作于四月下旬。此可概见李、王二人的交谊。

〔辨正〕辨《因话录》所载李德裕因荐举王龟而受到武宗之诘责。

《因话录》卷一载："武宗时，李崖州尝面奏处士王龟志业堪为谏官。上曰：'龟是谁子？'对曰：'王起之子。'曰：'凡言处士者，当是山野之人。王龟父大僚，安得居山野？不自合有官。'李无以对。"

此条记载在说明德裕因与王起有旧，于是保举起子龟为谏官，而当武宗问明根由，并加而责，李无词以对。《因话录》旨在表露德裕之徇私害公，实则所记不合于事实。

《旧书》卷一六四《王起传》详载王龟事，云："龟字大年，性简淡萧洒，不乐仕进，少以诗酒琴书自适，不从科试。京城光福里第，起兄弟同居，斯为宏敞。龟意在人外，倦接朋游，乃于永达里园林深僻处创书斋，吟啸其间，目为半隐亭。及从父起在河中，于中条山谷中起草堂，与山人道士游，朔望一还府第,后人目为郎君谷。及起保厘东周,龟于龙门西谷构松斋,栖息往来,放怀事外。……其闲逸如此。武宗知之,以左拾遗征,久之,方至殿廷一谢,陈情曰:'臣才疏散,无用于时,加以疾病所婴,不任禄仕。臣父年将九十,作镇远藩,喜惧之年,缺于供侍。乞罢今职,以奉晨昏。'上优诏许之。明年,丁父忧;服阕,以右补阙征。"按《南部新书》丙卷亦载王龟"于永达坊选幽僻带林泉之处,构一亭,会文友于其间,名之曰半隐亭;后大和初,从起于蒲,于中修葺书堂以居之,号曰郎君谷"。则龟确非当时一般贵公子可比,德裕特为荐举,是因为其人品有足可称者。史传载武宗亦早已知之,且以左拾遗征,即《因话录》所载德裕荐为谏官,并非武宗连龟为起之子亦不知,须待临时问德裕方知。且王龟确亦应征至朝廷就职。王起卒于宣宗大中元年,年八十八。本传云"明年,丁父忧",则龟应诏出仕亦当在会昌四、五年间。由此可见《因话录》所载,皆非事实。又刘禹锡亦有《荐处士王龟状》(《刘禹锡集笺证》卷十七),中云:"况遇相公持衡,敢有所启。"此相公即指李德裕,刘禹锡时为太子宾客分司东都。或德裕因禹锡之启而乃荐王龟为谏官者。

五月,薛元赏由司农卿改任京兆尹,当系德裕所保荐。薛元赏有吏干,不避权贵,史载"百姓赖安"。

《旧·武宗纪》会昌四年,"五月,以司农卿薛元赏为京兆尹"。

按薛元赏见《新书》卷一九七《循吏传》,有云:"会昌中,德裕当国,复拜京兆尹(琼按元赏于文宗时亦曾任京兆尹,见前谱）。都市多侠少年,以黛墨镂肤,令诡力,剽夺坊间。元赏到府三日,收恶少,杖死三十余辈,陈诸市,余党惧,争以火灭其文。元赏长吏事,能推言时弊,件白之。禁屯怙势扰府县,元赏数与争,不少纵,由是军暴折戢,百姓赖安。就加检校吏部尚书。阅岁,进工部尚书,领诸道盐铁转运使。德裕用元赏弟元龟为京兆少尹、知府事。"元赏任京兆尹,不避权贵,敢于治禁军不法事,"百姓赖安",在当时也可说是不可多得。宣宗即位不久,白敏中等用事,却因曾为德裕所器用而贬出。

六月,崔珙贬澧州刺史,同月,又再贬恩州司马员外置。按珙及其兄琯素与德裕亲厚,此次之贬,出于宰相崔铉所奏。

《旧·武宗纪》会昌四年,"六月,金紫光禄大夫、尚书右仆射、中书侍郎、同平章事、判度支崔珙贬澧州刺史";同月又载:"敕责授官银青光禄大夫、澧州刺史、上柱国、安平郡开国公、食邑二千户崔珙再贬恩州司马员外置,以珙领盐铁时欠宋滑院盐铁九十万贯。"

按据《新·宰相表》,开成五年五月,诸道盐铁转运使、刑部尚书崔珙同中书门下平章事。九月辰庚,珙为中书侍郎。会昌二年正月己亥,李让夷为尚书左仆射,珙为尚书右仆射。三年二月辛未,珙罢守尚书右仆射。则崔珙于会昌三年二月已罢相,至本年六月又被贬出。

《旧书》卷一七七《崔珙传》谓珙"性威重,尤精吏术"。又云"会昌初,李德裕用事,与珙亲厚,累迁户部侍郎,充诸道盐铁转运等使。寻以本官同中书门下平章事,累兼刑部尚书、门下侍郎,进阶银青光禄大夫、兼尚书左仆射"。按此云会昌初李德裕用事,因德裕与之亲善,乃累迁其官阶,直至拜相。而据上引《新表》,崔珙于开成五年五月即入相,其时德裕尚在淮南,至该年九月,始应诏入朝拜相,《旧·崔珙传》记时有误。

《旧·崔珙传》又云:"素与崔铉不叶,及李让夷引铉辅政,代珙领使务,乃掎摭珙领使日妄破宋滑院盐铁钱九十万贯文,又言珙尝保护刘从谏,坐贬澧州刺史,再贬恩州司马。"崔珙于宣宗即位后,曾召还为凤翔节度使,终因崔铉时知政事,崔珙坐与德裕亲善,不得重用,乃辞官闲居而卒。崔铉会昌时为相亦非李德裕意,此次他奏崔珙事,恐也有打击德裕之意,会昌五年,德裕也就因事奏罢其相位(详见后)。宣宗时,崔铉与白敏中等共同构陷德裕。由此可见,崔珙本年贬官,也受牛李党争的影响。

六月四日后,德裕奏上《天井冀氏行营状》(《文集》卷十六),谓已至暑热,行军不便,且粮运未济,故拟暂缓进攻。

《天井冀氏行营状》文末注云"会昌四年六月四日"。文中云:"昨者初夏频请进军,所冀未热之时,便见次第,今炎毒已甚,迫促稍难。……王者之师,以全取胜,急攻则狂贼得计,稍缓则贼势日穷。"盖因四、五月时未能取得较大进展,暑热已临,须令进讨之师稍事休息,以利秋凉时再次进击。且当前粮运也有困难:"况出内库货财,以资军食,计量馈运,必及冬间。……亦恐营栅甚暑,不易祗供。"可见德裕既有决心讨平刘稹,同时也从实际出发,根据天时、地形,随时调整其作战部署。从整个讨伐泽潞的战场看,五、六月间东南西北四面皆无重大军事行动。在此期间,德裕着重于整顿、改革内部机构,如精简官员(见后),重新拟订军功赏罚规定,以准备下一步的作战行动,《文集》卷十六《请准兵部依开元二年军功格置跳荡及第一第二功状》,即是一例。

按此文未注年月,在此之前为《天井冀氏行营状》,六月四日,此文之后为《奉宣石雄所进文书欲勘问宜商量奏来状》,作于本年闰七月初一日。此卷所收文,大致按时间先后排列,因此可断定作于本年六、七月间。此为奖赏军功条例,依开元格,并参以会昌时实际情况作若干变动,而其主旨则是使尽可能多的人得以立功受赏,如云"臣等商量,缘比来大阵酬赏,只是十将以上得官,其副将以上至长行,并无甄录。今但与格文相当,即便酬官,所冀尽沾渥泽",以做到"颁赏有名,人心知劝"。

六月,德裕奏请令吏部郎中柳仲郢裁减州县官佐冗吏,但也因此而得罪权贵。

《通鉴》会昌四年:"李德裕以州县佐官太冗,奏令吏部郎中柳仲郢裁减。六月,仲郢奏减一千二百一十四员。仲郢,公绰之子也。"《旧·武宗纪》亦载:会昌四年七月,"吏部条奏中外合减官员一千一百一十四员"。

又《旧书》卷一六五《柳仲郢传》:"会昌中,三迁吏部郎中,李德裕颇知之。武宗有诏减冗官,吏部条疏,欲牒天下州府取额外官员,仲郢曰:'诸州每冬申阙,何烦牒耶?'幸门顿塞。仲郢条理旬日,减一千二百员,时议为惬。"《新·李德裕传》亦载此事,云:"又尝谓:'省事不如省官,省官不如省吏,能简冗官,诚治本也。'乃请罢郡县吏凡二千余员,衣冠去者皆怨。"《新传》所载德裕"省事不如省官"数语,对于汰除封建时代的冗官冗吏来说,确为至论,但却因此受到"衣冠"之族的怨怒,可见德裕的整顿改革,对于当时的封建特权势力,确有所限制。

七月甲辰(二十三日),杜悰由淮南入相;闰七月壬戌(十二日),李绅出镇淮南。

《旧·武宗纪》会昌四年,"七月,以淮南节度使、检校司空杜悰守尚书右仆射、兼门下侍郎、同平章事,仍判度支,充盐铁转运等使。又制银青光禄大夫、守尚书右仆射、兼门下侍郎、同平章事、监修国史、上柱国、赵郡开国公、食邑二千户李绅可检校司空、平章事、扬州大都督府长史、淮南节度副大使、知节度事"。按据《通鉴》,杜悰入相在四年七月甲辰(二十三日),李绅出镇淮南在闰七月壬戌(十二日)。李绅之出领淮南,恐与调剂军粮有关,因征讨泽潞已一年有余,军费支出浩大,战事呈胶着状态,若须发动大规模进攻,即需大笔财政支出,故需由亲信大臣出守扬州,经营东南漕运。李绅之出,当由于此。

闰七月中旬,德裕又撰《论镇州奏事官高迪陈意见二事状》(《文集》卷十七)、《续得高文端贼中事宜四状》(同上),多方探听昭义内部虚实及其用兵策略,以便采取对策,并奏请即令诸镇尽速进军。

《论镇州奏事官高迪陈意见二事状》,未署年月。按《通鉴》会昌四年闰七月载:"李德裕奏:'镇州奏事官高迪密陈意见二事:其一,以为贼中好为偷兵术,潜抽诸处兵聚于一处,官军多就迫逐,以致失利;经一两月,又偷兵诣他处。官军须知此情,自非来攻城栅,慎勿与战。彼淹留不过三日,须散归旧屯,如此数四空归,自然丧气。官军密遣谍者诇其抽兵之处,乘虚袭之,无不捷矣。其二,镇、魏屯兵虽多,终不能分贼势。何则?下营不离故处,每三两月一深入,烧掠而去。贼但固守城栅,城外百姓,贼亦不惜。宜令进营据其要害,以渐逼之。若止如今日,贼中殊不以为惧。望诏诸将各使知之。'"

按《通鉴》系此事在闰七月壬戌(十一日)之后,则当在闰七月中旬(闰七月下旬,昭义山东三郡降。)《通鉴》所载德裕语,即此《陈意见二事状》。状中所论,昭义用兵的策略,系抽调若干处分散的兵力于一处,集中攻击唐军的一部,得手后,又攻击另一部,逐步打破合围的形势。德裕针对这一策略,认为:第一,固守城栅,慎勿与战,待其消耗时日,只得回归各处,反复再三,"自然丧气"。第二,派遣间谍察知其被抽调去兵力的地方,"乘虚袭之",采取主动进攻。此状末有云:"高迪虽是河北军将,臣每度与言,颇似忠信,尽望付翰林约此意赐元逵、弘敬、王宰、石雄、义忠诏,所冀速平残寇。"高迪只不过是一个普通的奏事官,但德裕却几次"与言",上述昭义用兵的方略及唐军应取的对策,决非空坐于庙堂之上所能想得出来的。《文集》卷十七又有《续得高文端贼中事宜四状》,亦作于闰七月中(参见《通鉴》)。高文端为刘稹的心腹将领，投降后，"德裕访文端破贼之策"（《通鉴》）。状中也说："昨日高文端到宅辞臣，因子细问得贼中事宜，兼共商量计策，皆似可，谨录奏闻。"德裕以辅相之尊，能在府邸接待一名降将，并仔细探问情状，还与他共同商量计策，这不但为唐代所绝无仅有，在整个中国古代历史上也是少有的。

《文集》卷七又有《赐王元逵何弘敬诏意》，据前《论镇州奏事官高迪陈意见二事状》，当亦作于本年闰七月中旬。中云："比缘暑热未退，固难进军。……今清商已至，鼙鼓声雄，白露将凝，戈铤气肃。"即令镇、魏两镇尽速进军，以配合石雄、王宰攻讨。《文集》同卷又有《赐王元逵何弘敬诏意》，亦同前意。

闰七月丙子（二十五日），刘稹之邢州守将裴问（刘从谏妻弟）、邢州刺史崔嘏降于王元逵。后数日，洺、磁二州亦降。昭义之山东三州平。

按《通鉴》会昌四年闰七月载刘稹内部分崩离析情况，及裴问、崔嘏归降经过，叙述较两《唐书》有关列传为翔实，司马光记此事当本于实录及有关史籍，今抄录于下，以备本末：

"刘稹年少懦弱，押牙王协、宅内兵马使李士贵用事，专聚货财，府库充溢，而将士有功无赏，由是人心离怨。刘从谏妻裴氏，冕之支孙也，忧稹将败，其弟问，典兵在山东，欲召之使掌军政。士贵恐问至夺己权，且泄其奸状，乃曰：'山东之事仰成于五舅，若召之，是无三州也。'乃止。"

"王协荐王钊为洺州都知兵马使；钊得众心，而多不遵使府约束，同列高元武、安玉言其有贰心。稹召之，钊辞以'到洺州未立少功，实所惭恨，乞留数月，然后诣府'。许之。"

"王协请税商人，每州遣军将一人主之，名为税商，实籍编户家赀，至于什器无所遗，皆估为绢匹，十分取其二，率高其估。民竭浮财及糇粮输之，不能充，皆恼恼不安。"

"军将刘溪尤贪残，刘从谏弃不用；溪厚赂王协，协以邢州富商最多，命溪主之。裴问所将兵号'夜飞'，多富商子弟，溪至，悉拘其父兄；军士诉于问，问为之请，溪不许，以不逊语答之。问怒，密与麾下谋杀溪归国，并告刺史崔嘏，嘏从之。丙子，嘏、问闭城，斩城中大将四人，请降于王元逵。时高元武在党山，闻之，亦降。"

"先是使府赐洺州军士布，人一端，寻有帖以折冬赐。会税商军将至洺州，王钊因人不安，谓军士曰：'留后年少，政非己出。今仓库充实，足支十年，岂可不少散之以慰劳苦之士！使帖不可用也。'乃擅开仓库，给士卒人绢一匹，谷十二石，士卒大喜。钊遂闭城请降于何弘敬。安玉在磁州，闻二州降，亦降于弘敬。尧山都知兵马使魏元谈等降于王元逵，元逵以其久不下，皆杀之。"

按《旧·武宗纪》会昌四年七月（《旧纪》未载闰七月，当系漏略）载："王元逵奏邢州刺史裴问、别将高元武以城降。洺州刺史王钊、磁州刺史安玉以城降何弘敬。山东三州平。"《旧纪》此处以裴问为邢州刺史，误。《新纪》本年闰七月载："丙子，昭义军将裴问及邢州刺史崔嘏以城降。是月，洺州刺史王钊、磁州刺史安玉以城降。"《新纪》虽简，但得其正。

又崔嘏事亦见《新·李德裕传》末，云："嘏字乾锡，举进士,复以制策历邢州刺史。"又云:"刘稹叛,使其党裴问戍于州,煆说使听命。"后德裕于宣宗朝被斥,崔煆时为中书舍人,"坐书制不深切,贬端州刺史";《新传》称其"作诏不肯巧傅以罪",可见其人品。

八月十一日,镇、魏奏山东三州平;德裕请即以卢弘止为三州留后,以防王元逵、何弘敬请占三州之地。

《通鉴》会昌四年,"八月辛卯(十一日),镇、魏奏邢、洺、磁三州降,宰相入贺。李德裕曰:'昭义根本尽在山东,三州降,则上党不日有变矣。'上曰:'郭谊必枭刘稹以自赎。'德裕曰:'诚如圣料。'上曰:'于今所宜先处者何事?'德裕请以卢弘止为三州留后,曰:'万一镇、魏请占三州,朝廷难于可否。'上从之。诏山南东道兼昭义节度使卢钧乘驿赴镇"。

《旧书》卷一六三有传作卢弘正(《通鉴考异》谓应作卢弘止,是)云:"会昌末,王师讨刘稹。时诏河北三帅收山东州郡,俄而何弘敬、王元逵得邢、洺、磁三郡。宰臣奏议曰:'山东三郡,以贼稹未诛,宜且立留后。如弘敬、元逵有所陈请,则朝廷难以依违。'上曰:'然,谁可任者?'李德裕曰:'给事中卢弘正尝为昭义判官,性又通敏,推择攸宜。'即命为邢洺磁团练观察留后。未行而稹除,乃令弘正衔命宣谕河北三镇。使还,拜工部侍郎。"《新书》卷一七七《卢弘止传》略同。则卢弘止任为昭义节度使、邢洺磁团练观察留后,皆出于德裕之举荐。

按弘止兄简能、简辞,弟简求,其父即大历诗人卢纶,德裕于文宗时尝应对文宗言及卢纶及其四子事,《旧书》卷一六三《卢简辞传》云："文宗好文，尤重纶诗，尝问侍臣曰：'卢纶集几卷？有子弟否？'李德裕对曰：'纶有四男，皆登进士第，今员外郎简能、侍御史简辞是也。'即遣中使诣其家，令进文集。简能尽以所集五百篇上献，优诏嘉之。"

又陈夷行卒，李德裕为撰《赠陈夷行司徒制》(《文集》卷四)。按《旧唐书》卷一七三《陈夷行传》："会昌三年十一月，检校司空、平章事、河中尹、河中晋绛节度使，卒，赠司徒。"又《旧唐书》卷十八上《武宗纪》，会昌四年八月，"河东节度使陈夷行卒"。则陈夷行于会昌三年十一月出任，会昌四年八月卒，李德裕当应制为作《赠陈夷行司徒制》。

八月，郭谊杀刘稹，遣使奉表降于王宰；八月十五日，王宰奏闻其事。八月十六日，李德裕对武宗论郭谊不可赦，并请诏石雄领七千人马入潞州。

《通鉴》会昌四年八月载郭谊杀刘稹及所厚张谷等凡十二家，"乃函稹首，降于王宰"。"乙未(十五日)，宰以状闻。丙申(十六日)，宰相入贺。李德裕奏：'今不须复置邢、洺、磁留后，但遣卢弘止宣慰三州及成德、魏博两道。'上曰：'郭谊宜如何处之？'德裕曰：'刘稹騃孺子耳，阻兵拒命，皆谊为之谋主；及势孤力屈，又卖稹以求赏。此而不诛，何以惩恶？宜及诸军在境，并谊等诛之！'上曰：'朕意亦以为然。'乃诏石雄将七千人入潞州，以应谣言。杜悰以馈运不给，谓谊等可赦，上熟视不应。德裕曰：'今春泽潞未平，太原复扰，自非圣断坚定，二寇何由可平！外议以为若在先朝，赦之久矣'上曰：'卿不知文宗心地不与卿合，安能议乎！'"《新·李德裕传》

所载略同。《旧书》卷一六一《石雄传》曰：“先是潞州狂人折腰于市，谓人曰：‘雄七千人至矣！’刘从谏捕而诛之。及稹危蹙，大将郭谊密款请斩稹归朝，军中疑其诈。雄倡言曰：‘贼稹之叛，郭谊为谋主。今请斩稹，即谊自谋，又何疑焉？’武宗亦以狂人之言，诏雄以七千人受降。雄即径驰潞州降谊，尽擒其党与。”(《新书》卷一七一《石雄传》略同)

又按白居易曾有诗颂石雄之武功，《白居易集》卷三七有《河阳石尚书破回鹘，迎贵主，过上党，射鹭鸶，绘画为图，猥蒙见示，称叹不足，以诗美之》，云：“塞北虏郊随手破，山东贼垒掉鞭收。乌孙公主归秦地，白马将军入潞州。剑拔青鳞蛇尾活，弦抨赤羽火星流。须知鸟目犹难漏(自注：尚书将入潞府，偶逢水鸟鹭鸶，引弓射之，一发中目，三军踊跃，其事上闻，诏下美之)，纵有天狼岂足忧。画角三声刁斗晓，清商一部管弦秋。他时麟阁图勋业，更合何人居上头？”

按居易诗题称“河阳石尚书”，据《通鉴》，会昌四年十二月，“河中节度使石雄为河阳节度使”；又《新书》卷一七一《石雄传》，雄入潞州后，因功“进检校兵部尚书，徙河阳”，“宣宗立，徙镇凤翔”。则居易此诗当作于会昌五年间(顾学颉《白居易年谱简编》系此诗于会昌三年，按诗题有“迎贵主，破上党”，迎太和公主在会昌三年春，破上党在会昌四年秋，又雄徙河阳在会昌四年十二月，恐此诗不当系于会昌三年)。由此诗，可见白居易此时虽闲居洛阳，尽量避免参与朋党之争，但对平泽潞一事仍持肯定态度。

《文集》卷六又有《赐潞州军人敕书意》，文中云：“刘稹乳臭騃童，未有所识，皆是郭谊、王协幸其昏弱，矫托军情……及见山东三郡皆已归降，事迫势穷，归恶刘稹，令其一门受戮，便欲自取宠荣。……已令泽潞、冀氏两路进军，只取郭谊、王协及同恶之类，其他军人一切不问。……如两道兵马未到以前，有忠义之士先非同恶者能自擒僇郭谊等，所与优赏并同裴问、王钊例处分。"末又云："已诏石雄、王宰到彼不令侵扰军人百姓。"此文未注年月，从内容看，当是八月丙申（十六日）李德裕向武宗进言郭谊不可赦，并令石雄进军后所拟，日期当在八月十六、十七日。从此文中可以看出，李德裕决心用武力惩办刘稹、郭谊等首恶，以此来儆尤不听命于朝廷的强藩，同时颁布政策，使昭义一般随附者得以心安，减少阻力。

又《通鉴》叙石雄入潞州及擒郭谊事，云："郭谊既杀刘稹，日望旌节；既久不闻问，乃曰：'必移他镇。'于是阅鞍马，治行装；及闻石雄将至，惧失色。雄至，谊等参贺毕，敕使张仲清曰：'郭都知告身来日当至；诸高班告身在此，晚牙来受之！'乃以河中兵环球场，晚牙，谊等至，唱名引入，凡诸将桀黠拒官军者，悉执送京师。"

八月二十八日戊申，德裕加太尉、卫国公。

《新·武宗纪》会昌四年八月，"戊申，李德裕为太尉"（《新·宰相表》同）。《通鉴》亦系于八月戊申，谓"加李德裕太尉、赵国公"。

《唐大诏令集》卷六十一载《册李德裕太尉文》，有云："乃有冢臣光禄大夫、守司徒、兼门下侍郎、同中书门下平章事、充弘文馆大学士、太清宫使、卫国公李德裕,左右予一人,抚四夷,亲万国,文以和政,武以宁乱。於戏!尔有蹈义断金之操,不渝于险易;尔有移忠匪石之诚,可荐于宗社。故罄吾欲以康务,沃朕心而成德。日者弧星耀芒,朔漠之人,若坠沸鼎,惟尔总合智力,扑其氛焰。盗萌蠹木,牙角灭息,孽竖扇祸壶关,构衅闭险,联绛赵魏泽潞五州之人,是莫不忧其生于旦夕。惟尔叶予一人,经是七德,决自樽俎,发如雷电。风后之握机成阵,密并轩皇;羊祜之沉谋制胜,玄同晋帝。修德刑为战器,阅礼乐为身文。虽其功不自伐,已为众所共钦,不有殊荣,曷酬盛德。兹用命尔为太尉,往惟钦哉!”

按《通鉴》谓此时德裕封赵国公,《唐大诏令集》作卫国公,《旧传》亦作卫国公,云:“以功兼守太尉,进封卫国公,三千户。”《新传》所载较为明晰,盖初拟封赵国公,后因德裕固让,乃改封卫国公,谓:“策功拜太尉,进封赵国公。德裕固让,言:‘唐兴,太尉唯七人,尚父子仪乃不敢拜。近王智兴、李载义皆超拜保、傅,盖重惜此官。裴度为司徒十年,亦不迁。臣愿守旧秩足矣。’帝曰:‘吾恨无官酬公,毋固辞。’德裕又陈:‘先臣封于赵,冢孙宽中始生,字曰三赵,意将传嫡,不及支庶。臣前益封,已改中山。臣先世皆尝居汲,愿得封卫。’从之,遂改卫国公。”《新传》所载当本于德裕《请改卫国公状》(《李德裕文集》卷十八),文云:“臣亡父先臣,宪宗宠封赵国,先臣与嫡子嫡孙宽中小名三赵,意在传嫡嗣,不及支庶。臣前年恩例进封,合是赵郡,臣以宽中之故,改就中山。臣亡祖先臣曾居卫州汲县,竟以汲县解进士及第。倘蒙圣恩，改封卫国，遂臣私诚，庶代受殊荣，免违先志。"

《文集》卷十八《让太尉第二表》、《让太尉第三表》、《请改封卫国公状》，卷十九《谢恩不许让官表状》、《谢恩加特进阶改封卫国公状》，当皆作于八月下旬。

又《唐六典》卷一："太尉，一人，正一品。……武德初秦王兼之，永徽中长孙无忌为之，其后亲王拜三公者皆不视事，祭礼则摄者行焉。"

《旧书》卷一六八、《新书》卷一七七《封敖传》皆载册德裕为太尉诏文为封敖所拟，《旧传》云："敖，元和十年登进士第……会昌初，以员外郎知制诰，召入翰林为学士，拜中书舍人。敖构思敏速，语近而理胜，不务奇涩，武宗深重之……李德裕在相位，定策破回鹘，诛刘稹，议兵之际，同列或有不可之言，唯德裕筹计指画，竟立奇功，武宗赏之，封卫国公，守太尉。其制语有：'遏横议于风波，定奇谋于掌握。逆积盗兵，壶关昼锁，造膝嘉话，开怀静思，意皆我同，言不它惑。'制出，敖往庆之，德裕口诵此数句，抚敖曰：'陆生有言，所恨文不逮意。如卿此语，秉笔者不易措言。'座中解其所赐玉带以遗敖，深礼重之。"按此处所载制语，不见于《唐大诏令集》中《册李德裕太尉文》，《全唐文》卷七二八载封敖文数篇，亦无此制文。

又宋敏求《春明退朝录》卷下："太尉旧在三师之下，由唐以来，以上公为重。李光弼自司空为太尉，薨，赠太保。郭子仪自司徒为太尉，薨，赠太师。李德裕自司徒为太尉，皆以超拜。"

唐宋人所载德裕破回鹘、平上党的功绩。

《旧传》:"自开成五年冬回纥至天德,至会昌四年八月平泽潞,首尾五年,其筹度机宜,选用将帅,军中书诏,奏请云合,起草指踪,皆独决于德裕,诸相无预焉。"

《新传》:"当国凡六年,方用兵时,决策制胜,它相无与,故威名独重于时。"

孙甫《唐史论断》卷下:"武宗用李德裕,颇得委任之道,故德裕尽其才谋,独当国是,时之威令大振者,委任之至也。"又云:"李德裕自穆宗至文宗朝,历内外职任,奏议忠直,政绩彰显,遂当辅相之任,然为邪佞所排,不克就功业。及相武宗英主,始尽其才。回鹘在边,先请待以恩好,及其侵轶,乃授刘沔、石雄成算,使之平荡,得中国大体。上党拒命,举朝惧生事,不欲用兵,德裕料其事势,奏遣使魏、镇,先破声援之谋,且委征讨之任。魏帅迁延其役,使王宰领师直趋势磁州,据魏之右,魏帅惧,全军以出。又以王宰必有顾望,令刘沔领军直抵万善,示代宰之势,宰即时进兵。太原之乱,杨弁结中使张皇其事,德裕折中使奸言,使王逢将陈许、易定兵进讨,太原兵戍于外者惧客军攻城,并屠其家,径归擒弁,尽诛叛卒。此皆独任其策,不与诸将同谋,大得制御将帅用兵必胜之术。"

《通鉴》论李德裕讨平泽潞致胜之由:一、使监军不得干预军政,中央号令自中书出,军令政令统一;二、喻河北三镇,晓以利害,使服从朝廷,孤立昭义。

《通鉴》会昌四年八月叙李德裕加太尉时,论云:"初,李德裕以韩全义以来（胡注：德宗遣韩全义讨吴少诚，败于溵水），将帅出征屡败，其弊有三：一者，诏令下军前，日有三四，宰相多不预闻。二者，监军各以意见指挥军事，将帅不得专进退。三者，每军各有宦者为监使，悉选军中骁勇数百为牙队，其在陈战斗者，皆怯弱之士；每战，监使自有信旗，乘高立马，以牙队自卫，视军势小却，辄引旗先走，陈从而溃。德裕乃与枢密使杨钦义、刘行深议，约敕监军不得预军政，每兵千人听监使取十人自卫，有功随例沾赏。二枢密皆以为然，白上行之。自御回鹘至泽潞罢兵，皆守此制。自非中书进诏意，更无他诏自中出者。号令既简，将帅得以施其谋略，故所向有功。"按范祖禹《唐鉴》卷二十亦载此语，范氏又有云："元和后，数用兵，宰相不休沐，或继火乃得罢。德裕在位，虽遽书警奏，皆从容裁决，率午漏下还第休沐，辄如令，沛然若无事之时。"《贾氏谈录》谓："李赞皇平上党、破回鹘，自矜其功，平泉庄置构思亭、伐叛亭。"（《类说》卷十五）其意不无贬义。且平泉庄在洛阳，军情紧急，何由在洛阳别墅起构思、伐叛之亭？两《唐书》本传所载较得其实，《旧传》谓："在长安私第，别构起草院，院有精思亭，每朝廷用兵，诏令制置，而独处亭中，凝然握管，左右侍者无能预焉。"《新传》亦云："所居安邑里第，有院号起草，亭曰精思，每计大事，则处其中，虽左右侍御不得豫。"新旧传所载，可见德裕身处伐叛重任，精思专一，并未如《贾氏谈录》所谓"自矜其功"者。

《通鉴》又论曰："自用兵以来，河北三镇每遣使者至京师，李德裕常面谕之曰：河朔兵力虽强，不能自立，须借朝廷官爵威命以安军情。归语汝使:与其使大将邀宣慰敕使以求官爵,何如自奋忠义,立功立事,结知明主,使恩出朝廷,不亦荣乎!且以耳目所及者言之,李载义在幽州,为国家尽忠平沧景,及为军中所逐,不失作节度使,后镇太原,位至宰相。杨志诚遣大将遮敕使马求官,及为军中所逐,朝廷竟不赦其罪。此二人祸福足以观矣。德裕复以其言白上,上曰:要当如此明告之。由是三镇不敢有异志。"按范祖禹《唐鉴》亦载此,范氏又云:"李德裕以一相而制御三镇,如运之掌,使武宗享国长久,天下岂有不平者乎?"

又按《通鉴》所载德裕限制监军之权一节,《新传》所论略同,并云"自是号令明一,将乃有功"。宪宗时裴度征淮西,亦有类似措施,终至取胜,《旧书》卷一七〇《裴度传》谓"时诸道兵皆有中使监阵,进退不由主将,战胜则先使献捷,偶创则凌挫百端。度至行营,并奏去之,兵柄专制之于将,众皆喜悦。军法严肃,号令画一,以是出战皆捷"。可见自中唐以来,凡能限制宦官之权的,无论军事、政治,都能有所进展,凡立志对政治有所革新的,大都主张削弱、限制宦官的特权,而政治上保守、庸碌之辈,无不与宦官有或多或少的联系。李德裕主张限制宦官专权,正是继承裴度的主张。关于此点,王夫之《读通鉴论》所论甚为明彻:"唐自肃宗以来,内竖之不得专政者,仅见于会昌。德裕之翼赞密勿、曲施衔勒者,不为无力。"(卷二十六"武宗")又云:"敕监军不得预军务、选牙队,而杨钦义、刘行深欣然唯命而不敢争。极重之弊,反之一朝,如此其易者,盖实有以制之也。唐之相臣能大有为者,狄

仁杰而外，德裕而已。"（同上）

德裕子烨于本年八月后授为集贤殿校理。

李潘《唐故郴县尉赵郡李君墓志铭并序》："及卫公平回
纥，夷上党，上宠以殊功，册拜太尉，特诏授君集贤殿校
理。"按德裕拜太尉在本年八月二十八日，则烨之为集贤殿
校理当在此时之后。

李烨墓志又云："会昌中，卫公自淮海入相，君已及弱冠，
而谨畏自律，虽亲党门客，罕相面焉。属姻族间有以利禄托
为致荐，将以重赂之，答曰：'吾为丞相子，非敢语事之私也。
而又严奉导训，未尝顷刻敢怠。子之所言，非我能及。'由是
知者益器重之。"按李烨本年十九岁，在此之前，曾为浙西卢
商从事（见前会昌元年），伊阙尉，河南士曹。《志》言烨拒人
请托事，当在今明两年之内（《志》云"君已及弱冠"）。

**九月中，诛杀郭谊等，德裕有《诛郭谊等敕》、《诛张谷等告示中外
敕》。**

《诛郭谊等敕》载《文集》卷九，未注年月。《旧·武宗
纪》载制文，系于会昌四年九月，未载日期。《通鉴》系于本年
九月丁巳（七日）卢钧入潞城后，戊辰（十八日）德裕奏王元
逵事前，则当在九月十日左右。《通鉴》谓："刘积将郭谊、王
协、刘公直、安全庆、李道德、李佐尧、刘武德、董可武等至京
师，皆斩之。"

《诛张谷等告示中外敕》（《文集》卷九），亦未注年月。
文中云："张谷、陈扬庭等，皆凶险无行，狡诈多端。比在京
师，人皆嫌恶，自知险薄，无地庇身，投迹戎藩，寄命从谏，久

怀怨望,得肆阴谋……近又敢为狂计,扶助孽童,污我忠义之军,叶其豺豺之党。天之所弃,神得诛之。"后即叙刘稹之弟及姊妹,并张谷等名单,云:"并就昭义枭斩讫。"按此处所列诸人,前曾已为郭谊、王协在昭义时所杀,《通鉴》于八月叙郭谊等谋杀刘稹,即云:"因收稹宗族,匡周(琮按即刘稹之再从兄)以下至襁褓中子皆杀之。又杀刘从谏父子所厚善者张谷、陈扬庭、李仲京、郭台、王羽、韩茂章、茂实、王渥、贾庠等凡十二家,并其子侄甥婿无遗。仲京,训之兄;台,行余之子;羽,涯之从孙;茂章、茂实,约之子;渥,璠之子;庠,𬭩之子也。甘露之乱,仲京等亡归从谏,从谏抚养之。"《新书·刘稹传》所载略同。据此,则是在诛郭谊同时,又告示中外,以杀张谷等乃出自朝廷,故云"并就昭义枭斩讫"(《旧纪》以此诸人与郭谊等并于四年九月斩于长安独柳树下,误)。

关于德裕撰《诛张谷等告示中外敕》,前人曾有不同评论,《通鉴》载司马光评谓:"王羽、贾庠等已为谊所杀,李德裕复下诏称'逆贼王涯、贾𬭩等已就昭义诛其子孙,宣告中外',识者非之。"胡三省注亦谓:"王涯、贾𬭩,非为逆也。……李德裕明底其罪,若真假手于郭谊而致天诛者,宜识者之非之也。"

清人王懋竑有不同看法,其所著《白田草堂存稿》卷四杂著《论郭谊》中谓:"甘露之变,王涯、贾𬭩诸人皆以无罪族,其子孙迸走在昭义者为郭谊所杀且尽,此天下所冤痛,而李卫公乃降诏云'逆贼王涯、贾𬭩等已就昭义诛其子孙宣告中外'。卫公不应颠倒至此,此必有所甚不得已也。当郭谊杀刘稹以降，而并及王羽、贾庠等，羽、庠非有兵权为谊所忌，史亦不言其与谊素有嫌怨，谊盖以王、贾宦官所仇嫉，为此以快宦官之忿而以求节钺。度宦官必有与之通者，故谊望节钺不至，而曰'必移他镇'，绝不料己之及于诛也。卫公既定计诛之，又恐宦官之沮其事，故特下此诏，见羽等之死，乃上所命，而非谊之功，谊与同党皆就诛夷，而又以及于其余，是不欲微露其意，而亦鉴于朱克融、王庭凑之祸。其后昭义帖服，皆归其功于卢钧，而未必非卫公诛锄强梗之力也。"

岑仲勉先生《通鉴隋唐纪比事质疑》对此也有所论列，其书第二九五页《宣告诛张谷等罪状》条谓："仇士良虽死，宦党仍根深蒂固，胶结不解，丹凤楼宣布赦之案，德裕本身亦几为所窘（会昌二年四月）。《考异》引《献替记》中人激怒武宗，要尽戮赴振武官健（五年八月）。吾人如能参透其中消息，即不至全归罪于德裕也。甘露之变，从谏屡上表申雪，其后又力攻士良，宦官切齿虽久而无如之何，今乘泽潞底定之便，期泄其屡年积愤，有所求于武宗。武宗以事实既成（郭谊杀害诸家，似在讨好宦寺，取得留后），亦不能不曲顺其意。赦布之主因，想当如此。赦云'或妄设妖言，成其逆志，或为草章表，饰以悖词'，无疑指从谏之攻击宦官。苟能结合当年事变，自可领会其深意。司马唯本着憎恶德裕之私见，不作深入分析，《通鉴》文、武数朝记载之所由多曲笔也。"

九月七日，卢钧入潞州，昭义平。

《旧纪》于本年九月载："以前山南东道节度使卢钧检校尚书左仆射、潞州大都督府长史，充昭义军节度使、泽潞邢洺观察等使。"未载明日期。《通鉴》于本年九月载："丁巳(初七日),卢钧入潞州。钧素宽厚爱人,刘稹未平,钧已领昭义节度,襄州士卒在行营者,与潞人战,常对陈扬钧之美。及赴镇,入天井关,昭义散卒归之者,钧皆厚抚之,人情大洽,昭义遂安。"

又刘沧有《送元叙上人归上党》诗(《全唐诗》卷五八六),题下自注:"时节镇罢兵。"诗云:"太行关路战尘收,白日思乡别沃州。薄暮焚香临野烧,清晨漱齿涉寒流。溪边残垒空云木,山上孤城对驿楼。此去寂寥寻旧迹,苍苔满径竹斋秋。"据《新书》卷六十《艺文志》四别集类,刘沧字蕴灵,大中八年进士登第,调华原尉,迁龙门令(据《唐才子传》卷八)。此诗所叙,当是刘稹初平、征讨诸节镇各罢兵归州之事。

又《文集》卷九有《宰相与卢钧书》,未注年月,《通鉴》于本年九月叙郭谊等诛杀后云:"刘从谏妻裴氏亦赐死;又令昭义降将李丕、高文端、王钊等疏昭义将士与刘稹同恶者,悉诛之,死者甚众。卢钧疑其枉滥,奏请宽之,不从。"按此即为与卢钧书之背景,当作之于九月中旬。书首云:"承入境之日,煦然如春,壶浆塞途,幼艾相庆,甚善甚善。"卢钧九月初七日入潞州,此当是得钧入潞州后所得奏报,故云。后又云:"近频见章表,救雪罪人,姑务和宁,以安反侧,窃循雅旨,备见深怀。"此即《通鉴》所载"卢钧疑其枉滥,奏请宽之"。德裕不同意卢钧的意见,以为:"然《周书》云:刑乱国,用重典。盖以污染之俗,终须荡涤。虽唐虞之际,至理之极,犹投放四罪,天下乃定。"又云："尚书（琼按指卢钧）公忠简俭，皆以具美，惟稍缺威断，实愿弥缝。"并以子产戒太叔、诸葛亮治蜀为喻，谓："切望宽猛相济，仁勇并施，仗义而行，临事必断，不以小惠挠兹至公，待一方之人皆明大顺，然后渐布仁德，平之以和，斯为得也。"根据当时藩镇跋扈的情况，德裕这种宽猛相济、对叛乱者施以重刑，是有必要的。

但另一方面，德裕对下层将士仍采取安抚之策，不主张多所杀戮，《文集》卷十六《论尧山县状》即是一例。此文文末注明为"会昌四年九月十八日"。《通鉴》本年九月载："昭义属城有尝无礼于王元逵者，元逵推求得二十余人斩之；余众惧，复闭城自守。戊辰（十八日），李德裕等奏：'寇孽既平，尽为国家城镇，岂可令元逵穷兵攻讨！望遣中使赐城内将士敕，招安之，仍诏元逵引兵归镇，亦诏卢钧自遣使安抚之。'从之。"《通鉴》所载事即德裕状中之意，德裕于文中又云："臣等见镇州奏事官梁居简称，城内并无礼于元逵凶恶头首，推出二十余人，并枭戮讫，其余皆惧杀戮，却闭城门。"可见德裕对此事曾亲自调查，及时阻止王元逵挟私怨以报复的行动。

杜牧于八、九月间有贺平泽潞启，盛赞德裕之用兵决断与谋略；此时杜牧仍在黄州刺史任，贺启中又称颂己之出任黄州也出于宰臣的"恩知"。另，杜牧于本年秋冬间又有上李德裕书（《上李太尉论北边事启》），其内容一为盛赞德裕之功勋，二为建议对回鹘用兵的计策；史籍载德裕甚称重之。

杜牧《樊川文集》卷十六有《贺中书门下平泽潞启》中有云："昨者凶竖专地之请初陈，圣主整旅之诏将下，中外远迩，皆疑难攻,蜂虿螳螂,颇亦自负。伏维相公上符神断,潜运庙谟(按此处相公当即指德裕,史籍记载都说平泽潞之役,朝中大臣包括其他几位宰相都持犹豫或反对态度,独德裕力主征讨,与武宗意合),仗宗社威灵,驱风云雷电。掌上必取,彀中难逃,才逾周星,果枭逆首。周公东征之役,捷至三年;宪皇淮夷之师,克闻四岁。校虏寇之强弱,曾不等伦;考攻取之败亡,何至容易。若非睿算英略,借箸深谋,比之前修,一何远出!自此鞭笞反侧,洒扫河湟,大开明堂,再振儒校。穷天尽地,皆为寿域之人;赤子秀眉,共老止戈之代。某谬分符竹,实由恩知,庆快欢抃之诚,倍百常品,不宣。"由此贺启,可见杜牧对平泽潞一事持积极支持的态度,这是与杜牧主张削弱藩镇专权的思想相一贯的,也与李德裕抑制强藩的政见相一致。杜牧认为平定泽潞只用一年的时间,其评价比周公东征之役(三年)、宪宗淮西之征(四年)还要高,而且以为他之所以出刺黄州,也由于德裕等之"恩知",这与大中年间德裕被贬以后,杜牧对他的攻击,如出二人之手。

《樊川文集》卷十六又有《上李太尉论北边事启》,其称颂德裕之处有:"伏以圣主垂衣,太尉当轴,威德上显,和泽下流。诸侯无异心,百姓无怨气,星辰顺静,日月光明,天业益昌,圣统无极。既功成而理定,实道尊而名垂。今则未闻纵东山之游,乐后园之醉,惕惕若不足,兢兢而如无。"又云:"伏惟太尉相公文德素昭,武功复著,画地而兵形尽见,按琐而边事无遗,唯一指踪,即可扫迹。昔汉武帝之求贤也,有上书不足采者,辄报罢去,未尝罪之,故能羁越臣胡,大兴礼乐。今太尉与仁圣天子同德,有志之士,无不愿死。伏惟特宽狂狷,不赐诛责,生死荣幸。"

对回鹘的方略,认为回鹘虽已"国破众叛",但仍"藏迹阴山","今者不取,恐贻后患"。杜牧认为过去对回鹘等,大多"冰合防秋,冰销解戍",因而少胜多败。于是提出:"以某所见,今若以幽并突阵之骑,酒泉教射之兵,整饬诚誓,仲夏潜发。……五月节气,在中夏则热,到阴山尚寒,中国之兵,足以施展。行军于枕席之上,玩寇于掌股之中,軋輼悬瓶,汤沃晛雪,一举无频,必然之策。"又云:"今者四海九州,同风共贯,诸侯用命,年谷丰熟。"即刘稹已平、稻谷丰熟悉之际,当在秋冬之间。

按《旧书》卷一四七《杜牧传》称:"牧好读书,工诗为文,尝自负经纬才略。武宗朝诛昆夷、鲜卑,牧上宰相书论兵事,言:'胡戎入寇,在秋冬之间,盛夏无备,宜五六月中击胡为便。'李德裕称之。"《新书》卷一六六《杜牧传》亦谓:"宰相李德裕素奇其才。会昌中,黠戛斯破回鹘,回鹘种落溃入漠南,牧说德裕不如遂取之,以为'两汉伐虏,常以秋冬,当匈奴劲弓折胶,重马兔乳,与之相校,故败多胜少。今若以仲夏发幽并突骑及酒泉兵,出其意外,一举无类矣'。德裕善之。"

十月,德裕奏牛僧孺、李宗闵与刘从谏、刘稹交通;九日,贬牛僧孺为汀州刺史,李宗闵为漳州长史;十一月,复贬僧孺循州长史,宗闵长流封州。

两《唐书》本纪未载此事,《通鉴》本年十月载:"李德裕怨太子少傅、东都留守牛僧孺,湖州刺史李宗闵,言于上曰:

'刘从谏据上党十年,大和中入朝,僧孺、宗闵执政,不留之,加宰相纵去,以成今日之患,竭天下力乃能取之,皆二人之罪恶也。'德裕又使人于潞州求僧孺、宗闵与从谏交通书疏,无所得,乃令孔目官郑庆言从谏每得僧孺、宗闵书疏,皆自焚毁。诏追庆下御史台按问,中丞李回、知杂郑亚以为信然。河南少尹吕述与德裕书,言积破报至,僧孺出声叹恨。德裕奏述书,上大怒,以僧孺为太子少保、分司,宗闵为漳州刺史;戊子,再贬僧孺汀州刺史,宗闵漳州长史。""十一月,复贬牛僧孺循州长史,宗闵长流封州。"

岑仲勉先生《通鉴隋唐纪比事质疑》第二九六页《记李德裕之言有伪造痕迹》条,引《通鉴》所载李德裕言牛僧孺、李宗闵执政时加刘从谏宰相纵去语,并驳之云:"据《旧纪》一七下,大和六年十二月乙丑(七日),僧孺罢相,出为淮南节度;乙亥(十七日),从谏来朝,七年正月甲午(七日),加从谏同平章事。《通鉴》同。是从谏入朝时僧孺罢相已十日。于时武宗年非童稚,当有记忆,德裕纵欲构僧孺,似不致倒乱时序以归咎之,或且致武宗驳诘也。《通鉴》二四四大和七年七月壬寅下曾记'李德裕请徙刘从谏于宣武,因拔出上党,不使与山东连结,上以为未可'。则德裕为相时亦未能极力主张。苟言之,彼亦应负一部分之责任矣。《通鉴》此节,未知采自何书,细审之,实有伪造痕迹。"

岑仲勉先生以为《通鉴》载李德裕论牛僧孺为相时与刘从谏关系一节,有伪造痕迹,并谓"《通鉴》此节,未知采自何书"。今按《通鉴》此处所述,实本于杜牧所作牛僧孺墓志铭

（《樊川文集》卷七。按宋王楙《野客丛书》卷八《僧孺徐昕轶事》条亦已指出此点），中云："明年，以检校官兼太子太傅、留守东都。刘稹以上党叛诛死，时李太尉专柄五年，多逐贤士，天下恨怨，以公德全畏之，言于武宗曰：'上党轧左京，控山东，刘从谏父死擅之，十年后来朝，加宰相，纵去不留之，致稹叛，竭天下力，乃能取。'此皆公与李公宗闵为宰相时事。从谏以大和六年十二月十七日拜阙下，实以其月十九日节度淮南；明年正月，从谏以宰相东还。河南少尹吕述，公恶其为人，述与李太尉书，言稹破报至，公出声叹恨。上见述书，复闻前纵从谏去，叠二怒，不一参校。自十月至十二月，公凡三贬至循州员外长史，天下人为公授手咤骂。"杜牧此文作于德裕贬逐之后，事多诬构，所谓李德裕奏牛僧孺为相时加刘从谏宰相并纵去，即是首见于此文，而杜牧又从而自驳之，以见李德裕之故意陷害僧孺。

《新书》卷一七四《牛僧孺传》则未载德裕奏言，仅载二事："刘稹诛，而石雄军吏得从谏与僧孺、李宗闵交结状。又河南少尹吕述言：'僧孺闻稹诛，恨叹之。'武宗怒，黜为太子少保、分司东都，累贬循州长史。"《新传》所载僧孺、宗闵与刘从谏交结状，乃得之石雄军吏入潞州后所得，《新传》所述似得其实。《新书》卷一七四《李宗闵传》也谓："稹败，得交通状。"可见牛僧孺、李宗闵与刘从谏的交结，当是事实，但李德裕在平定昭义后，发其旧事，并贬逐远州，其间也有朋党私见及个人报复的原因，这一点也不必为李德裕讳。

《旧纪》载李德裕十二月论进士科试之言。

《旧纪》本年十二月载:"时左仆射王起频年知贡举,每贡院考试讫,上榜后,更呈宰相取可否。后人数不多,宰相延英论言:'主司试艺不合取宰相与夺。比来贡举艰难,放人绝少,恐非弘访之道。'帝曰:'贡院不会我意。不放子弟,即太过,无论子弟、寒门,但取实艺耳。'李德裕对曰:'郑肃、封敖有好子弟,不敢应举。'帝曰:'我比闻杨虞卿兄弟朋比贵势,妨平人道路。昨杨知至、郑朴之徒,并令落下,抑其太甚耳。'德裕曰:'臣无名第,不合言进士之非。然臣祖天宝末以仕进无他伎,勉强随计,一举登第。自后不于私家置《文选》,盖恶其祖尚浮华,不根艺实。然朝廷显官,须是公卿子弟。何者?自小便习举业,自熟朝廷间事,台阁仪范,班行准则,不教而自成。寒士纵有出人之才,登第之后,始得一班一级,固不能熟习也。则子弟成名,不可轻矣。'"

　　按此段记载颇可疑。首先是不合乎本纪体例,而新旧书本传也未载其事,可能是五代时史臣杂采野史、笔记撮合而成。其次,所载李德裕语与他处有矛盾,如王起主贡举,将登第进士名单呈请德裕过目,德裕认为宰相不应干预科试取士事,此事乃在开成八年(已见前谱),不可能在四年十二月(此时王起已出镇山南东道)。德裕执政时亦无排斥寒门、重用贵门子弟之事。所论寒士与子弟入仕后差异,于理亦不甚通。此或是晚唐时人虚构之言以毁谤德裕者,其真实性实可怀疑。

本年项斯、赵嘏、顾陶、马戴登进士科,皆晚唐时著名诗人。左仆射王起知贡举(徐松《登科记考》卷二十二)。

〔编年文〕

《论刘稹送诚款与李石状》(《文集》卷十五)

正月初四日。见前谱。

《赐李石诏意》(《文集》卷七)

《代李石与刘稹书》(《文集》卷九)

皆正月初四日。见前谱。

《论刘稹状》(《文集》卷十七)

《宰相与王宰书》(《文集》卷九)

约正月初五、初六日。见前谱。

《赐张仲武诏意》(《文集》卷七)

未注年月。《通鉴》会昌四年正月载:"辛丑,上与宰相议太原事,李德裕曰:'今太原兵皆在外,为乱者止千余人,诸州镇必无应者。计不日诛翦,惟应速诏王逢进军,至城下必自有变。'上曰:'仲武见镇、魏讨泽潞有功,必有慕羡之心,使之讨太原何如?'德裕对曰:'镇州趣太原路最近。仲武去年讨回鹘,与太原争功,恐其不戢士卒,平人受害。'乃止。"按此处所载德裕处理幽州援太原事,其大意即见于《赐张仲武诏》。辛丑为正月十七日,此文当作于此后数日之内。

《赐王宰诏意》(《文集》卷七)

二月初三日。见前谱。

《授李丕汾州刺史制》(《文集》卷四)

未注年月。此为李丕由忻州长刺史改汾州刺史制文。按《通鉴》会昌四年正月辛卯(初七日)尚载李丕为忻州刺史。杨弁平后因功授汾州刺史,则时当在二月初。

《处置杨弁敕》(《文集》卷九)

未注年月。此为杨弁置刑时告示中外之敕文,据《旧纪》会昌四年二月,"辛酉,太原送杨弁与其同恶五十四人来献,斩于狗脊岭"。辛酉为二月八日。

《赐刘沔诏意》(《文集》卷七)

二月二十五日。见前谱。

《赐王宰诏意》(《唐文拾遗》)

二月二十五日后数日内。见前谱。

《赐石雄及三军敕书》(《文集》卷六)

未注年月。文中云:"近者杨弁首为猖狂,扇惑乱卒,今则身膏齐斧,戮及妻孥。"又云:"诸部既安,王师益振,乘此声势,必殄余妖。"当是杨弁被诛后令石雄等尽速进军,时当在二月底、三月初。

《请遣制使至天井冀氏宣慰状》(《文集》卷十六)

文末注"会昌四年三月一日"。

《赐王宰诏意》(《文集》卷七)

《赐石雄诏意》(《文集》卷七)

以上二文当皆作于三月上旬。见前谱。

《授李丕晋州刺史充冀氏行营攻讨副使制》(《文集卷四》)

约三月上旬。见前文。又题中"冀氏",明刊本、畿本皆作"冀代","代"字误,今据《新纪》改正。

《奏晋州刺史李丕状》(《文集》卷十六)

文末注"会昌四年三月十四日"。

《赐王宰诏意》(《文集》卷七)

约四月间。见前谱。

《代卢钧与昭义大将书》(《文集》卷九)

《代李丕与郭谊书》(《文集》卷九)

以上二文皆四月作。见前谱。

《李克勤请官军一千二百人自引路取涉县断贼山东三州道路状》(《文集》卷十六)

文末注"会昌四年四月二日"。

《魏城入贼路状》(《文集》卷十六)

文末注"会昌四年四月五日"。按陆心源校谓"四月"应作"五月"。详见前谱。

《进所撰黠戛斯书状》(《文集》卷六)

《进所撰黠戛斯可汗书状》(同上)

《与黠戛斯可汗书》(同上)

以上三文皆未注年月。《与黠戛斯可汗书》末有"夏热，想可汗休泰"语。岑仲勉《会昌伐叛集编证》云："《一品集》九《代李丕与郭谊书》，是四年夏初所发，内有云：'回鹘可汗士马已尽，一身归投黑车子，近黠戛斯国王遣将军百余人入朝，请发本国兵四十万众，袭逐可汗，擒送京阙。'又《考异》二二谓黠戛斯使来在四年二月，合而观之，与此书末之'夏热'相合，故余以为此书发于四年夏间也。"

按书中云"温仵合将军至"，而《通鉴》会昌四年二月载作"谛德伊斯难珠"。据岑仲勉先生所考，温仵合乃本年二月来，谛德伊斯难珠乃会昌五年春来，《通鉴》记时有误。又《通鉴》叙刘蒙出使在四年二月亦误，应为五年，亦详岑说。《通鉴》会昌四年二月："黠戛斯遣将军谛德伊斯难珠等入贡，言欲徙居回鹘牙帐，请发兵之期，集会之地。上赐诏，谕以'今秋可汗击回鹘、黑车子之时，当令幽州、太原、振武、天德四镇出兵要路，邀其亡逸，便申册命，并依回鹘故事'。"——此皆为五年事。

《天井冀氏行营状》（《文集》卷十六）

文末注"会昌四年六月四日"。

《请准兵部依开元二年军功格置跳荡及第一第二功状》（《文集》卷十六）

约六、七月间。详见前谱。

《奉宣石雄所进文书欲勘问宜商量奏来状》（《文集》卷十六）

文末注"会昌四年闰七月一日"。

《论镇州奏事官高迪陈意见二事状》（《文集》卷十七）

闰七月。详见前谱。

《赐王元逵何弘敬诏意》二文（《文集》卷七）

约闰七月中旬。详见前谱。

《任畹李丕与臣状共三道》（《文集》卷十七）

未注年月。在《论镇州奏事官高迪陈意见二事状》之后，或当亦在闰七月中旬。

《续得高文端贼中事宜四状》（《文集》卷十七）

未注年月。《通鉴》系此事于本年闰七月壬戌（十一日）之后，状中未述及本月二十五日邢、洺二州降事，则当在闰七月二十日前后。

《代石雄与刘稹书》（《文集》卷九）

未注年月。文中先述贺意牒报事，见前闰七月一日《奉宣石雄所进文书欲勘问宜商量奏来状》，则当在此之后。又谓昭义之南面、西面大将"皆有贼心，事迫图全，必自救祸"，因而劝刘稹"早决大计，束身归降"。又云："凉风已至，白露将凝。"则当在闰七月中旬。

《天井冀氏事宜状》（《文集》卷十七）

未注年月。文中云："臣昨日晚见镇州奏事官高迪云……今山东三州归降已平了，天井、冀氏却须令坚守城寨，不得与战，不二十日内，必自生变，缘贼已穷蹙，不可更逼著，恐其计穷，必为济河焚舟之计。……潞府知山东兵来，必枭擒刘稹向阙。"按八月十一日山东三州降之奏报到，十五日王宰又奏郭谊诛杀刘稹，则此状当在八月十一日之后，十五日之前。

《洺州事宜状》（《文集》卷十七）

未注年月。文云"取郭谊未得以前，且要令在洺州勾当"，当与上文约同时作。

《赐潞州军人敕书意》（《文集》卷六）

约八月十六、十七日。详见前谱。

《让太尉第二表》（《文集》卷十八）

《让太尉第三表》（同上）

《请改卫国公状》（同上）

《谢恩不许让官表状》（《文集》卷十九）

《谢恩改封卫国公状》（同上）

以上约皆在八月下旬。详见前谱。

《仁圣文武至神大孝皇帝真容赞并序》（《文集》卷一）

《进真容赞状》（《文集》卷十八）

未注年月。首云："仁圣文武至神大孝皇帝御极之五载。"武宗于开成五年正月即位，至本年为五年。又会昌五年正月加尊号，多"章天成功神德明道"等字，此文尚沿旧称，亦当在四年。《真容赞》有云："北伐猃狁，朔漠销氛。西伏坚昆，稽首称臣。祲生壶关，盗起河汾。沈机先物，雄断解纷。克定群慝，竟全大勋。"则是刘稹已平。又云"昆阆仙岑，峻极秋旻"，则当在本年八、九月间。

《谢恩赐锦彩银器状》（《文集》卷十九）

未注年月。文云："高品刘行宣至，奉宣圣旨，以臣撰真容赞，特赐前件锦彩银器等。"当亦作于本年八、九月间。

《论赤头赤心健儿状》（《文集》卷十六）

文末注"会昌四年九月三日"。

《诛郭谊等敕》（《文集》卷九）

《诛张谷等告示中外敕》（同上）

约九月十日前后。详见前谱。

《宰相与卢钧书》（《文集》卷九）

约九月中旬。详见前谱。

《论尧山县状》（《文集》卷十六）

文末注"会昌四年九月十八日"。又见前谱。

《奏磁邢州诸镇县兵马状》（《文集》卷十六）

按本卷各篇皆注年月，而此篇独无。此前一篇《论尧山县状》为九月十八日，此后一篇《潞磁等四州县令录事参军状》为九月二十七日，依时间顺序，则此篇当在九月二十日前后。

《潞磁等四州县令录事参军状》（《文集》卷十六）

文末注"会昌四年九月二十七日"。

《论回鹘事宜状》（《文集》卷十七）

未注年月。按文中有云："自刘稹平后，臣久欲奏闻，请降识事情中使宣谕仲武，令早灭却残虏，兼探仲武见刘稹平后，有何言说。……伏望因此机便，特降供奉官有才识者充使，兼赐仲武诏，谕以刘稹已平，天下无事，唯残虏未灭，常系圣心，仲武犹带北面招讨使，合为国家了却残虏，成此功业。……料仲武全羡两道立功，皆加宠信。……"

岑仲勉《会昌伐叛集编证》据此，谓："按刘稹以四年七月平，镇、魏加位，依《旧纪》在八月丙戌（六日），此状当上于八月六日之后也。"按岑说记时有误。据《旧纪》，在八月戊戌，"王宰传稹首与大将郭谊等一百五十人，露布献于京师，上御安福门受俘"，后又叙魏博何弘敬、成德王元逵进封开国公。戊戌为八月十八日，非丙戌（六日）。两镇进位，或在同日，或在此后数日。《通鉴》亦作八月"戊戌，刘稹传首至京师"，不作丙戌。

《通鉴》于九月乙亥（二十五日）载李德裕等请上尊号后叙云："李德裕奏：'据幽州奏事官言：诇知回鹘上下离心，可汗欲之安西，其部落言亲戚皆在唐，不如归唐；又与室韦已相失,计其不日来降,或自相残灭。望遣识事中使赐仲武诏,谕以镇、魏已平昭义,惟回鹘未灭,仲武犹带北面招讨使,宜早思立功。'"《通鉴》本年漏写十月,后叙牛僧孺、李宗闵贬官在戊子,即十月十日。则此奏当在九月二十五日至十月九日之间。

《论邢州状》(《文集》卷十六)

文末注"会昌四年十月十七日"。

《宰相再议添徽号状》(《文集》卷十)

未注年月。《通鉴》会昌五年载:"春,正月己酉朔,群臣上尊号曰仁圣文武章天成功神德明道大孝皇帝。尊号始无'道'字,中旨令加之。"即此状所论,云:"奉批答,已蒙允许,今欲颁下制命,昭布万方。……臣等所上徽号,义虽尽美,意有未周,今谨上尊号为仁圣文武章天成功神德明道大孝皇帝。"则当作于四年十二月底。

《进上尊号玉册文状》(《文集》卷十八)

《上尊号玉册文》(《文集》卷一)

上尊号在会昌五年正月乙酉朔,所撰当在四年十二月底。

《谢恩赐王元逵与臣赞皇县图又三祖碑文状》(《文集》卷十九)

未注年月。文云:"高品杨文端至,奉宣圣旨,赐臣前件图等。伏以桑梓虽存,久隔兵戈之地;松楸浸远,已绝霜露之思。"又曰:"运属承明,时逢开泰,戎臣效顺,寰海大同。"是当在刘稹平定以后,当作于本年秋冬。

《仆射相公偶话》(别集卷四)

仆射相公即王起,关于此诗作年,参《李德裕文集校笺》。

《无题》(别集卷四)

与前诗作于同时,亦参《李德裕文集校笺》。

会昌五年乙丑(八四五) 五十九岁

武宗宠信道士赵归真,并大兴土木,筑望仙台于南郊。德裕曾论谏之。

《旧纪》会昌五年正月,"己酉朔,敕造望仙台于南郊坛。时道士赵归真特承恩礼,谏官上疏,论之延英。帝谓宰臣曰:'谏官论赵归真,此意要卿等知。朕宫中无事,屏去声技,但要此人道话耳。'李德裕对曰:'臣不敢言前代得失,只缘归真于敬宗朝出入宫掖,以此人情不愿陛下复亲近之。'帝曰:'我尔时已识此道人,不知名归真,只呼赵炼师。在敬宗时亦无甚过。我与之言,涤烦耳。至于军国政事,唯卿等与次对官论,何须问道士。非直一归真,百归真亦不能相惑。'归真自以涉物论,遂举罗浮道士邓元起有长年之术,帝遣中使迎之"。《通鉴》会昌五年正月载:"筑望仙台于南郊。"又《唐语林》卷一《政事》上:"武宗好神仙,道士赵归真者出入禁中,自言数百岁,上颇敬之。"

唐五代人记望仙台者,有孙樵《露台遗基赋并序》:"武皇郊天,明年作望仙台于城之南,农事方殷而兴土功,且有靡于县官也。樵东过骊山,得露台遗基,遂作赋以讽之。"(《唐孙樵集》卷一)又《杜阳杂编》卷下:"卜(琼按指武宗)好神仙术,遂起望仙台以崇朝礼,复修降真台,春百宝屑以涂其地,瑶楹金栱,银槛玉砌,晶荧炫耀,看之不定,内设玳瑁帐火齐床,焚龙火香,荐无忧酒,此皆他国所献也。"

日僧圆仁《入唐求法巡礼行记》卷四会昌四年十月也具体记载修造望仙台的情况:"敕令两军于内里筑仙台,高百五十尺,十月起首,每日使左右神策军健三千人,般土筑造。皇帝意切,欲得早成,每日有敕催筑。"此云"于内里筑仙台",当是传闻之误,望仙台当依《旧纪》、孙樵文,在长安南郊。

二、三月间,德裕荐柳仲郢为京兆尹;仲郢素与牛僧孺善。

《通鉴》会昌五年二月条下载:"李德裕以柳仲郢为京兆尹;素与牛僧孺善,谢德裕曰:'不意太尉恩奖及此,仰报厚德,敢不如奇章公门馆!'德裕不以为嫌。"按《通鉴》本年有二月、四月,无三月,书柳仲郢为京兆尹在二月末,四月前,当在二、三月间。

《旧书》卷一六五《柳仲郢传》:"武宗筑望仙台,仲郢累疏切谏,帝召谕之曰:'聊因旧趾增葺,愧卿忠言。'德裕奏为京兆尹,谢曰,言曰:'下官不期太尉恩奖及此,仰报厚德,敢不如奇章门馆。'德裕不以为嫌。"按牛僧孺镇江夏时,柳仲郢曾应辟为从事,入其幕府,故自云为"奇章门馆"。德裕不以仲郢答语为嫌,且委以重任,亦可见其度量。

四月下旬,德裕进所编新旧文十卷,奏上。

《文集》卷十八载《进新旧文十卷状》，未注年月。首云"四月二十三日，奉宣令状臣进来者"，则在四月下旬。又云："臣往在弱龄，即好词赋，性情所得，衰老不忘。属吏职岁深，文业多废，意之所感，时乃成章，岂谓击壤庸音，谬入帝尧之听，巴渝末曲，猥蒙汉祖之知。"按本年清明，德裕曾撰《侍宴诗》录进（见《文集》卷十八《进侍宴诗一首状》、卷二十《寒食日三殿侍宴奉进诗一首》，又见后本年编年诗所考），此当是武宗得《侍宴诗》后又令德裕编录所作文进奏，《文集》卷十八排列于《进侍宴诗一首状》之后，亦合时序之意。此十卷当皆为文，云"新旧文"，则除会昌时所作外，尚有会昌前所作者。此十卷本至北宋时已不存，《新书·艺文志》所录德裕文集，已非十卷本。

四、五月间，崔铉、杜悰罢相（铉罢为户部尚书，悰罢为尚书左仆射）；李回入相，为中书侍郎、同中书门下平章事。

《新·武宗纪》会昌五年五月"壬戌，杜悰、崔铉罢。乙丑，户部侍郎李回为中书侍郎、同中书门下平章事"。《新书·宰相表》亦谓："（会昌五年）五月壬戌，铉罢为户部尚书，悰罢为尚书右仆射。"同月乙丑又纪李回拜相事。《通鉴》所载与《新纪》、《新表》皆同。《旧纪》则书崔铉罢相在本年三月，杜悰罢相在四月，而未载五月事。《唐大诏令集》卷五十六"宰相罢免"下，载《杜悰右仆射崔铉户部尚书制》，文末署"会昌五年四月"，时间与《旧纪》相近，崔、杜之罢，当在四、五月间。

又按《唐大诏令集》所载罢相制词，对二人颇有责语，中云:"或趋尚之间,时闻于朋比;黜陟之际,每涉于依违。"新旧《唐书·崔铉传》皆载铉"为德裕所嫉,罢相","与李德裕不叶"。崔铉入相,本非德裕之意,铉居相位时又奏崔珙罪状,使罢相,而珙与德裕友善。杜悰则素与牛党接近。崔、杜此次罢相,也含有党争的色彩。宣宗时,崔铉即挟此私怨,积极赞助白敏中,加害于李德裕。

李回在此次平泽潞之役,两次出使军中,立有功绩,为德裕所推重;宣宗时,亦坐德裕之党,累被贬官。

四、五月间,祠部奏检括全国寺院四千六百,兰若四万,僧尼二十六万五百。

《旧·武宗纪》会昌五年四月载:"敕祠部检括天下寺及僧尼人数,大凡寺四千六百,兰若四万,僧尼二十六万五百。"《通鉴》所记同,但系于会昌五年五月,按《旧纪》记本年事,于四月后即接六月,无五月,或漏略未书。日僧圆仁《入唐求法巡礼行记》卷四,会昌五年五月十五日,即记因唐朝廷排佛,令僧人还俗,圆仁乃申请归国,五月十五日离长安。大约令僧人还俗的实际措施,四、五月间即已进行。

关于寺与兰若的区别,《通鉴》本年八月壬午条《考异》曾加解释,谓:"盖官赐额者为寺,私造者为招提、兰若,杜牧所谓'山台野邑'是也。"

〔辨正〕**李珏本年已为郴州刺史,辨新旧《唐书》本传及《通鉴》等之误。**

《旧书》卷一七三《李珏传》谓:"武宗即位之年九月,与杨嗣复俱罢相,出为桂州刺史、桂管观察使。三年,长流驩州。大中二年，崔铉、白敏中逐李德裕，征入朝为户部尚书。”
《新书》卷一八二《李珏传》：“宣宗立，内徙郴、舒二州刺史。”
《旧传》未言刺郴州事，似为大中二年由驩州贬所直接征入
者，《新传》载刺郴州事，而谓其事在宣宗时。李与杨嗣复俱
被贬，武宗本欲加诛，赖德裕力救得免，皆见前谱。又《通鉴》
会昌六年八月（按此时武宗已死）载：“以循州司马牛僧孺为
衡州长史，封州流人李宗闵为郴州司马，恩州司马崔珙为安
州长史，潮州刺史杨嗣复为江州刺史，昭州刺史李珏为郴州
刺史。僧孺等五相皆武宗所贬逐，至是，同日北迁。”亦载李
珏为郴州刺史在宣宗即位以后。

　　今按钱大昕《潜研堂金石文跋尾》卷九有《李珏题名》
条，下注“会昌五年五月”。钱氏云：“右李珏题名，其文云：
‘郴州刺史李珏，桂管都防御巡官、试秘书省校书郎元充，会
昌五年五月廿六日同游。时珏蒙□（琮按此或为恩字）移郡
之任，桂阳校书以京国之旧，邀引寻胜。男前京兆府参军阶
进士潜□揩从。’凡九行，自左而右，刻于粤西之风洞。甲辰
岁，袁简斋游粤中，拓以诒予。考《新》、《旧》二史载珏罢相
后事多相抵牾，《旧传》云：武宗即位之年九月，与杨嗣复俱罢
相，出为桂州刺史、桂管观察使；三年，长流驩州。大中二年，
征入朝为户部尚书，出为河阳节度使。《新传》云：武宗即位，
为山陵使，罢为太常卿，贬江西观察使，再贬昭州刺史。宣宗
立，内徙郴、舒二州，以太子宾客分司东都，迁河阳节度使。
今据此刻，珏移郴州刺史，在武宗会昌五年，则《新史》云宣宗
立内徙郴者，已不足信，《旧史》并脱漏移郴一节矣。《通鉴》

会昌六年八月以昭州刺史李珏为郴州刺史。宣宗以是年三月即位,与《新史》相应。以石刻证之,则《新史》与《通鉴》皆误也。据《通鉴》,珏自桂管观察贬昭州刺史,《旧·武宗纪》则云贬端州司马,初无长流之事,《旧传》云长流驩州,尤误。《新史》云贬江西观察使,江西当为桂管之讹。因题此碑,并牵连书之。"

按钱氏所考甚明,可见李珏于德裕当政时即已内迁,有关史籍之所以记载谬误者,多因出于党争成见,以为德裕执政,即压抑牛党,至宣宗即位,李党失势,则先被压之人始得内调。由李珏刺郴一事,也可见牛李党争的史料需要考辨订正者实多。

六、七月间,杜牧在池州刺史任,有上德裕书(《上李太尉论江贼书》),论处置长江上盗贼事;书中并再次称颂德裕之功德。德裕后亦有《请淮南等五道置游弈船状》,即采纳杜牧的主张。

《樊川文集》卷十一载《上李太尉论江贼书》,有"某到任才九月,日寻穷询访,实知端倪",及"去年十月十九日,(水贼)劫池州青阳县市"等语。据缪钺《杜牧年谱》,杜牧由黄州刺史改池州刺史在会昌四年九月,云到任九个月,则上此书当在会昌五年六、七月间。

杜牧书中云:"伏以江淮赋税,国用根本,今有大患,是劫江贼耳。……夫劫贼徒,上至三船两船百人五十人,下不减三二十人,始肯行劫,劫杀商旅,婴孩不留。……亦有已聚徒党,水劫不便,逢遇草市,泊舟津口,便行陆劫,白昼入市,杀人取财,多亦纵火,唱棹徐去。去年十月十九日,劫池州青阳县巾,凡杀六人。……自兹已来,频于邻州,大有劫杀,沉舟灭迹者,即莫知其数。……自十五年来,江南江北,凡名草市,劫杀皆遍。……一劫之后,州县糜费,所由寻捉,烽火四出。"杜牧提出处置之法,云:"今若令宣、润、洪、鄂各一百人,淮南四百人,每船以三十人为率,一千二百人分为四十船,择少健者为之主将。仍于本界江岸创立营壁,置本判官专判其事,拣择精锐,牢为舟棹,昼夜上下,分番巡检,明立殿最,必行赏罚。江南北岸添置官渡,百里率一,尽绝私载,每一宗船上下交送。是桴鼓之声,千里相接,私渡尽绝,江中有兵,安有乌合蚁聚之辈敢议攻劫。……今者自出五道兵士,不要朝廷添兵,活江湖赋税之乡,绝寇盗劫杀之本,政理之急,莫过于斯。"

书中又有称颂德裕语,如首云:"伏以太尉持柄在上,当轴处中,未及五年,一齐四海,德振法束,贪廉懦立,有司各敬其事,在位莫匪其任。虽九官事舜,十人佐周,校于太尉,未可为比。"(按开成五年九月德裕拜相,至本年六七月尚未满五周年,故云"未及五年")书末又云:"今四夷九州,文化武伏,奉贡走职,罔不如法,言其功德,皆归太尉。敢率愚衷,上干明虑,冀裨亿万之一,无任战汗惶惧之至。"

按《文集》卷十二有《请淮南等五道置游弈船状》,未注年月,亦未提及杜牧之名,而状中所言即杜牧上书所请之事。有云:"访闻自有还僧以来,江西劫杀,比常年尤甚,自上元至宣、池地界,商旅绝行。"按杜牧上书在六、七月间,四、五月间已检括寺院僧尼,至八月又正式下诏并省天下佛寺,状云"自有还僧以来",则此状之作即在本年八月间,又此状题云"淮南等五道",题下有云:"淮南(原注:缘疆界阔远,请令出三百人)、浙西、宣歙、江西、鄂岳(原注:各出二百人)。"此亦与杜牧书中"今若令宣、润、洪、鄂各一百人,淮南四百人"大致相合。

德裕状中又云:"望每道令拣前件人解弓弩及谙江路者,每一百人置游弈将一人。……如法造游弈船船五十只,一百人分为两番,长须在江路来往。淮南游弈至池州界首,浙西游弈至宣州界首,江西游弈至鄂州界首,常须每月一度,至界首交牌。……所贵邻接之地,同力叶心,江路盗贼,因此断绝。"按史言杜牧上书论平泽潞之策,德裕颇采其言,得以成功。但具体研究平泽潞的过程,与杜牧所言者差距甚大,也即是,平泽潞的实际进程说明杜牧的具体主张不尽符合事实,德裕似亦未曾采其言。而此处论江贼事,则德裕所论即本于杜牧所上之书。疑史传误甲为乙,德裕采杜牧之言者实为此处置论江贼之对策。

七、八月间,敕并省佛寺,令僧尼还俗。

《旧·武宗纪》载本年七月敕并省天下佛寺,八月又正式下制,实际禁佛之事在此之前即已进行,如日僧圆仁唐朝廷令其还俗,乃申请归国,于五月十五日离开长安,已见前文。《入唐求法巡礼行记》卷四,又记圆仁本年六月二十八日到扬州,在扬州所见禁佛的情况,云:"到扬州,见城里僧尼正裹头,递归本贯,拟拆寺舍、钱物、庄园、钟等,官家收检。近敕有牒来云,天下铜佛铁佛尽毁碎,称量斤两,委盐铁使收管讫,具录闻奏者。"可见七、八月间的制敕,只不过将已进行的用法律条文正式加以颁布。

《旧纪》:"秋七月庚子,敕并省天下佛寺。中书门下条疏闻奏:'据令式,诸上州国忌日官吏行香于寺,其上州望各留寺一所,有列圣尊容,便令移于寺内;其下州寺并废。其上都、东都两街请留十寺,寺僧十人。'敕曰:'上州合留寺,工作精妙者留之;如破落,亦宜废毁。其合行香日,官吏宜于道观。其上都、下都每街留寺两所,寺留僧三十人。上都左街留慈恩、荐福,右街留西明、庄严。'"中书又奏:"天下废寺,铜像、钟磬委盐铁使铸钱,其铁像委本州铸为农器,金、银、鍮石等像销付度支。衣冠士庶之家所有金、银、铜、铁之像,敕出后限一月纳官,如违,委盐铁使依禁铜法处分。其土、木、石等像合留寺内依旧。"又奏:"僧尼不合隶祠部,请隶鸿胪寺。其大秦穆护等祠,释教既已厘革,邪法不可独存。其人并勒还俗,递归本贯充税户。如外国人,送还本处收管。"按此又见《唐会要》卷四十八《寺》;又卷四十九《僧尼·杂录》:"会昌五年七月,中书门下奏,以天下废寺铜像及钟磬等委诸道铸。其月,又奏:天下士庶之家,所有铜像,并限敕到一月内送官,如违此限,并准盐铁使旧禁铜条件处分。其土木等像,并不禁。所由不得因此扰人。其京城及畿内诸县衣冠百姓家,有铜像并望送纳京兆府;自拆寺以来,应有铜像等,衣冠百姓家收得,亦限一月内陈首送纳,如辄有隐藏,并准旧条处分。敕旨,宜依。八月,中书门下奏,诸道废毁寺铁像,望令所在销为农器,鍮石之像,望令销付度支。敕旨,依。"

《通鉴》会昌五年七月载："敕上都、东都两街各留二寺，每寺留僧三十人；天下节度、观察使治所及同、华、商、汝州各留一寺，分为三等：上等留僧二十人，中等留十人，下等五人。……寺非应留者，立期令所在毁撤，仍遣御史分道督之。"

至八月，则正式下制，《旧纪》载其全文，中有云："今天下僧尼，不可胜数，皆待农而食，待蚕而衣。寺宇招提，莫知纪极，皆云构藻饰，僭拟宫居。晋宋齐梁，物力凋瘵，风俗浇诈，莫不由是而致也。……贞观、开元，亦尝厘革，划除不尽，流衍转滋。朕博览前言，旁求舆议，弊之可革，断在不疑。而中外诚臣，协予至意，条疏至当，宜在必行。惩千古之蠹源，成百王之典法，济人利众，予何让焉。其天下所拆寺四千六百余所，还俗僧尼二十六万五百人，收充两税户，拆招提、兰若四万余所，收膏腴上田数千万顷，收奴婢为两税户十五万人。……驱游惰不业之徒，已逾十万；废丹腾无用之室，何啻亿千……"又《新书》卷五十二《食货志》亦载："武宗即位，废浮图法，天下毁寺四千六百，招提、兰若四万，籍僧尼为民二十六万五千（琮按《旧纪》、《通鉴》皆作五百）人，奴婢十五万人，田数千万顷，大秦穆护、祆二千余人。上都、东都每街留寺二，每寺僧三十人，诸道留僧以三等，不过二十人。腴田鬻钱送户部，中下田给寺家奴婢丁壮者为两税户，人十亩。"

按《通鉴》本年八月载："壬午，诏陈释教之弊，宣告中外。"又云："百官奉表称贺。"壬午为初七日。《文集》卷二十有《贺废毁诸寺德音表》，云"臣某等伏奉今日制，拆寺、兰若共四万六千六百余所……"则德裕此文即作于本年八月七日。

按会昌禁佛是唐代一次较重要的历史事件,在历史上具有进步意义。其中包括:一、并省佛寺,共计拆公私大小寺院四万六千六百余所。德裕《贺废毁诸寺德音表》中曾谈到当时佛寺建筑的侈华,所谓"土木兴妖,山林增构;一岩之秀,必极雕镌,一川之腴,已布高刹,鬼功不可,人力宁堪",侵占良田,耗费物力人力。并省佛寺的目的,即在于减少这种浪费,并减弱佛教的影响。二、使僧尼还俗,据德裕《贺表》所载,还俗僧尼(包括隶属于寺院的奴婢)共四十一万余人,这在当时是一个很大的数目。大历十三年,都官员外郎彭偃曾奏议:"今天下僧道,不耕而食,不织而衣,广作危言险语,以惑愚者。一僧衣食,岁计约三万有余,五丁所出,不能致此,举一僧以计天下,其费可知。"(《唐会要》卷四十七《议释教》上)杜牧《杭州新造南亭子记》(《樊川文集》卷十)也曾记载:"文宗皇帝尝语宰相曰:'古者三人共食一农人,今加兵、佛,一农人乃为五人所食,其间吾民尤困于佛。'"根据当时的生产水平,五个农民生产的东西,才能供一个僧人一年的衣食。会昌时敕令还俗的四十余万人归入国家的两税户,目的在于增加政府的财赋收入(当然,还俗僧尼实际是否即充两税户,还是一个问题)。三、收寺院的土地。根据《旧纪》、《通鉴》、《新书·食货志》,皆作收良田数千万顷,唯德裕《贺表》作数千顷,无"万"字。此当待考(按杜牧《杭州新造南亭子记》亦作"良田数千万顷")《旧书》卷一一八《王缙传》曾载代宗时,

"凡京畿之丰田美利,多归于寺观,吏不能制"。长安、洛阳如此,其他地方可知。这次没收的田地,"腴田鬻钱送户部,中下田给寺家奴婢丁壮者为两税户,人十亩"(《新书·食货志》),这无疑有助于农业生产的发展。四、没收寺院的财货,主要是将废寺铜像、钟磬委盐铁使铸钱,铁像委本州铸为农器,金、银、鍮石等像销付度支;"衣冠士庶之家"所藏的金银铜铁之像也应在限期内交官。为了防止流弊,还特别申明,"自拆寺以来,应有铜像等,衣冠百姓家收得,亦限一月内陈首送纳"(《唐会要》,已见上)。

会昌禁佛含有佛道斗争的因素,但主要是社会生产发展的需要,当时佛教的盛行对社会各方面危害太大。当然在这期间也有一些流弊,如一些有历史文物价值的寺院被拆毁,一些有艺术价值的造像与壁画等被打毁,这是一种损失。杜牧《杭州新造南亭子记》谓并省佛寺时,"出四御史缕行天下以督之,御史乘驿未出关,天下寺至于屋基耕而刬之",可见这次行动是有一定的群众基础的。晚唐人孙樵曾以会昌时禁佛,与讨回鹘、定太原叛卒、平泽潞并提,作为武宗的几项业绩,这其实主要是李德裕的作用,孙樵在其所著《武皇遗剑录》中谓:"浮屠之流,其来绵绵,根盘蔓滋,日炽而昌;蛊于民心,蚕于民生,力屈财殚,民恬不知。武皇始议除之,女泣于闺,男号于途,廷臣辨之于朝,褻臣争之于旁,群疑胶牢,万口一辞。武皇曾不待疑,卒诏有司,驱群髡而发之,毁其居而田之。其徒既微,其教仅存,民瘼其瘳,国用有加,风雨以时,灾沴不生。"(《孙樵集》卷五)孙樵以热情的笔调积极肯定此次禁佛的成就。

又刘蜕有《移史馆书》（《刘蜕集》卷五），中云："伏以释氏之疾生民也，比虞、禹时曷尝在洪水下，比汤与武王时曷尝在夏政商王下，比孔子孟轲时曷尝在礼崩乐坏杨墨邪道下，然而圣主贤臣欲利民而务其民害如此其勤也。"又云："今天子聪明，以为中正衣冠之所弃，则刑政教化亦无所取，故绝其法不使污中土。未半年，父母得隶子，夫妇有家室，是以复出一天下也。仆故谓其功业出禹、汤、武王、孔子、孟轲之上。"按刘蜕大中四年（八五〇）登进士第，年近三十（见《刘蜕集》卷五《上礼部裴侍郎书》）。此当是会昌末禁佛时作，文中所谓"圣主贤臣"，盖指武宗、德裕而言。

唐宋人记会昌禁佛事，除两《唐书》、《通鉴》等以外，其他尚有记之者，如李上交《近事会元》卷五《天下减废佛寺及僧》条："武宗会昌五年，并省天下佛寺，减僧教，铜像、钟磬纳官铸钱，铁像置农器，由是天下拆寺四千五百余所，还俗僧尼二百（琮按此百字疑误，当作十字）六万五百，收充两税户，拆招提、兰若四万余所，收膏腴上田数千万顷，收奴婢为两税户十五万人，隶僧尼属主客，显明外国之教，勒大秦穆护杖二千余人还俗，不杂中华之风也。"所述与两《唐书》、《通鉴》大致相同。宋姚宽《西溪丛语》卷上也曾记其事，略同。

也有记载因拆毁佛寺而毁损佛像、壁画者，今摘举数种于下，以概见当时情况。唐张彦远《历代名画记》卷三《记两京外州寺观壁画》："会昌五年，武宗毁天下寺塔，两京各留三两所，故名画在寺壁者，唯存一二。当时有好事，或揭取陷于屋壁,已前所记者,存之盖寡。先是宰相李德裕镇浙西,创立甘露寺,唯甘露不毁,取管内诸寺画壁置于寺内。"

唐赵璘《因话录》卷六:"汉州开元寺,有菩萨像,自顶及焰光坐跌,都是一段青石。洁腻可爱,雕琢极工,高数尺。会昌毁寺,时佛像多遭催折刓缺,惟此不伤丝毫。"按据以上两则所记,当时拆寺时虽有毁损壁画、佛像,但也有保存完好者,不可一概而论。

唐郑隅《津阳门诗》(《全唐诗》卷五六七):"……鼎湖一日失弓剑,桥山烟草俄霏霏。空闻玉碗入金市,但见铜壶飘翠帷。开元到今逾十纪,当初事迹皆残隳。竹花唯养栖梧凤,水藻周游巢叶龟。会昌御宇斥内典,去留二教分黄缃。庆山污潴石瓮毁,红楼绿阁皆支离。奇松怪柏为樵苏,童山智谷亡峨巍。烟中壁碎摩诘画,云间字失玄宗诗(自注:持国寺,本名庆山寺,德宗始改其额。寺有绿额,复道而上,天后朝以禁臣取宫中制度结构之。石瓮寺,开元中以创造华清宫余材修缮,佛殿中玉石像,皆幽州进来,与朝元阁道像同日而至,精妙无比,叩之如磬。余像并杨惠之手塑,肢空像皆元伽儿之制,能妙纤丽,旷古无俦。红楼在佛殿之西岩,下临绝壁,楼中有玄宗题诗,草、八分每一篇一体,王右丞山水两壁。寺毁之后,皆失之矣)……"

宋郭若虚《图画见闻志》卷五《会昌废壁》条:"唐李德裕镇浙西日,于润州建功德佛宇,曰甘露寺。当会昌废毁之际,奏请独存,因尽取管内废寺中名贤画壁置之甘露,乃晋顾恺之、戴安道,宋谢灵运、陆探微,梁张僧繇,隋展子虔,唐韩幹、吴道子画。"

清阮元《两浙金石记》卷三《般若波罗密多心经》，阮元案云："郑芷畦湖录所收天宁寺经幢八座，此在其列，并有跋云：《唐书》，会昌五年诏大除佛寺，凡堂阁室宇关于佛祠者掊灭无遗，分遣御史发视之。州县祗畏，至于碑幢铭镂赞述之类，亦多毁瘗……"

又，在检括佛像中，也有从中偷取及宦官故意破坏者，如李绰《尚书故实》有两则记载，一云："毁寺时，分遣御史检天下所废寺及收录金银佛像，有苏监察者（原注：不记名）巡覆两街诸寺，见银佛一尺已下者，多袖之而归，谓之苏杠（原注：乌讲反）佛。或问温庭筠将何对好，遽曰'无以过密陁僧也'。"另一云："圣善寺银佛，天宝乱，为贼截将一耳；后少傅白公奉佛，用银三铤添补，然不及旧者。会昌拆寺，命中贵人毁像收银送内库。中人以白公所添铸比旧耳少银数十两，遂诣白公索余银，恐涉隐没故也。"

又唐张读《宣室志》卷三："太子宾客卢尚书贞犹子，为僧。会昌中沙汰僧徒，斥归家，以荫补光王府参军。"则当时官府子弟为僧者，还俗后仍可入仕。张读为宣宗时人，所记当可信。

又圆仁《入唐求法巡礼行记》卷四，会昌五年十一月三日记："三、四年已来，天下州县，准敕条流僧尼，还俗已尽。又天下毁拆佛堂兰若寺舍已尽，又天下焚烧经像僧服罄尽，又天下剥佛身上金已毕，天下打碎铜铁佛，称斤两，收捡讫。天下州县，收纳寺家钱物、庄园，收家人奴婢，已讫。唯黄河已北镇、幽、魏、路(潞)等四节度,元来敬重佛法,不拆寺舍,不条流僧尼,佛法之事,一切不动之。频有敕使勘罚,云:'天子自来毁拆焚烧,即可然矣,臣等不能作此事也。'"按圆仁作为佛教僧徒,对于会昌时排佛禁佛,当然是不赞成的,他一度也被迫穿上俗人衣服,受到此次事件的波涉,因此其书中凡涉及禁佛者,多有曲说,此处所记亦然,如说河北不奉朝廷命令,即失实,《通鉴》会昌五年八月曾记五台山僧寺僧人因朝廷禁佛,多亡奔幽州,李德裕以此事告幽州节度使张仲武,"张仲武乃封二刀付居庸关曰:'有游僧入境则斩之!'"可见圆仁所记河北不奉朝廷排佛事,盖不属实。《通鉴》此处又记:"主客郎中韦博以为事不宜太过,李德裕恶之,出为灵武节度副使。"由此也可见,在这次禁佛事件中,德裕是积极襄赞武宗的,一些具体的措施,恐即系德裕所制定。

九月,李德裕请置备边库,收贮度支、盐铁等钱物,以备军用。

《通鉴》会昌五年九月,"李德裕请置备边库,令户部岁入钱帛十二万缗匹,度支、盐铁岁入钱帛十二万缗匹,明年减其三之一,凡诸道所进助军财货皆入焉,以度支郎中判之"。又《唐会要》卷五十九《延资库使》条:"会昌五年九月,敕置备边库,收纳度支、户部、盐铁三司钱物。至大中三年十月,敕改延资库。……初年,户部每年二十万贯匹,度支、盐铁每年三十万贯匹,次年以军用足,三分减其一;诸道进奉助军钱物,则收纳焉。"德裕最初创立此制,当是集中一部分财力于中央,以备将来用于西北、西南边事,惜武宗早卒,不克竟其功。但宣宗时,收复河湟,亦得力于备边库之助,故会昌时设施多被废止,而备边库则仍沿袭不改,只改名延资库,并属于宰相,"其任益重"(《新书》卷五二《食货志》)。

武宗自服金丹,性躁急,喜怒无常。十月间,德裕曾加劝谏。

《通鉴》本年冬载:"上饵方士金丹,性加躁急,喜怒不常。冬十月,上问李德裕以外事,对曰:'陛下威断不测,外人颇惊惧。向者寇逆暴横,固宜以威制之;今天下既平,愿陛下以宽理之,但使得罪者无怨,为善者不惊,则为宽矣。'"按此新旧《唐书》本传未载。

十一、十二月,德裕奏《论侍讲奏孔子门徒事状》、《论朝廷事体状》。时宦官及白敏中等攻击德裕专权,怂使韦弘质上书言宰相权太重,不可兼领钱谷,德裕奏状驳斥之。

《文集》卷十载《论朝廷事体状》,未注年月。《旧纪》会昌五年十二月载:"车驾幸咸阳,给事中韦弘质上疏,论中书权重,三司钱谷不合相府兼领。宰相奏论之曰:……弘质坐贬官。"宰相奏论见《一品集》此状。《旧纪》又载:"李德裕在相位日久,朝臣为其所抑者皆怨之。自崔铉、杜悰罢相后,中贵人上前言德裕太专,上意不悦,而白敏中之徒,教弘质论之,故有此奏。而德裕结怨之深,由此言也。"又《通鉴》亦载:"李德裕秉政日久,好徇爱憎,人多怨之。自杜悰、崔铉罢相,宦官左右言其太专,上亦不悦。给事中韦弘质上疏,言宰相权重,不应更领三司钱谷。德裕奏称:'制置职业,人主之柄。弘质受人教导,所谓贱人图柄臣,非所宜言。'十二月,弘质坐贬官,由是众怒愈甚。"按韦弘质上言,乃出于白敏中的唆使,南唐人张泊《贾氏谈录》也曾言及:"……翰林学士白敏中大惧,遂调给事中韦弘景上言相府不合兼领三司钱谷,专政太甚,武宗由是疑之。"(按此云"韦弘景",《旧唐书》卷一五七、《新唐书》卷一一六有《韦弘景传》,弘景卒于大和五年,则此处作"韦弘景"误。韦弘质,两《唐书》无传,其他史料似亦未见。)

岑仲勉《通鉴隋唐纪比事质疑》第三〇三页《通鉴对李德裕不少曲笔》条亦论《通鉴》载韦弘质事,并评之云:"按唐代中叶以还,宰相往往兼判钱谷,不自会昌始,会昌后亦然。盖方镇割据,贡赋不入,中央务聚敛,故特重其任。是时中书侍郎李回判户部,工尚薛元赏判盐铁,判度支或是卢商。抑据《旧纪》一八上'韦弘质上疏论中书权重,三司钱谷不合相府兼领。宰相奏论之曰臣等昨于延英对'云云,是宰相等合奏⋯⋯何以《通鉴》略去此牛党暗斗而易言为'众怒'?"按岑氏说甚是。据《旧纪》、《通鉴》等所载,此时反对德裕专权者,首先是宦官;德裕专权,则正说明宦官之权有所削夺,这正是会昌政事超出于前朝之处。其次是白敏中等人,而白敏中正是牛党后期的代表人物,可见即使在会昌时李党占据优势时期,牛党人物仍出仕于朝,有所活动,并非如史籍或杜牧等人所谓牛党斥逐略尽。

《文集》卷十《论侍讲奏孔子门徒事状》。此篇未注年月,《新·李德裕传》叙于韦弘质奏言之前,大约也是同时所作。状中有云:"右今月十三日,于延英殿,陛下谓臣等云:'侍讲称孔子其徒三千,亦可谓之朋党。'臣等自元和以来,尝闻此语,幸因圣慈下问,辄敢覼缕而言。"末又云:"臣恐更有小人,妄陈此说,辄举事例,庶裨聪明。……所冀小臣瞽说,免惑圣心。"由此可见,当时任侍讲者,亦有人借孔子之徒为朋党以影射德裕,故德裕进而论之,痛斥其非,谓:"今侍讲欲以奔走权势之徒,攫拏名利之辈,比方孔门上哲,实罔圣听。臣未知元和以来所谓党者,为国乎? 为身乎?"又云:"以臣观之,今所谓党者,进则诬善蔽忠,附下罔上,歙歙相是,态不可容。退则车马驰驱,唯务权势,聚于私室,朝夜合谋。清美之官,尽须其党,华要之选,不在他人。阴附者羽翼自生,中立者抑压不进。孔门颜、冉,岂有是哉!"德裕所谓元和以来,即指李逢吉、牛僧孺、李宗闵、杨虞卿等人,诸人行迹,确可以此数句尽之。

本年户数:四百九十五万五千一百五十一。

《通鉴》本年十二月载:"是岁,天下户四百九十五万五千一百五十一。"又《新书》卷五二《食货志》:"至武宗即位,户二百一十一万四千九百六十。会昌末,户增至四百九十五万五千一百五十一。"按此所谓增加,当不仅包括人口的自然增长,恐还包括僧尼、奴婢还俗入两税户及检括其他荫庇户。

〔编年诗〕

《奉和圣制南郊礼毕诗》(《文集》卷二十)

《郊坛回舆中书二相公蒙圣慈召至御马前仰感恩遇辄书是诗兼呈二相公》(同上)

未注年月。《旧·武宗纪》会昌五年正月,"辛亥,有事于郊庙,礼毕,御承天门,大赦天下"。《新纪》本年正月亦载:"辛亥,有事于南郊。"此二诗当是今年南郊礼毕作。武宗所作《南郊礼毕诗》今已不存。

又德裕诗题云"中书二相公",按此时宰相四人,除德裕外,李让夷为检校尚书右仆射兼中书侍郎,崔铉为中书侍郎、同中书门下平章事,杜悰为尚书左仆射兼门下侍郎,德裕诗中书二相公即指李让夷与崔铉。又诗末云"自惭衰且病,无以效涓埃",按德裕于平泽潞后即告有病,本年郊礼后又屡上章乞病休,皆与诗合。

《寒食日侍宴奉进诗一首》(《文集》卷二十)

未注年月。诗中云:"楛矢方来贡,雕弓已载櫜。英威扬绝漠,神算尽临洮。"此下有自注云:"已上四句,奉述北虏款塞,西戎畏威。"即言讨除回鹘乌介可汗事。诗又云:"赤县阳和布,苍生雨露膏。野平惟有麦,田辟又无蒿。"此四句言平泽潞后情景。按此当为会昌五年之寒食,因四年之寒食刘稹尚未平定,六年之寒食则武帝病情已重,不复能宴赐群臣。

〔编年文〕

《谢恩加特进阶状》(《文集》卷十九)

《新书》卷六三《宰相表》,会昌五年,"正月己未,德裕加特进"。按本月己酉朔,己未为十一日。但状中云"伏奉今月十二日制书授臣散官特进者",谓十二日授。按十二日庚申,义安太后卒(见《旧纪》),恐不惶授阶勋,疑《文集》之"二"为"一"之误。又《新纪》本年正月载:"辛亥,有事于南郊。大赦,赐文武官阶、勋、爵。"德裕《谢状》中有云:"近者展采清庙,祇事圜丘。"即指行南郊之礼。

《进所撰黠戛斯书状》(《文集》卷六)

本年春作,详见后《与黠戛斯书》。

《与黠戛斯书》(《文集》卷六)

未注年月。岑仲勉《会昌伐叛集编证》对此文之年月有详考,云:"由书文观之,是温仵合已归国后而谛德乃来。温仵合之反,余决为四年之夏,今书末称春暖,则必五年春无疑矣。书又云闻今秋欲移就回鹘牙帐,正与后篇《刘濛状》相照应,而濛巡边在五年二月,是又拙说之一证也。"按《旧纪》会昌三年八月载:"黠戛斯使谛德伊斯难珠入朝。"《册府元龟》卷九九四载此敕于会昌三年九月下。岑说谓均误。岑说又谓:"四年二月之使,乃温仵合,非伊斯难殊,此可于两书之文见之。缘温仵合以四年二月来,夏热始去,滞留多月,故伊斯难殊携来之表,请唐不予滞留,情状甚合。如谓伊斯难殊以四年二月来,春暖回去,则温仵合之来,应上推至三年之初,其去应在三年之夏;但三年之初,已别有踏布合祖、注吾合素之使节,殊不相容。"

《奉宣今日以后百官不得于京城置庙状》(《文集》卷十)

未注年月。状中云:"臣等商量,今日以后,皇城南方(琮按此方字疑为六字之误,见后《旧纪》)坊内,不得起私庙,其朱雀街缘是南郊御路,至明德门夹街两面坊,及曲江侧近亦不得置。余围外深僻坊,并无所禁。"按此事《旧纪》系于会昌三年,云:"二月,先诏百官之家不得于京城置私庙者,其皇城南向六坊不得置,其闲僻坊曲即许依旧置。"

但《唐会要》系于会昌五年,卷十九《百官家庙》:"会昌五年二月,敕,自今以后,百寮不得于京城内置庙,如欲于坊内置者,但准古礼于居处(置),即不失敬亲之礼。"又《唐会要》同卷尚有大中五年十一月太常礼院奏,中称:"伏准会昌五年二月一日敕旨,百官并不得京城内置庙,如欲于京城内置庙者,但准古礼于所居处置,即不失敬亲之礼者。伏以武宗时缘南郊行事,见天门街左右诸坊有人家私庙,遂令禁断,且本不欲令御路左右有庙宇,许令私第内置。……"则大中五年十一月太常礼院奏亦以为是会昌五年二月禁置私庙,《旧纪》载之于会昌三年,误。

《巡边使刘濛状》(《文集》卷十六)

文末注"会昌五年二月二十三日"。按《通鉴》系刘濛出使在会昌四年三月,云:"朝廷以回鹘衰微,吐蕃内乱,议复河、湟四镇十八州,乃以给事中刘濛为巡边使,使之先备器械糗粮及诇吐蕃守兵众寡。又令天德、振武、河东训卒砺兵,以俟今秋黠戛斯击回鹘,邀其溃败之众南来者,皆委濛与节度团练使详议以闻。濛,晏之孙也。"《通鉴·考异》并考《实录》以刘濛出使在会昌五年二月之误。

岑仲勉《会昌伐叛集编证》谓《通鉴》及《考异》均误,云:"余按《会昌一品集》七《赐缘边诸镇密诏意》有云:'近者寇孽初平。海内无事。……今吐蕃未立赞普,已是三年。……故令刘濛专往,亲谕朕怀。'寇,回纥也,孽,刘稹也,稹平于四年八月,如依《考异》濛巡边在四年春夏,何得云寇孽初平,不可者一。依《考异》二一,会昌二年十二月,吐蕃来告达磨赞普之丧,似计至五年春初,方得云未立赞普已是三年,如只至四年春夏,恐未尽合,不可者二。此状今列《一品集》卷十六,其前《论邢州状》，会昌四年十月十七日上，其后《昭义军事宜状》，会昌五年二月二十三日上，如依《考异》改为四年春夏所上，则时序不合，不可者三。今集此状上于五年二月二十三日，而《实录》则五年二月二十五日，以濛为巡边使，两书年日之真确，正可互相为证。《考异》所云四年二月二十二日，当是司马氏见本之误，据此以推翻《实录》，不可者四。"岑氏又谓《与黠戛斯书》（即本年春作）云："待至今秋，当令幽州、太原、振武、天德缘边四镇要路出兵。"与此状"黠戛斯使回日，已赐敕书，许令幽州、太原、振武、天德各于要路出兵邀截"，恰正相合。岑说是。

《新书》卷二一七下《黠戛斯传》云："是时，乌介可汗余众托黑车子，阿热愿乘秋马肥击取之，表天子请师。帝令给事中刘濛为巡边使。"

按刘濛为刘晏孙，其事附见《新书》卷一四九《刘晏传》，云："字仁泽。举进士，累官度支郎中。会昌初，擢给事中。以材为宰相李德裕所知。时回鹘衰，朝廷经略河、湟，建遣濛按边，调兵械粮饷，为宣慰灵夏以北党项使。始议造木牛运。宣宗立，德裕得罪，濛贬朗州刺史，终大理卿。"可见刘濛之以材进用，与李德裕之赏识甚有关系，此次出使，当亦出于德裕之推荐。濛本非李党，但宣宗时，竟也坐累贬出。

又刘恭仁有《唐故朝议郎使持节光州诸军事守光州刺史赐绯鱼袋李公（藩）墓志铭并序》（据周绍良先生藏拓本抄录），其中曾提及刘濛，云："其于友也，汲汲仁义，孜孜接物，负其然诺，以事宾朋，虽胶柒金石，未足方比。今江夏崔公蠡、春官侍郎柳公璟、中书舍人裴公休、天官郎崔公球、柱史刘公濛,并交道之深契也。此数君子,或望高多士,价重当朝,虽名位不侔,而厕接行止,与游之分,无愧平生,则为友之道可以表矣。"按据此志,李藩卒于开成五年八月,年五十,其年十二月葬。由此亦可见当时人对刘濛的评价。

《赐缘边诸镇密诏意》(《文集》卷七)

未注年月。中云:"想卿精忠,必达此旨,故令刘濛专往,亲谕朕怀。"与前《刘濛巡边使状》同时。

《进侍宴诗一首状》(《文集》卷十八)

三月间作,见前《寒食日三殿侍宴奉进诗一首》。

《进新旧文十卷状》(《文集》卷十八)

四月下旬。详见前谱。

《赠崔珙左仆射制》(《文集》卷四)

未注年月。《旧书》卷一七七《崔珙传》附《崔瑄传》,瑄为珙之兄,传云:"会昌中,迁银青光禄大夫、检校吏部尚书、兴元尹,充山南西道节度使。以弟珙罢相贬官,瑄亦罢镇归东都。五年卒。诏曰:'……可赠尚书左仆射。'"按《旧传》所载之诏即德裕所作制文,文字小有异同,可据以参校。传云会昌五年卒,则德裕制文亦当作于本年。中有云:"往以茂器,列于大僚,属贤相受诬,庙堂议法,用长孺之道,以右正人,微京兆之言,岂闻非罪。既是魏其之直,益彰王凤之邪,庄色于朝,群公耸视,谠词不挠,淑问攸归。"贤相受诬,指崔珙为崔铉所奏而罢官;"淑问攸归",言崔瑄因珙贬官而罢镇归东都,皆与史合。制文以魏其喻崔珙,以王凤比崔铉,直斥其邪，则作制时当是崔铉已经罢相，而铉罢相在本年五月，故此制词不得早于五月以前。

又《新书》卷一八二《崔珙传》附《崔琯传》，言"会昌中，终山南西道节度使，赠尚书左仆射"，未言罢镇归东都事，意谓卒于山南西道节度使任上。《新·崔珙传》又谓："会昌二年，进位尚书左仆射。明年，以兄琯丧，被疾求解，以所守官罢。"则崔琯当卒于会昌三年，非五年，且珙之罢相乃因琯之丧，非琯之罢节镇因珙之贬官。《新书》之崔琯、崔珙二传所记，与德裕制文及《旧传》不合，误。

《议礼法等大事状》（《文集》卷十一）

《旧·武宗纪》会昌五年六月载丙子（朔）敕文，与此状意同，当即五月底所作。又《唐会要》卷五七《尚书省》条："会昌五年六月敕：汉魏以来，朝廷大政，必下公卿详议。……"亦载敕文在六月。

《让官表》（《文集》卷十八）

《会昌五年六月二十九日就宅宣并谢恩问疾状》（《文集》卷十九）

《让官表》云："参赞万务，倏已六年。裘冕禋郊，再睹配天之礼；干戈问罪，三见拘原之功。"德裕于开成五年拜相，至会昌五年，正为六年。"裘冕禋郊"，即本年正月礼南郊事。此二表当皆作于本年六月间。

《请改单于大都护状》（《文集》卷十一）

未注年月。按《唐会要》卷七三《安北都护府》条："会昌五年七月，中书门下奏，塞北诸蕃皆云振武是单于故地……"

与德裕此文大略相同，可取比勘，可知德裕此文即作于本年七月。

《论公主卜表状》(《文集》卷十一)

未注年月。《唐会要》卷六《公主杂录》条："会昌五年七月，中书门下奏……"即此状。

《潞府事宜状》(《文集》卷十七)

未注年月。据《通鉴》，当在本年七月。

《贺废毁诸寺德音表》(《文集》卷二十)

八月七日。详见前谱。

《昭义军事宜状》(《文集》卷十六)

文末注"会昌五年八月十一日"。

《论昭义军事宜状》(《文集》卷十七)

未注年月。当与前二文时间相同。

《请立东都太微宫状》(《文集》卷十一)

《请立东都太庙状》(同上)

按以上二文，各本皆有目无文，总目下注"缺"字。《通鉴》会昌五年载："八月，李德裕等奏：'东都九庙神主二十六，今贮于太微宫小屋，请以废寺材复修太庙。'"此当为修太庙状之节文，而《唐会要》卷十六《庙议》下，载："(会昌)五年八月，中书门下奏：'东都太庙九室神主，共二十六座。自禄山叛后，取太庙为军营，神主弃于街巷，所司潜收聚，见在太微宫内，新造小屋之内，其太庙屋室并在，可以修崇。……如合置，望以所拆大寺材木修建。李石既是宗室，官为居守，便望令充修东都太庙使，勾当修缮。'奉敕宜依。"按此即《请立东

都太庙状》缺文,似可据以补入集中。《请立东都太微宫状》
则仍缺待考。

又《唐会要》同卷又载:"(太常博士顾)德章又有上中书
门下及礼院详议两状,并同载于后,其一曰:伏见八月六日
敕,欲修东都太庙,令会议此事。……"按八月六日敕会议此
事,则德裕之状,当在八月六日前数天之内。《全唐文》卷七
六武宗名下有《修东都太庙制》。

《请淮南等五道置游弈艒状》(《文集》卷十二)

未注年月。当作于本年九月,参《李德裕文集校笺》。

《请立昭武庙状》(《文集》卷十)

据《旧纪》会昌五年十月乙亥中书奏,即此状。又见《唐
会要》卷十二《庙制度》,但作会昌五年七月;《新纪》作十月,
与《旧纪》同。

《瑞橘赋并序》(《文集》卷二十)

《进瑞橘赋状》(《文集》卷十八)

《谢所进瑞橘赋宣付史馆状》(《文集》卷十九)

以上三文皆未注年月。按赋云:"清霜始降,上命中使赐
宰臣等朱橘各三枚,盖灵囿之所植也。"则当在秋冬之间。又
云:"昔汉武致石榴于异国,灵根遐布,此西域柔服之应也。
魏武植朱橘于铜雀,华实莫就,乃吴人未格之兆也。考于前
史,昭晰可知,岂非天地和同,灵物效祉,去蛮夷之陋,获近太
阳,感王化之盛,更承膏露。草木尚尔,况乎人心。"此数句言
天下安宁,"王化"四被,当为回鹘扫除、昭义已平之时。又
《文集》卷二十载《瑞橘赋》在《贺废毁诸寺德音表》(会昌五

年八月）之后，则当在五年秋冬之间。

《论两京及诸道悲田坊状》（《文集》卷十二）

未注年月。《旧·武宗纪》载会昌五年十一月甲辰敕文，即此状意；又《唐会要》卷四九《病坊》条："会昌五年十一月，李德裕奏云：恤贫宽疾，著于周典……"皆可据以参校。又《事始》（《类说》卷三十五）《悲田院》："开元中，京城乞儿官为置病坊给廪食，近代改为悲田院，或曰养病院。"

《为星变陈乞状》（《文集》卷十八）

《会昌五年十二月三日宰相对后就宅宣示谢恩不许让官表状》（《文集》卷十九）

《陈乞状》云："伏以谪见于天，以警在位，稽于前史，皆有明征。……天与之灾，踽踽兢惶，不知所据。伏望圣慈察臣单绪，海内孤根，百口童蒙，仰臣覆露，一门宗祀，须臣主持。特免上公，退归私第，所冀中衢击壤，复比于尧翁，旧里悬车，不惭于汉相。"《会昌五年十二月三日宰相对后就宅宣示不许让官表状》，明本附批答，有云："卿所让夷等奉，欲遂颐养，辞位闲休。"当即指《陈乞状》所云"特免上公"等数句，故皆系于此（状又有"臣荏苒六年，徒竭丹款"语）。

《谢恩问疾状》（《文集》卷十九）

未注年月。文云："高品王克谏至，奉宣圣旨：卿小有违裕，昨日于延英面奏乞假将息。"当即前"会昌五年十二月三日宰相对后"之事，故系于此。

《论侍讲奏孔子门徒事状》（《文集》卷十）

十一、十二月间，详见前谱。

《论朝廷事体状》(《文集》卷十)

十二月,详见前谱。

《请复中书舍人故事状》(《文集》卷十一)

未注年月。《旧·武宗纪》会昌五年十二月载宰相论韦弘质疏(即前《论朝廷事体状》)后,云:"又奏曰……"即此状。又《新书》卷四七《百官志》亦云:"会昌末,宰相李德裕建议:台阁常务,州县奏请,复以(中书)舍人平处可否。"《唐会要》卷五《中书舍人》系于会昌四年十一月,不确,以从《旧纪》及《新书·百官志》系会昌五年为是。

《进幽州纪圣功碑状》(《文集》卷十八)

《幽州纪圣功碑铭并序》(《文集》卷二)

未注年月。岑仲勉《会昌伐叛集编证》云:"据《会昌集》一,会昌五年正月己酉朔,上尊号曰仁圣文武章天成功神德明道大孝皇帝,今序文已称是号,故知为五年所作。"岑说是,但未详月日(《全唐文纪事》卷八《纪功》引《册府元龟》文,有云:"武宗会昌中,幽州节度使张仲武讨杀回鹘乌介可汗,至会昌末,表请蓟北立纪圣功铭,帝诏遣宰臣使李德裕为之。"云会昌末,亦相合)。

又《旧书》卷一八〇《张仲武传》:"回鹘乌介可汗既败,不敢近边,乃依康居求活,尽徙余种,寄托黑车子。仲武由是威加北狄,表请于蓟北立《纪圣功铭》,敕李德裕为之文。其铭曰……"《旧传》备载其文,可与文集参校。

又清孙梅《四六丛话》卷十八称《幽州纪圣功碑铭》为"经济大文,英雄本色"。

《让张仲武寄信物状》(《文集》卷十八)

《再让仲武寄信物状》(同上)

未注年月,前状首云:"今某月日仲武判官华封舆到臣宅,送前件书并信物等,已闻奏讫。"又云:"臣登朝序垂三十年,未曾为宰相撰碑所悉。"后状有云:"高品孟公度至,奉宣圣旨,缘河朔体大,令臣即受者。"又云:"昨者藩臣拜章,愿纪贞石,臣谬当恩顾,获序圣功。才力至微,神武难备,莫能相质,空愧雕虫。岂敢广受缣素,增其芜鄙。"据此,则是德裕撰《幽州纪圣功碑铭》后,张仲武馈以礼物,德裕上诉状奏闻,谦让勿受。今系于《幽州纪圣功碑铭》后。

又,此二状可见德裕立身之孤洁,如前状云:"比见文士,或已居重位,或已是暮年,矻矻为文,只望酬报。臣心鄙耻,所不乐闻。"又云:"臣忝居台铉,过受殊恩,若不守廉隅,坐受厚赂,何以仰裨玄化,表率庶僚。悦以仲武之情,不可全阻,许臣量受一千匹,已是乖臣本心。"

《进振武节度使李忠顺与臣状一道状》(《文集》卷十七)

未注年月。岑仲勉《会昌伐叛集编证》谓作于会昌五年,云:"状云'缘朝廷册命黠戛斯',册命之议,依前《与黠戛斯书》各注观之,应在五年,书言回鹘常欲投窜安西,此则云在天德北三百里,是已由东复西,情状亦合。"五年作是,月日未详。

《论田群状》(《文集》卷十七)

未注年月。此状论田肇、田群犯法事,首云:"臣数日来窃闻外议云,田肇缘田群抵法,不食而终,义动人伦,无不伤叹。"又云："今手状陈奏,实愿发自天慈。"后云："臣与田肇兄弟,唯识其面,未尝交言,班行具知,非敢谬妄。况臣年近六十,位忝上公,唯愿竭肺肝,上裨圣德。"按德裕本年五十九岁,此云"年近六十",似当作于本年;且德裕前已加司空、司徒、太尉,即所谓"位忝上公"。唯月日不详,田群、田肇事亦待考。

〔以下未能系年,只能断定为德裕于会昌执政时所作〕

《赠右卫将军李安静制》(《文集》卷四)

《授段元逊哥舒峤等官制》(同上)

会昌六年丙寅(八四六)　六十岁

武宗好道术,重方士,服食丹药,病,自正月即不视朝。三月,以疾久未平,改名为炎。德裕为撰《仁圣文武章天成功大孝皇帝改名制》、《武宗改名告天地文》,及《祈祭西岳文》。

《旧·武宗纪》会昌六年,"三月壬寅(初一日),上不豫,制改御名炎。帝重方士,颇服食修摄,亲受法箓。至是药躁,喜怒失常,疾既笃,旬日不能言。宰相李德裕等请见,不许。中外莫知安否,人情危惧"。《通鉴》本年亦载："上疾久未平,以为汉火德,改'洺'为'雒';唐土德,不可以王气胜君名,三月,下诏改名炎(按胡注对此为曾有评云:唐以土德王,而帝名瀍,瀍旁从水,土胜水,故言以王气胜君名。今改名炎,炎从火。火能生土,取以君名生王气也。帝未几而晏驾,厌胜果何益哉）。"又云："上自正月乙卯不视朝，宰相请见，不许；中外忧惧。"

《文集》卷三《仁圣文武章天成功大孝皇帝改名制》，卷二十《武宗改名告天地文》，当皆为三月改名时所撰。又，《武宗改名告天地文》之"武宗"二字当为后人追加，此时不当称武宗。

《文集》卷二十又有《祈祭西岳文》，文中有云："某缵奉丕图，勤劳七载，恭己思道，岂敢怠荒。"此与《改名告天地文》之"臣缵承丕绪，励翼七年，不敢怠荒，以思无逸"同意，皆代武宗立言。武宗于开成五年即位，至本年即为七年。

按武宗于本年正月起即不视朝，德裕身为宰相，亦不得见，则当时必有宦官把持内政。宦官素来即嫉视德裕，故德裕本年除撰改名告天地文等以外，对政事已一无可为。

三月二十三日，武宗卒，年三十三。

《旧·武宗纪》本年三月载："是月二十三日，宣遗诏以皇太叔光王枢前即位。是日崩，时年三十三。"

《旧·武宗纪》末载史臣曰："开成中，王室寖卑，政由阉寺。及缀衣将变，储位遽移。昭肃（琼按指武宗，武宗谥为至道昭肃孝皇帝）以孤立维城，副兹当璧。而能雄谋勇断，振已去之威权；运策励精，拔非常之俊杰。属天骄失国，潞孽阻兵，不惑盈庭之言，独纳大臣之计。戎车既驾，乱略底宁，纪律再张，声名复振，足以蹈章武出师之迹，继元和戡乱之功。然后迁访道之车，筑礼神之馆，栖心玄牝，物色幽人，将致俗于大庭，欲希踪于姑射。于是削浮图之法，惩游惰之民，志欲矫步丹梯,求珠赤水。徒见萧衍、姚兴之谬学,不悟秦王、汉武之非求,盖惑于左道之言,偏斥异方之说。……"

又顾非熊(顾况子)有《武宗皇帝挽歌词二首》(《全唐诗》卷五九):"睿略皇威远,英风帝业开。竹林方受位,薤露忽兴哀。静塞妖星落,和戎贵主回。龙髯不可附,空见望仙台。""苍生期渐泰,皇道欲中兴。国用销灵像,农功复冗僧。冕旒辞北阙,歌舞怨西陵。惟有金茎石,长宵对玉绳。"

《旧纪》史臣曰与顾非熊诗皆对武宗之武功加以肯定,顾诗并称倾会昌禁佛,为"农功复冗僧"。另温庭筠也有诗颂美会昌之政,皆可见当时未受牛党影响之部分士人的看法。《温飞卿诗集》(清顾嗣立笺注)卷二《会昌丙寅丰岁歌》,题下注"杂言",诗云:"丙寅岁,休牛马,风如吹烟,日如渥赭。九重天子调天下,春绿将年到西野。西野翁,生儿童,门前好树青芊茸,芊茸单衣麦田路,村南娶妇桃花红。新姑车右及门柱,粉项韩凭双扇中。喜气自能成岁丰,农祥尔物来争功。"此当是本年春作,写会昌年间农村丰乐景象。

三月二十六日,宣宗(名忱)即位。四月上旬,德裕罢相,出为江陵尹、荆南节度使。"德裕秉权日久,位重有功,众不谓其遽罢,闻之莫不惊骇。"(《通鉴》)

《旧·武宗纪》载武宗于本年三月二十三卒,同日,"宣遗诏以皇太叔光王枢前即位"。《通鉴》载三月"丁卯,宣宗即位"。丁卯为二十六日。今据《通鉴》。按宣宗名忱,宪宗第十三子,长庆元年三月封光王,于武宗为叔父行。据《旧·宣宗纪》载,武宗朝时,宣宗曾不为武宗所礼。《通鉴》谓:"及上(武宗)疾笃,旬日不能言。诸宦官密于禁中定策,辛酉,下诏称:'皇子冲幼,须选贤德,光王怡可立为皇太叔,更名忱,应军国政事令权句当。'"则宣宗之立,亦出于宦官之力。

《旧·宣宗纪》会昌六年四月载:"以特进、守太尉、门下侍郎、同平章事、上柱国、卫国公、食邑二千户李德裕检校太尉、同平章事、江陵尹、荆南节度使。"未载四月何日。《新·宣纪》及《新·宰相表》皆谓德裕罢相及出守荆南在四月丙子(六日),《通鉴》作四月壬申(二日)稍有歧异,当即在四月上旬。

德裕之罢相,乃出于宣宗之意,宣宗恶武宗,遂并及德裕。《通鉴》:"(六年三月)甲子,上崩,以李德裕摄冢宰。丁卯,宣宗即位。宣宗素恶李德裕之专,即位之日,德裕奉册;既罢,谓左右曰:'适近我者非太尉耶?每顾我,使我毛发洒淅。'""(四月)壬申,以门下侍郎、同平章事李德裕同平章事,充荆南节度使。德裕秉权日久,位重有功,众不谓其遽罢,闻之莫不惊骇。"

《唐大诏令集》卷五十三《李德裕荆南节度平章事制》,末署"会昌六年四月",中云:"特进、守太尉、兼门下侍郎、同中书门下平章事、充弘文馆大学士、太清宫使、上柱国、卫国公、食邑三千户李德裕,岳渎间气,钟磬正音,葆粹孕和,本仁叶义。道蕴贤人之业,正谓王者之师。词锋莫当,学海难测。自入膺大任,克构崇庸,王猷国经,契合彝矩。邴吉馨安边之术,虏寇殄夷;张华兴伐叛之谋,壶关洞启。克荷先朝之旨,弼成底定之功。布在册书,辉映前古,而能处剧不懈,久次弥勤。朕以嗣位之初，懋勤在念，宜先硕望，以表优恩。荆部雄藩，地惟西楚，总五都之要会，包七泽之奥区，兵赋殷繁，居旅甚众。必藉旧德，作镇尹临，载崇五教之名，俾赋十连之贵。勉弘化理，以续前劳。可检校司徒、同中书门下平章事、兼江陵尹、充荆南节度观察处置等使。"

按从此制文可以看出，宣宗虽然因素恶德裕，罢其相位，并使其出镇荆南，但因初即帝位，欲巩固其统治，更重要者，是德裕为武宗一朝的宰相，文武功业，都极显赫，因此制词中仍不得不表彰其功迹（虽然在行文中已尽量加以抑制），且仍以使相，出领藩部，也可见其用心。

又，德裕罢相，宋以后人曾有论列，摘录数则，以备研考：

宋孙甫《唐史论断》卷下《贬李德裕》条云："李德裕以杰才为武宗经纶夷夏，屡成大功，振举法令，致朝廷之治，诚贤相矣。但宣宗久不得位，又不为武宗所礼，旧怨已深，德裕是用事大臣，自不容矣。"

宋邵博《邵氏闻见后录》卷九："汉宣帝初立，谒见高庙，霍光骖乘，上内严惮之，若有芒刺在背。唐宣宗初立，李德裕奉册，上问左右：'适近我者，非太尉耶？每顾我，使我毛发洒淅。'世谓霍氏之祸，萌于骖乘，李氏之祸，起于奉册。故曰'威震主者不畜'，二公甚类也。"

宋洪迈《容斋五笔》卷一《人臣震主》条："人臣立社稷大功，负海宇重望，久在君侧，为所敬畏，其究必至于招疑毁。……李德裕功烈光明，佐武宗中兴，威名独重。宣宗立，奉册太极殿，帝退谓左右曰：'向行事近我者，非太尉邪？每顾我,毛发为之森竖。'明日罢之,终于贬死海外。"

明秦笃辉《读史胜言》二:"李德裕之相武宗,削平泽潞,驾驭河朔,几于中兴。宣宗初立,谓左右曰:'适近我者,非太尉耶? 每顾我,毛发洒淅。'此如霍光之骖乘也,不贬何待? 德裕去而唐不振矣。"

〔辨正〕《旧书》本传记德裕出镇荆南时间之误

《旧书》德裕本传载:"(会昌)五年,武宗上徽号后,累表乞骸,不许。德裕病月余,坚请解机务,乃以本官平章事兼江陵尹、荆南节度使。数月追还,复知政事。宣宗即位,罢相,出为东都留守、东畿汝都防御使。"

按德裕在会昌末虽累表求退,但终未出朝,至宣宗即位初,始出镇江陵,史籍所载甚明。《唐大诏令集》所载德裕荆南节度使制,所署年月即会昌六年四月,且文中有"克荷先朝之旨"语,"先朝"即指武宗。《旧传》之误似有所本。《文集》外集卷四之《冥数有报论》,中有云:"余乙丑岁,自荆楚保厘东周。"乙丑为会昌五年,即所谓会昌五年出镇荆南。但《冥数有保论》又云乙丑岁自荆楚保厘东周,又与《旧传》所载宣宗立出为东都留守矛盾。总之,《旧纪》记德裕于会昌五年出镇荆南有误,《冥数有报论》叙乙丑岁为东都留守亦误。

追赠德裕兄德修为礼部尚书。

唐裴庭裕《东观奏记》卷上:"加赠故楚州刺史、尚书工部侍郎李德修礼部尚书。……时吉甫少子德裕任荆南节度使、检校司徒、平章事,上即位,普恩德裕,当追赠祖父,乞回赠其兄,故有是命。"此又见《唐语林》卷七《补遗》。追赠德修,只是宣宗因即位之初贬出大臣,恐引起惊惧,特作此举以加掩饰而已。

四月,薛元赏、元龟兄弟亦坐德裕贬出。

《通鉴》本年四月载:"甲戌(四日),贬工部尚书、判盐铁转运使薛元赏为忠州刺史,弟京兆少尹、权知府事元龟为崖州司户,皆德裕之党也。"又《新书》卷一九七《循吏·薛元赏传》:"宣宗立,罢德裕,而元龟坐贬崖州司户参军,元赏下除袁王傅。久之,复拜昭义节度使,卒。"未言为忠州刺史事(《全唐文》卷四三八李纳《授薛元赏昭义节度使制》云:"上党古今之重地也,束山东之襟要,控河内之封壤。……银青光禄大夫、袁王傅薛元赏……"亦未言忠州刺史事)。

柳仲郢约于四、五月间亦因与德裕厚善,由吏部尚书出为郑州刺史。

《旧书》卷一六五《柳仲郢传》,仲郢于会昌五年任京兆尹,后改右散骑常侍,权知吏部尚书铨事;"宣宗即位,德裕罢相,出仲郢为郑州刺史"。《新书》卷一六三本传亦云:"宣宗初,德裕罢政事,坐所厚善,出为郑州刺史。"

按柳仲郢曾为牛僧孺幕府从事,会昌时德裕执政,于五年擢为京兆尹,仲郢谢曰"敢不如奇章公门馆",德裕不以为嫌。仲郢吏治精明,为京兆尹不惮权贵,不负德裕所荐。宣宗初即位,却坐德裕之累出朝,由此也可见白敏中等挟朋党之私见,排斥异己,与德裕正相对照。

五月,白敏中拜相。

《旧·宣宗纪》会昌六年四月载:"以兵部侍郎、翰林学士承旨白敏中守本官、同中书门下平章事。"书在德裕罢相前。《新纪》则系于五月："五月乙巳，大赦。翰林学士承旨、兵部侍郎白敏中同中书门下平章事。"《新·宰相表》与《通鉴》皆同。五月辛丑朔。乙巳为初五日。今从《新书》与《通鉴》。

按据《新·宰相表》，此时在相位者，除白敏中外，尚有李让夷、郑肃、李回，皆与德裕善；至七月，让夷出镇淮南，九月，郑肃出镇荆南，明年八月，李回又出守剑南，德裕之党皆逐步被清除。

白敏中为相，杜牧有《上白相公启》(《樊川文集》卷十六)，中云："伏惟相公上佐圣主，独专魁柄，封殖良善，修整纪纲。练群臣，谨百职，考功绩，核名实，大张公室，尽闭私门。……天下望之为准绳，朝廷倚之为依据。……求于古人之贤，皆集相公之德。如以尺量刀解，粉布墨画，小大铢黍，丸角尖缺，各尽其分，皆当其任。是以庶人不议，乡校无言，天下欣欣，若更生者。"末云："某远守僻左，无因起居，但采风谣，亦能歌咏，无任攀恋激切之至。"按据缪钺《杜牧年谱》，本年九月，杜牧自池州刺史移睦州刺史，"僻左"当指睦州而言。此《上白相公启》作于抵睦州任后，希求白敏中为之荐引，故有称颂之言。但白敏中自入相后，除排斥李党，使牛僧孺等北迁，并恢复佛寺等之外，实无其他政绩可言，杜牧启中云云，实近谀词，尔后杜牧更进一步攻讦德裕，可见并非偶然。

五月，敕增添佛寺，诛杀道士赵归真等人。

《旧·宣宗纪》会昌六年，"五月，左右街功德使奏：'准今月五日敕书节文，上都两街旧留四寺外，更添置八所.'……敕旨依奏。诛道士刘玄靖等十二人,以其说惑武宗,排毁释氏故也"。又《通鉴》本年六月载:"乙巳,赦天下。上京两街先听留两寺外,更各增置八寺。僧、尼依前隶功德使,不隶主客,所度僧、尼仍令祠部给牒。"

　　按宣宗三月下旬即位,四月即令德裕出朝,又贬出薛元赏、柳仲郢等人,五月又兴佛寺,其改会昌之政,正可谓迫不及待。虽杖杀道士数人(《旧纪》作刘玄静,《通鉴》作赵归真,当以《通鉴》为正),而本年十一月甲申,又"受三洞法箓于衡山道士刘玄静"(《通鉴》),故胡三省注曾评之曰:"即杖杀赵归真而复受法箓,所谓尤而效之。"杖杀赵归真,因其受到武宗的宠信,也是间接打击武宗的威信,而复受法箓者,亦欲求长生、享遐龄之帝王幻想。

　　又《北梦琐言》卷一:"武宗嗣位,宣宗居皇叔之行,密游外方,或止江南名山,多识高道僧人。初听政,谓宰相曰:'佛者虽异方之教,深助理本,所可存而勿论,不欲过毁,以伤令德。'乃遣下诏,会昌中灵山古迹招提弃废之地,并令复之,委长吏择僧之高行者居之,唯出家者不得妄度也。"

五月,卢商由剑南东川节度使、检校礼部尚书入为兵部侍郎、同平章事。

　　据《旧纪》,又参《旧书》卷一七六、《新书》卷一八二本传。

六月,白敏中荐马植入相。

　　《旧·宣宗纪》会昌六年,"六月,以户部侍郎、充诸道盐铁转运使马植本官同平章事"。《旧书》卷一七六《马植传》:

"会昌中，入为大理卿。植以文学政事为时所知，久在边远，及还朝，不获显官，心微有望，李德裕素不重之。宣宗即位，宰相白敏中与德裕有隙，凡德裕所薄者，必不次拔擢之，乃加植金紫光禄大夫、行刑部侍郎，充诸道盐铁转运使。转户部侍郎，领使如故。俄以本官同平章事，迁中书侍郎，兼礼部尚书。"按马植久在边远，先后任安南都护、黔中观察使等职，会昌中入朝为大理卿，亦为要官，奈心不止此，"内怨望"（《新书》卷一八四本传）。宣宗立，白敏中执政，乃援之为相，而马植后遂借吴湘狱，穷治德裕、郑亚等之罪。史言马植精吏事，但其绩未有可以称道者，相反，居相时却与宦者交通，受宦官馈赠，为宣宗发现，遂罢相贬出。《新传》备载其事，谓："初，左军中尉马元贽最为帝宠信，赐通天犀带。而植素与元贽善，至通昭穆，元贽以赐带遗之。它日对便殿，帝识其带，以诘植，植震恐，具言状，于是罢为天平军节度使。既行，诏捕亲吏下御史狱，尽得交私状，贬常州刺史，以太子宾客分司东都。"

七月，李绅卒于淮南节度使任；李让夷罢相，出为淮南节度使。

《通鉴》本年七月载："壬寅，淮南节度使李绅薨。"

《旧·宣宗纪》会昌六年，"七月，以兵部尚书李让夷为剑南东川节度使"。《新·宰相表》作"（会昌六年）七月，让夷检校司空、同平章事、淮南节度使"。《新书》卷一八一本传亦作淮南节度使。盖七月李绅卒，故出让夷继其任，亦出于白敏中之排斥。《旧书》卷一七六本传载让夷于开成初曾因郑覃之荐为起居舍人，二年又拜中书舍人，因此"深为李珏、杨嗣复所忌,终文宗世官不达。及德裕秉政,骤加拔擢,历工、户二侍郎,转左丞"。及至拜相。

白居易于本年八月卒于洛阳,年七十五。

> 据李商隐《唐刑部尚书致仕赠尚书右仆射太原白公墓碑铭》(《樊南文集详注》卷八)

八月,下诏牛僧孺、李宗闵、杨嗣复等皆由贬所北迁。宗闵未离贬所(封州)而卒。

> 《通鉴》本年八月载:"以循州司马牛僧孺为衡州长史,封州流人李宗闵为郴州司马,恩州司马崔珙为安州长史,潮州刺史杨嗣复为江州刺史,昭州刺史李珏为郴州刺史。僧孺等五相皆武宗所贬逐,至是,同日北迁。宗闵未离封州而卒。"

九月,德裕由荆南节度使改东都留守,解平章事。郑肃罢相,代德裕为荆南节度使。

> 《通鉴》本年九月载:"以荆南节度使李德裕为东都留守,解平章事;以中书侍郎、同平章事郑肃同平章事,充荆南节度使。"《旧·宣宗纪》载郑肃出镇荆南在十月。按《新纪》与《新·宰相表》皆载郑肃罢相及出守在九月,则德裕之改任东都,亦当在九月,此次改为东都留守,又解平章事,落使相,则又进一步削弱其权任。
>
> 唐李蜀撰《唐故东畿汝防御使都押衙兼都虞候正议大夫检校太子宾客上柱国南阳张府君(季戎)墓志铭》(《全唐文》未收,据周绍良先生所藏拓本),此张季戎长期仕于洛阳,文有云:"(会昌)六年秋。狄公尚书又加右厢兵马使。冬十月,太尉李公自荆楚拜留守,又加正押衙兼知客。"德裕约九月受

命,十月到任。

又《旧书》卷一七六《郑肃传》谓肃"素与李德裕亲厚,宣宗即位,德裕罢知政事,肃亦罢相"。《新书》卷一八二《郑肃传》载肃会昌时在相位,"与李德裕叶心辅政","宣宗即位,迁中书侍郎,罢为荆南节度使"。

《云溪友议》载德裕镇荆南时,段成式为其记室,并记德裕赋巫山神女诗。

《云溪友议》卷上《巫咏难》条谓:"故太尉李德裕镇渚宫,尝谓宾侣曰:'余偶欲遥赋巫山神女一诗,下句云自从一梦高唐后,可是无人胜楚王。昼梦宵征巫山,似欲降者,如何?'段记室成式曰:'屈平流放湘、沅,椒兰友而不争,卒葬江鱼之腹,为旷代之悲。宋玉则招屈之魂,明君之失,恐祸及身,遂假高唐之梦以惑襄王,非真梦也。我公作神女之诗,思神女之会,唯虑成梦,亦恐非真。'李公退惭其文,不编集于其卷也。"

按段成式前曾为德裕之浙西幕府从事,已见前谱,是否又从事于荆南,无其他佐证。《云溪友议》所载是否实有其事,尚待稽考。《全唐诗》载德裕诗,后附佚句,其中"自从一梦高唐后,可是无人胜楚王",即辑自《云溪友议》。德裕博学,宋玉赋巫山神女也非僻事,德裕岂能连宋玉赋的本意尚未能领会,直待段成式解析后,竟"退惭其文"。此事恐非真,诗当也出于小说家附会,未必为德裕所作。

本年秋,回鹘乌介为其国相所杀,其弟特勒遏念立为可汗。

《通鉴》本年七月载:"回鹘乌介可汗之众稍稍降散及冻

馁死,所余不及三千人;国相逸隐啜杀乌介于金山,立其弟特勒遏捻为可汗。"

〔编年文〕

《请先降使至党项屯集处状》(《文集》卷十六)

文末注"会昌六年正月十一日"。

《论盐州屯集党项状》(《文集》卷十六)

文末注"会昌六年正月二十六日"。

《仁圣文武章天成功大孝皇帝改名制》(《文集》卷三)

《武宗改名告天地文》(《文集》卷二十)

以上二文皆为三月初,详见前谱。

《祈祭西岳文》(《文集》卷二十)

三月上旬。详见前谱。

宣宗大中元年丁卯(八四七)　六十一岁

二月,白敏中使其党李咸论德裕执政时阴事,德裕由东都留守改为太子少保、分司。

《旧·宣宗纪》大中元年二月,"以检校太尉、东都留守李德裕为太子少保,分司东都"。《通鉴》本年二月亦载:"初,李德裕执政,引白敏中为翰林学士;及武宗崩,德裕失势,敏中乘上下之怒,竭力排之,使其党李咸讼德裕罪,德裕由是自东都留守以太子少保、分司。"

又《旧·李德裕传》:"德裕特承武宗恩顾,委以枢衡。决策论兵，举无遗悔，以身捍难，功流社稷。及昭肃弃天下，不逞之伍咸害其功。白敏中、令狐绹，在会昌中德裕不以朋党疑之，置之台阁，顾待甚优。及德裕失势，抵掌戟手，同谋斥逐，而崔铉亦以会昌末罢相怨德裕。大中初，敏中复荐铉在中书，乃相与掎摭构致，令其党人李咸者，讼德裕辅政时阴事。乃罢德裕留守，以太子少保分司东都，时大中元年秋。"

按《旧传》此处所记，有两处错误，一谓德裕分司东都在大中元年秋，"秋"误，当从《旧纪》、《通鉴》在二月，或"秋"为"春"字之误；二谓使李咸构德裕罪乃白敏中、崔铉、令狐绹共谋，误，此当本于《实录》，见《通鉴·考异》所引，《考异》并驳之曰："绹以大中二年自湖州刺史入知制诰，铉以三年自河中节度使入为相，此时未也。"《实录》误。《考异》说是。但《旧书》德裕本传充分肯定德裕会昌时政绩，又谓德裕对白敏中、令狐绹不以朋党疑之，在其柄政时仍置于翰林要职，"顾待甚优"。及德裕失势，白、崔、令狐等人，"抵掌戟手，同谋斥逐"，则皆是实情。李咸未知何许人，当是白敏中一党，《旧传》谓"讼德裕辅政时阴事"，《通鉴》谓"讼德裕罪"，皆未能指出究系何事、何罪，但却因此使德裕改就闲职，德裕至此已无丝毫实权。而白敏中等人并不就此罢手，李咸之讼当并无实据，无以厌众口，故下一步乃掎摭吴湘之狱，罗织德裕之罪状。清王士禛《池北偶谈》中曾评之谓："史称敏中受知德裕，荐知制诰，寻为翰林学士，至大用；及德裕之贬，诋之不遗余力，议者訾恶敏中相业略无足称，怙威肆行，卒谥曰丑。而党附宗闵，摈斥卫公，尤为当世鄙薄。秦太虚著论，谓敏中不独负德

裕,抑且负国家。"（卷五《谈献·蔡卜白敏中》）

二月,郑亚由给事中出为桂管观察使,亦坐德裕之党。

　　《旧·宣宗纪》于大中元年二月载德裕为太子少保、分司东都,并载:"以给事中郑亚为桂州刺史、御史中丞、桂管防御观察等使。"亚亦因与德裕亲厚,而出守桂管。

　　《全唐文》卷七二六载崔嘏所作《授郑亚桂府观察使制》,皆为赞美之辞,无一语贬斥者,中云:"给事中郑亚,识洞古今,情惟端愿。富三冬之精学,控六变之雄文。早升甲乙之科,雅有词华之誉。周旋粉署,堂堂表题柱之荣;纠正霜台,肃肃有埋轮之志。人推长者,时许多能。泊入赞黄枢,超居青琐。弥缝缺漏,衮职以之无遗;参酌宪章,国典由其益振。朕方宏理道,志切惠人,精求廉问之材,用广移风之化。尔宜将我诚意,布其惠和,抚俗必务于洁廉,奉己宜思于简俭。"

　　按郑亚曾为德裕浙西从事,会昌中因德裕荐引而任要职,今制词中盛赞其学艺治行,尤其是"入赞黄枢,超居青琐"以下数语,更无异于肯定德裕在会昌之政绩,无怪乎崔嘏于大中二年正月也被贬出(见后)。但由此也可见,当宣宗即位一年以后,白敏中等人仍未能宣布德裕、郑亚的罪状,崔嘏起草的制词,反映了当时的朝论。

　　又,《旧书》卷一七八《郑畋传》载其父亚事(按郑亚,两《唐书》无专传),云:"(会昌)五年,德裕罢相镇渚宫,授亚正议大夫,出为桂州刺史、御史中丞、桂管都防御经略使。"以德裕罢相镇荆南及郑亚出守桂管均系于会昌五年,误。

李商隐应辟为郑亚桂府掌书记,有代郑亚起草致德裕书,向德裕表示慰藉之意。

李商隐《樊南甲集序》(《樊南文集笺注》卷七):"大中元年,被奏入岭,当表记。"据张采田《玉溪生年谱会笺》,商隐随郑亚赴桂管,三、四月间因雨曾滞留湖南,抵桂当在五月初。

《樊南文集补编》卷二有《为濮阳公上李太尉状》,据钱振伦所考,此濮阳当为荥阳之讹,濮阳乃王茂元,李德裕加太尉,王茂元已早卒,钱氏谓此状系义山随郑亚赴桂林时所作,云:"文云'长君惟睿',当指宣宗初立之时,又云'玉铉重光',必在相位既罢之后。《传》言宣宗即位,罢相,出为东都留守,大中初罢留守,以太子少保分司东都。篇首云'光膺新命',当即指此。观文内两用太子保傅事可见。考郑亚于大中元年观察桂管,时事相合,理为近之。"张采田《会笺》谓:"案钱氏说是也。文有'方抵藩任,未即门闱'语,乃亚将赴桂州时作。"按德裕因李咸之讼,于二月由东都留守改为太子少保、分司之闲职,同月,郑亚也受累出守桂林,义山之状当是随郑亚初离长安时所作。状云:

"伏见除书,伏承光膺新命(琼按此即指德裕除太子少保分司事,为初见除书语气,当二月间事),伏惟感慰。四海事毕,两阶遇隆,式光谦恳之诚,克见隆崇之宠。今者长君惟睿,元子有文,当深虑之所关,必殊勋而是赖。……伏惟慎保起居,俯镇风俗,俟金縢之有见,俾玉铉之重光(琼按此数句慰勉德裕保养身体,庶几朝政有好转之时机)。某窃忆春初曾蒙赐简(琼按,据此则本年春初德裕曾有信寄与郑亚,此信

已佚),故欲琴樽嵩岭,鱼钓平泉,岂贪行意之言,便阻具瞻之
恳。伏惟少以家国为念也(琼按,此处语意沉痛,意谓朝政非
是,会昌之政尽改,今后又不知如何,劝慰德裕不必以此为
念)。方抵藩任,未即门闱,攀恋恩光,不任输罄。伏惟特赐
恩察。"

本年设施,反会昌之政者,有:一、三月,恢复进士及第人于曲江宴
集;二、闰三月,下敕兴复佛寺;三、增复会昌时所减州县官。

　　《旧·宣宗纪》大中元年三月,"又敕:'自今进士放榜
后,杏园任依旧宴集,有司不得禁制。'武宗好巡游,故曲江亭
禁人宴聚故也"。按《旧纪》后二句非是,禁进士宴集,系德裕
会昌三年所上疏,旨在革除进士浮华之习与结成朋党。

　　《旧纪》又载:"闰三月,敕:'会昌季年,并省寺宇。虽云
异方之教,无损致理之源。中国之人,久行其道,厘革过当,
事体未弘。其灵山胜境,天下州府,应会昌五年四月所废寺
宇,有宿旧名僧,复能修创,一任住持,所司不得禁止。'"按此
敕之颁,无异于全面恢复会昌禁佛以前的情况,故《新记》大
中元年闰三月载为:"闰(三)月,大复佛寺。"《通鉴》本年闰
三月亦载:"敕:'应会昌五年所废寺,有僧能营葺者,听自居
之,有司毋得禁止。'是时君、相务反会昌之政,故僧、尼之弊
皆复其旧。"胡三省于此处有评云:"观《通鉴》所书,则会昌、
大中之是非可见矣。"

　　《通鉴》本年末又载:"吏部奏,会昌四年所减州县官内复
增三百八十三员。"胡三省评云:"读者至此,以减者为是邪,
以于既减之后而复增者为是邪?"按本年所增官吏数字虽然

不大,但却表明一种倾向,即李德裕于会昌时想要精简冗员、整顿吏治的革新精神完全被否定,官僚机构臃肿庞杂的情况更进一步发展,终唐之世,再也未能改变。

诸项设施中,以兴复佛寺最为弊政,在当时就为有识之士所不满。杜牧《杭州新造南亭子记》记宣宗时李璠出守钱塘,取佛寺材木筑亭于江堤之上,并以赞赏的口气称引李璠的话:"佛炽害中国六百岁,生见圣人(琮按此圣人指武宗),一挥而几夷之,今不取其寺材立亭胜地,以彰圣人之功,使文士歌诗之,后必有指吾而骂者。"(《樊川文集》卷十)此文作于宣宗大复佛寺时,可概见杜牧的态度。对此事件,抨击最为激烈者,乃为晚唐著名古文家孙樵,孙樵有《与李谏议行方书》、《复佛寺奏》,约作于大中二年,乃正面抨击兴复佛寺之非,以作于大中初期,其史料价值更可珍贵,今抄录于下:

《与李谏议行方书》(《唐孙樵集》卷二):"今年三月,上尝欲营治国门,执事尚谏罢之。今诏营废寺以复群髡,三年之间,斤斧之声不绝,度其经费,岂特国门之广乎?稽其所务,岂特国门之急乎?何执事在国门则知谏,在复寺则缄默,勇其细而怯其大,岂谏议大夫职耶?樵以为大蠹生民者不过群髡,武皇帝发愤除之,冀活疲氓。今天下之民喘未及息,国家复欲兴既除之髡以重困之,将何致民之蓄富乎?樵不知时态,窃所愤勇,故作奏书一通,以明群髡大蠹之由,生民重困之源,无路上闻,辄以愚献执事,傥以樵书不为狂,试入为上言其略。"按此所谓作奏书一通,即下所录《复佛寺奏》,当作于同时。

《复佛寺奏》(《唐孙樵集》卷六)："贱臣樵上言：臣以为残蠹于理者群髡最大，且十口家之家（自注：谓中户也），男力而耕，女力而桑，卒岁其衣食仅自给也，栋宇仅自完也。若群髡者，所饱必稻粱，所衣必锦縠，居则邃宇，出则肥马，是则中户不十不足以活一髡。武皇帝元年，籍天下群髡凡十七万，夫以十家给一髡，是编民百七十万困于群髡矣。武皇帝一旦发天下髡，悉归平民，是时一百七十万家之心，咸知生地。陛下自即位以来，诏营废寺，以复群髡，自元年正月即位以来洎今年五月，斤斧之声不绝天下，而工未已，讯闻陛下即复之不休。臣恐数年之间，天下十七万髡如故矣！臣以为武皇帝即不能除群髡，陛下尚宜勉思而去之，以苏疲民，况将兴于已废乎？……贞观以还，开元户口最为殷繁，不能逾九百万，即今有问于户部，其能如开元乎？借如陛下以五百万给天下之兵，今欲又以一百七十万给于群髡，是六百七十万无羡赋矣。即令户口不下于开元，其余止二百万，而国家万故毕出其间，陛下孰与其足耶？即是盐铁不可除而榷筦加算矣，天下之民得不重困乎？日者陛下尝欲营国东门，谏议大夫入争于前，一言未及终，陛下非徒辍其工，而又赐帛以优之；今所复寺宇岂特国门之急乎？丛徒啸工，岂特国门使乎？宁谏议夫不以言，而陛下不以听耶？陛下则不能复废之，臣愿陛下已复之髡止而勿复加，已营之寺止而勿复修，庶几天下之民尚可活也。"

八月，李回罢相，出为西川节度使。

《旧纪》未载。《新纪》与《新·宰相表》皆载是年八月罢相、检校吏部尚书、同平章事、剑南西川节度使。《通鉴》同。

至是,则会昌时宰相已全部罢出。

德裕在洛阳编定会昌时所撰文,于八、九月间寄与郑亚,请郑亚为作序,并致书于亚。郑亚先属李商隐起草,后又自加改定,并由商隐起草致书于德裕,盛称德裕之功业文章。

《会昌一品集序》有李商隐起草者(见《樊南文集笺注》卷七),又有郑亚改定者(见《文苑英华》卷七〇六)。二者文词、语意,间有不同,郑亚修改,除改骈为散以外,商隐草稿中明显赞颂之词为郑亚所删去,这在当时的政治气候即德裕、郑亚受迫害的情况下,原是可以理解的,如商隐原稿,称颂德裕为"成万古之良相,为一代之高士;翳尔来者,景山仰之"。就为郑亚所删削。

又,郑亚改本云:"亚自左掖,出为桂林,九月,公书至自洛,以典诰制命示于幽鄙,且使为序,以集成书。"德裕书九月达于桂林,则作书之时间当在八、九月间。此时德裕已由东都留守改为太子少保、分司,德裕可能意测白敏中等尚欲摭拾其"罪状",为保存会昌一代的历史真实,并表明其业绩,乃将会昌时所撰之制诏、奏疏等汇为一编,远寄桂林,请郑亚为之作序。《文集》别集卷六《与桂州郑中丞书》,即此时所作,中有云:"某当先圣御极,再参枢务。两度册文,及《宣懿太后祔庙制》《圣容赞》《幽州纪圣功碑》《讨回纥制》《讨刘稹制》、五度黠戛斯书、两度用兵诏敕,及先圣改名制、告昊天上帝文,并奏议等,勒成十五卷。"又云:"小子词业浅近,获继家声,武宗一朝,册命典诰,军机羽檄,皆受命撰述,偶副圣情。伏恐制序之时,要知此意,伏惟详悉。"

李商隐原稿亦作十五卷,云:"故合诏诰奏议碑赞等凡一帙一十五卷,辄署曰《会昌一品集》云。"而郑亚改稿则作二十卷:"故合武宗一朝册命、典诰、奏议、碑赞、军机、羽檄,凡两帙二十卷,辄署曰《会昌一品制集》。"按德裕致郑亚书自称十五卷,商隐所作序原稿及代郑亚与德裕书(见后)亦皆作十五卷,而郑亚改定稿则谓两帙二十卷,《新书·艺文志》亦作二十卷,今所传影宋本以下亦皆作二十卷,但何以有十五卷与二十卷之歧异,殊属费解,待考。

《一品集》之序写就后,李商隐又代郑亚起草致书与德裕——《上李太尉状》(《樊南文集补编》卷五),再次称颂德裕之功业与文章,有云:"伏奉别纸荣示,伏承以所撰武宗一朝册书诰命并奏议等一十五轴编次已成,爰命庸虚,俾之序引,捧缄汗下,揣已魂飞,久自安排,方见髣髴。"又云:"伏惟武宗皇帝英断无疑,睿姿不测,绿畴缉美,瑞鼎刊规。太尉妙简宸襟,式光洪祚,有大手笔,居第一功,在古有夙构之疑,食时之敏,片辞相炫,小道可嗤。"又称德裕之文"言不失诬,事皆传信,固合藏于中禁,付在有司,居微诰说命之间,为帝典皇坟之式"。

德裕子烨受宣武节度使卢钧辟,为宣武军节度判官(当在本年冬德裕贬潮州前)。烨本年二十二岁。

李潘《唐故郴县尉赵郡李君墓志铭并序》:"未几,汴帅仆射卢公钧辟奏上僚,兼锡章绶。"

按据《旧书》卷一七七《卢钧传》:"大中初,检校尚书右仆射、汴州刺史、御史大夫、宣武军节度、宋亳汴颖观察等使,就加检校司空。四年，入为太子少师。"又参见吴廷燮《唐方镇年表》卷二"宣武"。李烨之受卢钧辟，当在大中元年冬德裕贬潮州前。

又李庄□撰《唐故赵郡李氏女墓志铭并序》（据周绍良先生所藏拓本），此李氏女即烨之幼女悬黎。《志》云："考讳烨，宣武军节度判官、检校尚书祠部员外、兼侍御史。"此即李烨在宣武所署的官衔。

按卢钧于会昌讨刘稹时，曾因德裕之荐为昭义节度使，大中时虽入朝，但受令狐绹排挤，大中九年由河东节度使入为尚书左仆射，《旧传》云："钧践历中外，事功益茂，后辈子弟，多至台司。至是急征，谓当辅弼，虽居端揆，心殊失望。常移病不视事，与亲旧游城南别墅，或累日一归。宰臣令狐绹恶之，乃罢仆射，仍加检校司空，守太子太师。物议以钧长者，罪绹弄权。"《新传》所载略同，亦谓"举朝咨叹，以钧耆硕长者，顾不任职，咎不任职，咎绹为媢贤"。

十二月，德裕由太子少保、分司东都贬为潮州司马，"纵逢恩赦，不在量移之限"。（又辩《旧唐书》及《通鉴》记载之误。）

《旧·宣宗纪》大中元年七月，"以太子少保分司东都、卫国公李德裕为人所讼，贬潮州司马员外置同正员"。《新·宣宗纪》则系于本年十二月："十二月戊午，贬太子少保李德裕为潮州司马。"《通鉴》与《新纪》同，记贬潮州在十二月，但又书所贬之原因为吴湘之狱，《通鉴》载云："（九月）己酉，前永宁尉吴汝纳讼其弟湘罪不至死，'李绅与李德裕相表里，欺罔武宗，枉杀臣弟，乞召江州司户崔元藻等对辩'。丁亥，敕御史台鞫实以闻。冬十二月庚戌，御史台奏，据崔元藻所列吴湘冤状，如吴汝纳之言。戊午，贬太子少保、分司李德裕为潮州司马。"

又《旧纪》九月亦载吴汝纳讼冤事，谓："九月，前永宁县尉吴汝纳诣阙称冤，言：'弟湘会昌四年任扬州江都县尉，被节度使李绅诬奏湘赃罪，宰相李德裕曲情附绅，断臣弟湘致死。'诏下御史台鞫按。"

今按《唐大诏令集》卷五八载《李德裕潮州司马制》，文末署"大中元年十二月"，由此可证《旧纪》贬潮州司马在七月之误，《通鉴》作十二月是。但《通鉴》谓潮州之贬由于吴湘之狱，今观制词，无一语道及吴湘之狱者，所举罪状多为虚辞，可见十二月之贬，吴湘尚未结案，白敏中等已迫不及待而贬德裕。《旧·李德裕传》以罢东都留守、改太子少保分司在大中元年秋，而实在元年二月（详见前文），《旧传》接叙云："寻再贬潮州司马。敏中等又令前永宁县尉吴汝纳进状，讼李绅镇扬州时谬断刑狱。明年冬，又贬潮州司户。"《旧传》以贬潮州司马在吴湘狱前，是，但云明年冬又贬潮州司户则误，德裕由潮州司马贬崖州司户，中间未有贬潮州司户一节（见陈寅恪先生《李德裕贬死年月及归葬传说辨证》一文）。《新·李德裕传》谓："大中元年，（敏中等）使党人李咸斥德裕阴事，故以太子少保分司东都，再贬潮州司马。明年，又导吴汝纳讼李绅杀吴湘事……乃贬为崖州司户参军。"《新传》所载则大致近是。

又《旧纪》载大中二年二月，因吴湘狱事，李回由西川责授湖南观察使,郑亚由桂管贬循州刺史,二月敕令谓"李回、郑亚……已从别敕处分",即指此而言,至于德裕,则云:"李德裕先朝委以重权,不务绝其党庇,致使冤苦,直到于今,职尔之由,能无恨叹!昨以李威所诉,已经远贬,俯全事体,特为从宽,宜准去年敕令处分。""李威"即"李咸",未知何者为是。由此亦可见德裕十二月之贬,仍为李咸(威)所讼之所谓阴事,至大中二年二月吴湘之狱结案,李回贬湖南,郑亚贬循州,德裕则因已贬潮州,故未再加议处。——至大中二年九月,终又重加责处,遂贬崖州。

《唐大诏令集》卷五八《李德裕潮州司马制》:"敕:录其自效,则付以国权;惩彼保奸,则举兹朝宪,此王者所以本人情而张法理也。特进、行太子少保、分司东都、上柱国、卫国公、食邑三千户李德裕,凭借镃基,累尘台衮,不能尽心奉国,竭节匡君。事必徇情,政多任己,爱憎颇乖于公道,升黜或在于私门。遂使冤塞之徒,日闻腾口,猜嫌之下,得以恣心。岂可尚居保傅之荣,犹列清崇之地,宜加窜谪,以戒僻违。呜呼!朕临御万方,推诚庶物,顾彼纤琐,皆欲保安,岂于将相旧臣,独遗恩顾,而群议不息,谤书日盈,爰举典章,事非获已。凡百僚庶,宜体朕怀。可潮州司马员外置同正员,仍所在驰驿发遣,纵逢恩赦,不在量移之限。"

〔编年文〕

《与桂州郑中丞书》(别集卷六)

作于八、九月间。郑中丞即郑亚。详见前谱。

《唐故博陵崔君夫人李氏墓志铭》(千唐志藏石)大中元

和十月作,详参《李德裕文集校笺》。

大中二年戊辰(八四八) 六十二岁

德裕于去年十二月贬潮州司马,约于本年正月初成行,由洛阳沿水路南下。

《南部新书》戊:"李太尉以大中二年正月三日贬潮州司马。"按,贬潮州之命于去年十二月下,《南部新书》所云,当是成行之时。

《旧传》谓:"德裕既贬,大中二年,自洛阳水路经江、淮赴潮州。其年冬,至潮阳,又贬崖州司户。"按贬潮州之制词有云"仍所在驰驿发遣",一般贬责官,于命下之时,即须成行,不能有所逗留。《旧传》云"其年冬",始至潮阳,途中绝不可能稽延近一年时间。且二年九月又贬崖州司户(见后),何能同年冬始至潮阳。《旧传》此处记时甚误(可参陈寅恪先生《李德裕贬死年月及归葬传说辨证》)。

又德裕《舌箴》(别集卷八)自序有云:"戊辰岁仲春月戊申夜,余宿于洞庭西。"又云:"余以仲夏月达于海曲。"则当于本年正月自洛阳水路沿淮而达于长江,又溯流而上,二月经洞庭湖,至五月乃达于潮州。

又《全唐诗》载德裕诗有《汨罗》一首,此诗亦收入王任臣本及《四部丛刊》本《会昌一品集》补遗。诗云:"远谪南荒一病身,停舟暂吊汨罗人。都缘靳尚图专国,岂是怀王厌直臣。万里碧潭秋景静,四时愁色野花新。不劳渔父重相问,自有招魂拭泪巾。"按此诗叙德裕南贬经汨罗,吊屈原。但诗所写为秋景,而德裕经洞庭在二月,五月已达潮阳,九月又贬崖州,无缘于秋日经过汨罗。

此诗或为后人所作。

〔辨析〕关于李德裕与牛僧孺在汝州会见事。

杜牧所作牛僧孺墓志铭曾记李德裕于贬谪南行时,过汝州,时牛僧孺为汝州长史,曾款待德裕,不记前仇,云:"李太尉志必杀公,后南谪过汝州,公厚供具,哀其穷,为解说海上与中州少异,以勉安之,不出一言及于前事。"按杜牧志文中谓"今天子即位,移衡州、汝州长史",但未载具体年月。周建国《郑亚事迹考述》(《文史》第三十一辑)考得郑亚于大中元年四月底于衡州上书牛僧孺。李珏《牛碑》谓牛迁洛阳(以太子少保分司东都),未半岁而卒。《碑》又谓牛卒于大中二年十月,则其分司东都在二年七月。杜牧《牛志》谓僧孺卒于二年十月二十七日,则其分司也应在同年五月。据此推算,牛僧孺在汝州任约为大中元年六月至二年五月间。李德裕于大中元年正月南贬,于时间相合。而《旧传》谓其"自洛阳水路经江、淮赴潮州",汝州非其经行之地。李、杜二文所叙仍本重牛轻李之旨,故此事确否尚未能定。

温庭筠有伤德裕远贬诗:《题李相公敕赐屏风》。又辨《南部新书》载温庭筠讥刺德裕贬逐诗。

温庭筠有《题李相公敕赐屏风》(顾嗣立笺注《温飞卿诗

集》卷五）："丰沛曾为社稷臣,赐书名画墨犹新。几人同保山河誓,独自栖栖九陌尘。"此诗向来认为是哀伤德裕远贬之作（夏承焘《温飞卿系年》系于大中二年）。

《南部新书》癸："李朱崖,武皇朝为相,势倾朝野。及得罪遣斥,人为作诗云:'蒿棘深春卫国门,九年于此盗乾坤。两行密疏倾天下,一夜阴谋达至尊。肉视具僚忘匕箸,气吞同列削寒温。当时谁是承恩者,肯有余波达鬼村。'又一首云:'气势凌云威触天,权倾诸夏力排山。三年骥尾有人附,一日龙髯无路攀。画阁不开梁燕去,朱门罢扫乳鸦还。千岩万壑应惆怅,流水斜阳出武关。'此温飞卿诗也。"

按此诗对德裕会昌时政绩多加诬蔑,对大中时南贬又幸灾乐祸,当出于晚唐人之手（诗中"流水斜阳出武关",德裕之贬乃自洛阳沿水路南下,绝不经过武关,可见作伪者对当时情况隔膜如此）,非温庭筠诗。此二诗编于顾注《温飞卿诗集》卷九集外诗,顾氏引明曾立注温诗,辨之曰:"此二诗语涉讥刺,飞卿贬谪,本传可据,与卫公无涉。且本集《首春与丞相赞皇公游》诗云'一抛兰棹逐燕鸿,曾向江湖识谢公',又《题李相公赐屏风》诗云'几人同保山河誓,独自栖栖九陌尘',则知此诗定非飞卿所作,《南部新书》不足信也。"

德裕南贬,其妻刘氏,子浑、钜及女同行;时刘氏已患病。

德裕撰《唐茅山燕洞宫大洞炼师彭城刘氏墓志铭并序》:"属久婴沉痼,弥旷六年。以余南迁,不忍言别,绵历万里,寒暑再期。"按刘氏卒于大中三年八月,《志》载刘氏生三子二女,但已"零落过半";又云:"中子前尚书比部郎浑,独侍板舆,常居我后,自母委顿,夙夜焦劳,衣不解带,言发流涕。"则浑为刘氏所生,此时随从南迁。又云:"幼子烨、钜同感顾复之恩。"按李烨大中二年十月谪蒙州立山尉,此时或仍在汴州卢商幕(见前),未随行。

又李潘《唐故郴县尉赵郡李君墓志铭》载李烨后护丧北返,云:"君躬护显考及昆弟亡姊凡六丧。"此所谓亡姊,当是刘氏所出,此时亦随行。

正月初五日,右补阙丁柔立因上疏辨李德裕之冤,贬南阳县尉。

《通鉴》大中二年正月载:"初,李德裕执政,有荐丁柔立清直可任谏官者,德裕不能用。上即位,柔立为右补阙;德裕贬潮州,柔立上疏讼其冤。丙寅,坐阿附贬南阳尉。"按正月壬戌朔,丙寅为初五日。《新·德裕传》后附丁柔立事,亦云:"又丁柔立者,德裕当国时,或荐其直清可任谏争官,不果用。大中初,为左拾遗。既德裕被放,柔立内愍伤之,为上书直其冤,坐阿附,贬南阳尉。"

按丁柔立于会昌时有人向德裕推荐,未见重用,可见并非德裕一党,大中初为谏官,却以德裕贬潮州为冤,上书辨其事,其人之清直可见,而竟被贬谪,由此也可见白敏中等人党同伐异,完全出于党派之私见。

正、二月间,白敏中等所兴覆勘吴湘狱结案,对李德裕及李回、郑亚等再加贬责。

按覆勘吴湘狱,为宣宗时一大案件,此案之直接结果,为李党的最终失败,牛党则终于胜利,牛李党争从此结束,而唐朝政治则愈加腐败,再无革新可言。白敏中等对这一案件的处理,也可说明牛党在政治斗争中一贯所持的手段。这一案件,晚唐五代直至北宋初期,记载即极为纷纭,晁公武《郡斋读书志》(袁州本)卷二下曾著录《吴湘事迹录》一卷,未注撰者为谁,总录案件的有关材料,其书已佚,从其有专书记此案件来看,也可见这一案件的纷繁复杂的情况:其中有真实的记载,也有牛党中人的诬构。因此需要审慎的清理,以求出一个大概而较符合实际的轮廓与情节。

先引《通鉴》所载。《通鉴》会昌五年载:"淮南节度使李绅按江都令吴湘盗用程粮钱(胡注:《新书·百官志》:主客郎中,主蕃客。东南蕃使还者,给入海程粮;西北蕃使还者,给度碛程粮。至于官吏以公事有远行,则须计程以给粮,而粮重不可远致,则以钱准估,故有程粮钱),强娶所部百姓颜悦女,估其资装为赃,罪当死。……议者多言其冤,谏官请覆按,诏遣监察御史崔元藻、李稠覆之。还言:'湘盗程粮钱有实;颜悦本衢州人,尝为青州牙推,妻亦士族,与前狱异。'德裕以为无与夺,二月,贬元藻端州司户,稠汀州司户。不复更推,亦不付法司详断,即如绅奏,处湘死。谏议大夫柳仲郢、敬晦皆上疏争之,不纳。"

《旧书》卷一七三《李绅传》载:"初,会昌五年,扬州江都县尉吴湘坐赃下狱,准法当死,具事上闻。谏官疑其冤,论之,遣御史崔元藻覆推,与扬州所奏多同,湘竟伏法。"传后又附吴汝纳事,中有云:"会汝纳弟湘为江都尉,为部人所讼赃罪,兼娶百姓颜悦女为妻,有逾格律。李绅令观察判官魏铏鞠之,赃状明白,伏法。湘妻颜,颜继母焦,皆笞而释之,仍令江都令张弘思以船监送湘妻颜及儿女送澧州。及扬州上具狱,物议以德裕素憎吴氏,疑李绅织成其罪。谏官论之,乃差御史崔元藻为制史,覆吴湘狱。据款伏妄破程粮钱,计赃准法。其恃官娶百姓颜悦女为妻,则称悦是前青州衙推,悦先娶王氏是衣冠女,非继室焦所生,与扬州案小有不同。德裕以元藻无定夺,奏贬崖州司户。"

《新书》卷一八一《李绅传》载:"(汝纳)弟湘为江都尉。部人讼湘受赃狼籍,身娶民颜悦女。绅使观察判官魏铏鞫湘,罪明白,论报杀之。时议者谓吴氏世与宰相有嫌,疑绅内顾望,织成其罪。谏官屡论列,诏遣御史崔元藻覆按,元藻言湘盗用程粮钱有状,娶部人女不实,按悦尝为青州衙推,而妻王故衣冠女,不应坐。德裕恶元藻持两端,奏贬崖州司户参军。"

按以上为现在所能见到的会昌时审理吴湘案件的基本史料。三书所载也有歧异处,如《通鉴》谓吴湘为江都令,崔元藻贬为端州司户,新旧二书则谓吴湘为江都尉(《旧书》又载是时另有江都令张弘思,《旧·宣宗纪》亦载吴湘为江都尉,似当作江都尉为是),又谓崔元藻所贬为崖州司户,等等。但基本事实相同,即吴湘盗程粮钱,犯赃罪,后娶百姓颜悦女,亦为格律所不许。朝中曾派遣御史崔元藻赴扬州覆按,结果则是"与扬州所奏多同"(《旧书》),"元藻言湘盗用程粮钱有状"(《新书》),"湘盗程粮钱有实"(《通鉴》)。所不同者仅扬州奏吴湘所娶为百姓女,崔元藻则谓吴湘所娶,现在世者其继母为百姓,而已亡之生母则出自士族。显然,吴湘之罪状，贪赃为其主罪，所谓娶百姓女乃其次要者。据史料所载，德裕主政时，对贪赃罪是处理极严的，《册府元龟》卷六一三《刑法部·定律令》载："会昌元年正月诏曰：'朝廷典刑，理当画一，官吏赃坐，不宜有殊，内外文武官犯入己赃绢二十匹，尽处极法。……'"《唐会要》三九《议刑轻重》条谓："大中四年正月敕：攘窃之兴，起于不足，近日刑法颇峻，窃盗益烦，赃至一千，便处极法，轻人性命，重彼货财，既多杀伤，且乖教化，况非旧制，须议更改。其会昌元年二月二十六日敕，宜令所司，重详定条流。"又《新书》卷五六《刑法志》载："武宗用李德裕诛刘稹等，大刑举矣，而性严刻。故时，窃盗无死，所以原民情迫于饥寒也，至是赃满千钱者死，至宣宗乃罢之。"可见会昌时有赃满千钱处以死刑的敕令（《唐律疏议》卷十一《职制》，有"诸监临主司受财而枉法者，一尺杖一百，一匹加一等，十五匹绞"的规定，可见唐代对监守自盗的处罚极严）。吴湘既然贪赃有实，处以死刑，并不能说明李绅、李德裕有枉法徇情之处。《云溪友议》卷上《江都事》记李绅治淮南立法严峻事，云："李公既治淮南，决吴湘之狱，而持法清峻，犯者无宥，有严、张之风也，狡吏奸豪潜形叠迹。"可见当时人也有对此事表赞成态度的。文宗时政事宽弛，吏治败坏，德裕一方面精简官员，淘汰冗吏，另一方面又严治贪赃之罪，这应当说是他革新吏治的表现。德裕对此事的处理可能也有缺点，如柳仲郢等曾有论谏，德裕未加仔细谛听，对崔元藻处分过严，吴湘死刑执行不合刑律，处理急躁（依《唐律疏议》卷三十《断狱》及《旧书》卷五十《刑法志》，一年中从立春至秋分,不得奏决死刑),但这些都并非主要。

李绅、德裕处理此案,也合乎当时的法律程序。如吴湘身为江都尉,"为部人所讼赃罪",李绅遂"令观察判官魏铏鞫之,赃状明白"(《旧·李绅传》)。可见并非李绅独断处理。又据当时规定,"凡决死刑,皆于中书门下详覆"(《唐六典》卷六"尚书刑部"),因此扬州又将此案上报。及谏官有所论列,于是德裕又差御史崔元藻专赴扬州覆按,崔元藻覆按的结果,"据款伏妄破程粮钱",遂"计赃准法"(《旧·李绅传》)。

大中二年初覆按吴湘狱,显然与原来的案情有很大出入。原来的案情是赃罪为主,娶颜悦女为次,吴湘之判死刑,是由于赃罪,而湘之贪赃,则无论扬州的观察判官魏铏,或中朝的御史崔元藻,都认为是确实的,也即吴湘是以贪赃罪论死,此案无可再翻。白敏中等知道此中情由,遂在吴湘如何娶颜悦女一事上做文章,而将赃罪只作为次要情节论列,主次颠倒。据《旧·宣宗纪》大中二年二月载:"御史台奏:据三司推勘吴湘狱,谨具逐人罪状如后:扬州都虞候卢行立、刘群,于会昌二年五月十四日,于阿颜家吃酒,与阿颜母阿焦同坐,群自拟收阿颜为妻,妄称监军使处分,要阿颜进奉,不得嫁人,兼擅令人监守。其阿焦遂与江都县尉吴湘密约,嫁阿颜与湘。刘群与押军牙官李克勋即时遮拦不得,乃令江都百姓论湘取受,节度使李绅追湘下狱,计赃处死。具狱奏闻。朝廷疑其冤,差御史崔元藻往扬州按问,据湘虽有取受,罪不至死。李德裕党附李绅,乃贬元藻岭南,取淮南元申文案,断湘处死。"显然,开脱吴湘的罪责,目的在于陷害和打击李德裕。如《新·李德裕传》后附魏铏事,云:"吴汝纳之狱,朝廷公卿无为辨者,惟淮南府佐魏铏就逮,吏使诬引德裕,虽痛楚掠,终不从,竟贬死岭外。"由此也可见出,白敏中为了制造新的冤狱,不惜采用严刑逼供的手段,而正直如魏铏,虽受考掠,直至远贬岭外,仍不愿违背事实。

岑仲勉《通鉴隋唐纪比事质疑》第三〇四页《吴湘狱》条,引《通鉴》大中元年九月乙酉"吴汝纳讼其弟湘罪不至死"文,评云:"按《通鉴》前文会昌五年正月下称,元藻等还言'湘盗程粮钱有实',又《旧纪》一八下大中二年御史台奏据三司推勘,亦称'崔元藻往扬州按问,据湘虽有取受,罪不至死',则吴湘犯赃是实。……李绅主判,犹不过追夺三任官告,吴湘之狱,无非周内锻炼以成德裕之罪而已。"此节所论甚是。

又,吴湘一案确与牛李党争有关,吴湘兄汝纳,在此以前,就结纳李宗闵,谤毁德裕。《通鉴》会昌五年二月载李绅按勘吴湘贪赃事,仅言"湘,武陵之兄子也,李德裕素恶武陵",似乎德裕素恶吴武陵,因而偏向于李绅,而实际情况远非如此简单。

按《旧·李绅传》载谓吴汝纳,澧州人,吴武陵兄子。吴武陵在元和时有文名,曾为忠州、韶州刺史,坐赃贬潘州司户卒。"汝纳亦进士擢第,以季父赃罪,久之不调。会昌中,为河南府永宁县尉。初,武陵坐赃时,李德裕作相,贬之,故汝纳以不调挟怨,而附宗闵、嗣复之党,同作谤言"(《旧·李绅传》、《新·李绅传》所载大致相同,细节微有差异,谓:"始,澧人吴汝纳者,韶州刺史武陵兄子也。武陵坐赃贬潘州司户参军死,汝纳家被逐,久不调。时李吉甫任宰相,汝纳怨之,后遂附宗闵党中。"《旧传》谓吴武陵贬潘州司户在李德裕任相时,《新传》谓在李吉甫任相时,时间先后不同,至于吴武陵犯赃罪贬官,吴汝纳因久不调而怨李吉甫父子,因而遂附李宗闵、杨嗣复等,对德裕造作谤言,则二书所载大略相同)。

今查《新书》卷二○三《文艺传》有《吴武陵传》,谓吴为信州人,元和初擢进士第。淮西藩镇吴少阳曾致书欲辟置之,武陵不答;后吴元济叛,吴武陵曾作书责之。

"初,柳宗元谪永州,而武陵亦坐事流永州,宗元贤其人。及为柳州刺史,武陵北还,大为裴度器遇"。裴度征吴元济,武陵曾以计策于韩愈。穆宗时,仕于朝。大和初崔郾试进士于东都洛阳,武陵又以《阿房宫赋》向崔推荐杜牧及第。"后出为韶州刺史,以赃贬潘州司户参军,卒"。又柳宗元贬永州时,有《濮阳吴君文集序》(《柳宗元集》卷二一)、《同吴武陵送前桂州杜留后诗序》(同上卷二二)、《同吴武陵赠李睦州诗序》(同上卷二三)、《答吴武陵论〈非国语〉书》(同上卷三一)等文,对吴武陵的文才甚加称许。《濮阳吴君文集序》谓武陵"升进士(柳集注:元和二年,武陵登第),得罪来永州(柳集注:元和三年,武陵坐事流永州)"。

由此可见,吴武陵共有两次贬谪,第一次在元和三年,曾因某事得罪,谪流永州;第二次是大和七、八年间,因赃罪贬潘州司户。第一次正当李吉甫任相,第二次则是李德裕任相,虽然武陵之贬恐与吉甫父子并无直接关系,但吴汝纳却因自己之久不升调而怨恨德裕,并投入李宗闵、杨嗣复等人的门下,厕身于牛党之列。大中初,白敏中等正欲罗织德裕的罪名,而苦于找不到借口,大中元年七月曾唆使李咸奏德裕所谓阴事,但也仍举不出具体事实,于是又进一步利用吴湘一案,对德裕及李党的重要成员加以打击报复。

大中二年,凡参与覆勘吴湘案件者,多予升官。如马植于会昌时因不受重用而怨恨德裕,此时为刑部侍郎,主持吴湘案的覆勘,遂即入相,见《旧纪》大中二年三月(《通鉴》系于五月,《新·宰相表》在正月)。《贾氏谈录》载吴湘之狱,"刑部侍郎马植专鞫其事,尽得德裕党庇之恶,由是坐罪恶窜南海",可见马植在覆勘此案时立有大功,故白敏中援引为相。崔元藻、吴汝纳也得以升官,《旧·李绅传》谓"吴汝纳、崔元藻为崔(铉)、白(敏中)、令狐(绹)所奖,数年并至显官"。又据毕缄所撰《唐故朝请大夫尚书刑部郎中上柱国范阳卢君墓志铭》(《全唐文》未收,现存拓本,现据周绍良先生所藏抄本),墓主卢就,字子业,范阳人,李珏之甥,为侍御史时,"推吴湘冤事甚直,迁比部员外,由比部为度支外郎"(卢就卒于大中五年)。由上可见二点:第一,当时推此狱者,大多为牛党之亲友或平日对德裕有不满者;第二,事后有关人员皆因而迁升。

〔辨误〕关于吴湘一案,晚唐五代野史笔记,对李绅、德裕有诬蔑之词,今摘举数条,以备参考。

《北梦琐言》卷六:"唐李绅性刚直,在中书与李卫公相善,为朋党者切齿。镇淮海日,吴湘为江都尉,时有零落衣冠颜氏女,寄寓广陵,有容色。相国欲纳之,吴湘强委禽焉。于是大怒,因其婚娶聘财甚丰,乃罗织执勘,准其俸料之外,有陈设之具,坐赃,奏而杀之,惩无礼也。宣宗初在民间,备知其屈,登极后,与二李不叶者,导而进状诉冤,卫公以此出官朱崖,路由澧州,谓寄寓朝士曰:'李二十误我也。'马植曾为卫公所忌,出为外任,吴湘之事,鞫于宪台,扶风时为中宪,得行其志焉。"按此处所载,如谓李绅、德裕会昌时同在相府,为朋党者所恨,大中时,"与二李不叶者","导"吴汝纳"进状诉冤",是符合实际情况的,可见当时就有谓吴汝纳之"诉冤"为有人主使。又谓马植亦因会昌时不受重用,忌恨德裕,故审此狱,"得行其志",也就是挟私泄恨,这也与史籍所载相合。但云李绅之所以治吴湘致死,是因为绅原想纳颜氏女,而反被吴湘强占,"于是大怒","乃罗织执勘",则可谓厚诬李绅。又谓宣宗初在民间,备知其事,亦出于揣测,于史无征。

《云溪友议》卷中《买山谶》:"(蔡京)既为御史,覆狱淮南,李相公绅忧悸而死。"此亦无据。蔡京在大中初覆勘时亦被贬官,他在会昌治吴湘案时是赞同李绅的,何有李绅"忧悸而死"之事?又《南部新书》丁卷记李绅在扬州日,"终以吴湘狱,仰药而死",也与《云溪友议》相同,谓吴湘之死为冤,李绅忧惭而死,所载皆非事实。

因吴湘狱而受牵连,李回由西川节度使责授湖南观察使,郑亚由桂管防御观察使贬循州刺史,魏铏由前淮南观察判官贬吉州司户,元寿由陆浑县令贬韶州司户,蔡京由殿中侍御史贬澧州司马。

此据《旧·宣宗纪》，载于大中二年二月，未记日。《通鉴》系于正月，谓："西川节度使李回、桂管观察使郑亚坐前不能直吴湘冤，乙酉，回左迁湖南观察使，亚贬循州刺史，李绅追夺三任告身。中书舍人崔嘏坐草李德裕制不尽言其罪，己丑，贬端州刺史。"乙酉为正月二十四日，己丑为二十八日。贬李回等人当即在正、二月间。

张采田《玉溪生年谱会笺》本年二月载郑亚因吴湘狱被贬事，张氏评云："此为牛党倾轧李党一大事，盖欲为一网打尽之计。"说甚是。

《新书》卷一三一《李回传》："以与德裕善，决吴湘狱，时回为中丞，坐不纠擿，贬湖南观察使。"

《全唐文》卷七二六载崔嘏《授蔡京赵滂等御史制》，称京"再覆大狱，吏不敢欺"，可见蔡京对于狱事是以精明著称的。另诗人刘得仁有《送蔡京东归迎侍》、《送蔡京侍御赴大梁幕》等诗（《全唐诗》卷五四四）。

崔嘏、刘濛等亦坐德裕贬官。

崔嘏因草制词不尽言德裕之罪，于大中二年正月二十八日由中书舍人贬端州刺史，见前引《通鉴》文。《新·德裕传》亦谓："德裕之斥，中书舍人崔嘏，字乾锡，谊士也。坐书制不深切，贬端州刺史。"崔嘏非德裕党，只不过草制书"不肯巧傅以罪"，亦遭贬官，可见白敏中等打击面之广泛。

又《新书》卷一四九《刘晏传》附其孙刘濛事，谓："宣宗立，德裕得罪，濛贬朗州刺史。"刘濛曾于会昌五年二月出使巡边，当为德裕所荐引（见前谱），故亦因此得罪。刘濛事又

可见《新·宰相表》曹州南华刘氏,及《唐郎官石柱题名考》
(卷七、卷十三)、《唐御史台精舍题名考》(卷三)等。

本年初,李商隐仍在郑亚桂府幕,任掌书记。郑亚困吴湘案被贬
时,商隐曾为亚起草致马植、卢言、杨汉公启,力辩郑亚、李绅之
冤,并斥崔元藻之诬害于人。

  李商隐有《为荥阳公上马侍郎启》(《樊南文集补编》卷
七)。《新·德裕传》载:"(白敏中等)又导吴汝纳讼李绅杀
吴湘事,而大理卿卢言、刑部侍郎马植、御史中丞魏扶言:'绅
杀无罪,德裕徇成其冤,至为黜御史,罔上不道。'"卢言、马植
为直接审理此案者,故郑亚致书辩之。称马植为马侍郎,则
尚在马植拜相前。《启》云"蒙恩左迁,不任感惧",则是贬循
州之命已下,而尚未离桂林之时。又云:"故府李相公(钱振
伦笺谓指李绅)案吏之初,具狱来上,某久为宾佐,方副台纲,
若其间必有阿私,则先事固当请托,实无一字,难诳九泉。崔
监察(琼按此指崔元藻)是湖南李相公(琼按此指李回)门
生,是某所拜杂端日御史。远差推事,既无所嘱求,近欲叫
冤,岂遽能止遏? 不知何怨,乃尔相穷。容易操心,加诬唱
首,门生之分,尚或若斯,常僚之情,固无足算。九重邃邈,五
岭幽遐,若从彼书辞,信其文致,即处于严谴,未曰当辜。直
遇侍郎,察以疏芜,知非侮鬻,照奸吏之推过,略崔子之
枝辞。"

  《樊南文集补编》卷七并有《为荥阳公与三司使大理卢卿
启》,钱笺谓卢即卢言,又引《新书·百官志》:"刑部尚书一
人,侍郎一人,凡鞫大狱,以尚书、侍郎与御史中丞、大理卿为

三司使。"商隐《启》云："蒙恩左迁，不任感惧。某顷以疏拙，谬副纪纲，不能辨军府之献囚，折王庭之坐狱，将逾五载，终辱三司。过实已招，咎将谁执？故府李相公，知旧之分，与道为徒，戎幕宾筵，虽则深蒙奖拔，事踪画迹，实非曲有指挥。逝者难诬，言之罔愧。且崔监察元藻是湖南李相公首科门生，是某所荐御史，将赴淮海，私间尚不嘱求，及还京师，公共岂能遏塞。昨蒙辨引，稍近加诬。座主既不免于款中，杂端固无逃于笔下，乘时幸远，背惠加诬，既置对之莫由，岂自明之有望。若据其证逮，按彼词连，则处以严科，无所逃责。犹赖九天知其乖运，伏念非欲固用深文，不从锻炼之科，得在平反之数，揣心知幸，感分增荣。"

商隐又有《为荥阳公与前浙东杨大夫启》(《樊南文集外编》卷七)，钱笺谓杨即杨汉公，郑亚继杨为桂管，杨乃调浙东。此《启》为循州之命下后所作，中有云："某顷副宪纲，昧于官守，早乖审克，久乃发扬。旧吏常僚，微有诬引，小藩远地，难自辨明。若从文致之科，合用投荒之典，尚蒙恩宥，获颁诏条，省罪抚心，不任感惧。"

令狐绹于二月间以知制诰充翰林学士。

《通鉴》大中二年，"二月庚子，以知制诰令狐绹为翰林学士"。丁居晦《重修承旨学士壁记》："令狐绹：大中二年二月十日，自考功郎中、知制诰充。"

按《嘉泰吴兴志》卷十四《郡守题名》谓绹于大中二年四月二日自湖州刺史入授翰林学士，误。

九月，德裕再贬为崖州司户参军。

《通鉴》大中二年，"秋九月甲子，再贬潮州司马李德裕为崖州司户"。《南部新书》戊谓德裕于大中二年"十月十六日，再贬崖州司户"。据《旧传》德裕于大中三年抵崖州贬所。按崖州在今海南岛北部，今琼山县东南。

《唐大诏令集》卷五十八载《李德裕崖州司户制》，文末署"大中二年九月"，与《通鉴》合。文云："朕祗荷丕业，思平泰阶，将分邪正之流，冀使华夷胥悦。其有尝登元辅，久奉武宗，深苞祸心，盗弄国柄，虽行谴斥之典，未塞亿兆之言，是用再举朝章，式遵彝宪。守潮州司马员外置同正员李德裕，早藉门第，叨践清华，累膺将相之荣，唯以奸倾为业。当会昌之际，极公台之荣，骋谀佞而得君情，遂恣横而持国政。专权生事，妒贤害忠，动多诡异之谋，潜怀僭越之志。秉直者必弃，向善者尽排，诬贞良造朋党之名，肆谗构生加诸之衅。计有逾于指鹿，罪实见于欺天。顷者方处钧衡，曾无嫌避，委国史于爱婿之手，宠秘文于弱子之身。洎参命书，亦引亲昵。恭惟元和实录，乃不刊之书，擅敢改张，罔有畏忌，夺他人之懿绩，为私门之令猷。又附会李绅之曲情，断成吴湘之冤狱。凡彼簪缨之士，遏其进取之涂。骄倨自夸，狡猾无对，擢尔之发，数罪未穷。再窥罔上之由，益验无君之意。使天下之士，重足一迹，皆慑惧奉尔，而慢易在公。为臣至此，于法何逭。于戏！朕务全物体，久为含弘，虽黜降其官荣，尚盖藏其丑状。而睥睨未已，兢惕无闻，积恶既彰，公议难抑。是宜移投荒服，以谢万方，中外臣僚，当鉴予旨。可崖州司户参军员外置同正员。仍仰所在驰驿发遣，纵逢恩赦，不在量移之限。"

按此制又载于《旧纪》大中三年九月，制词前亦未载德裕贬崖州事，此当是《旧纪》错简，误以二年九月误作三年九月。

又据《南部新书》此制出于令狐绹之手，绹于本年二月为翰学。《南部新书》丁："大中中，李太尉三贬至朱崖，时在两制者皆为拟制，用者乃令狐绹之词。李虞仲集中此制尤高，未知孰是，往往有俗传之制，云：'蛇用两头，狐摇九尾。鼻不正而身岂正，眼既斜而心亦斜。'此仇家谤也。"

按制词中对德裕会昌时政绩只字不提，所谓"深苞祸心，盗弄国柄"，皆是虚声恫吓之辞，诬构捏造之言。又所谓"委国史于爱婿之手，宠秘文于弱子之身"，"爱婿"，未知指谁，史料缺之，未能考知。"弱子"，当指李烨，但据现有材料，李烨在德裕秉政时实未在朝中任职。所谓"附会李绅之曲情，断成吴湘之冤狱"，辨已见前。又谓"凡彼簪缨之士，遏其进取之涂"，这应当是德裕值得肯定之处。《旧·武宗纪》会昌四年十二月曾载德裕言谓"朝廷显官，须是公卿子弟。……寒士纵有出人之才，登第之后，始得一班一级，固不能熟习也"，与《唐大诏令集》对照，则《旧纪》显系非实。贬崖州制词即使非令狐绹所草，也必是德裕仇家所为，所云遏塞"簪缨之士"的"进取之途"，却成为德裕的美誉。《唐语林》卷七《补遗》曾称："李卫公颇升寒素。……卫公既贬……广文诸生为诗曰：'省司府局正绸缪，殷梦元知作解头。三（八？）百孤寒齐下泪，一时南望李崖州。'"与制词所载此二句正可相合。

〔辨谬〕《纪异记》关于德裕南贬的记载。

《纪异记》（《类说》卷十二）"金玉二象"条："李德裕好饵

雄朱,有道士自云李终南,住罗浮山,曰:'相公久服丹砂丸,大善,但促寿耳。'怀中出小玉象子如拳许,曰:'可求勾漏莹者,致象鼻下,象服其砂,复吐出,方可饵。此乃太阳之精凝结,已三万年,今以奉借,忠孝是念,无致其咎。'又出一金象,曰:'此是雌者,与玉为偶。'赞皇一一验之无差,服之颜面愈少,发鬓如漆,乃求姝异凡数百人。其后南还,于鬼门关逢道士怒索二象,曰:'不志吾言,固当如此!'公儠佽不与。至鳄鱼潭,风雨晦冥,玉象自船飞去,光焰烛天,金象从而入水。公至朱崖,饮恨而卒。乃知象者南方火兽,勾漏者朱崖之室,罗浮者海滨之山,李终南者赞皇不返也。"

按此载德裕为相时好服丹砂,且"求姝异凡数百人",皆为诬词。《新传》谓武宗时,"方士赵归真以术进,德裕谏曰:'是尝敬宗时以诡妄出入禁中,人皆不愿至陛下前。'帝曰:'归真我自识,顾无大过,召与语养生术尔。'对曰:'小人于利,若蛾赴烛。向见归真之门,车辙满矣。'"道士说武宗以养生之术,不外服丹砂之类,德裕以此谏武宗,岂能自蹈其辙。其他史籍亦未有记德裕好服丹砂。《新传》又云:"不喜饮酒,后房无声色娱。"所谓"求姝异凡数百人",实为妄说。《纪异记》以德裕之贬咎由自取,且谓冥中注定,皆为晚唐五代文人之诬词。

九月,李回由湖南观察使再贬为贺州刺史。

《通鉴》大中二年九月载再贬德裕为崖州司户的同时,并载:"湖南观察使李回为贺州刺史。"按唐时贺州治临贺县,属岭南东道,在今广东贺县东南。

《唐大诏令集》卷五十八《李回太子宾客分司东都制》，文末署"大中二年九月"。文中云："李回早以艺学科名，累登华贯，谓尔奉公约己，旋升大僚，因缘奖迁，遂陟台辅。而不能竭诚以尽忠益，枉道而求庇助，交通财贿，导达奸邪。昨因推鞫凶徒，皆得发其事迹。朕务弘体貌，特免研穷，论既喧腾，理须移夺。况又闻顷司政柄，每欲除授，咸取决于德裕，不自行其至公，物议所兴，以斯为重。岂可犹委澄清之任，复领湘潭；是宜辍从调护之班，俾分洛邑。勉荅宠秩，幸予宽恩。"此篇之后又有《李回贺州刺史制》，文末亦署为"大中二年九月"，文中云："况又闻前司政柄，应欲除授，咸取决于德裕，不自行其至公。人皆有言，孽亦何逭。朕匿瑕含垢，思全进退之宜，尔则同力叶心，且易枢机之任。合居严谴，犹示宽恩，故前制命尔为太子宾客，给事中封还吾敕，且曰责坐之词至重，降移之秩太轻，物论喧然，以为未当。尔实自构，予何敢私。是用移谪临贺，冀厌群议，勉于三省，勿为无恩。"

　　按史称李回"强干有吏才，遇事通敏，官曹无不理"（《旧·李回传》）。会昌时讨刘稹，曾因德裕之荐，两度出使河北与河东，立有功绩。贬谪制词所云"交通财贿，导达奸邪"，皆无实据。回之贬责，即在于与德裕亲善而已，两篇制词中均有"顷司政柄，每欲除授，咸取决于德裕"之语，可以概见。

　　又，从《大诏令集》所载制词，可知李回原由湖南降为太子宾客分司，后又重贬，乃为贺州刺史。《旧·李回传》又云："大中元年冬，坐与李德裕亲善，改潭州刺史、湖南观察使，再贬抚州刺史。"按,李回由西川改湖南,乃在大中二年正月,非元年冬;由湖南再贬贺州,此云抚州,亦误。《新·李回传》谓:"贬湖南观察使。俄以太子宾客分司东都。给事中还制,谓责回薄,遂贬贺州刺史。徙抚州长史。"《新传》虽未载年月,但叙徙谪先后,较《旧传》为是。

石雄也因尝为德裕所荐拔,宣宗初为执政所抑,怏怏而死。

《通鉴》大中二年九月载:"前凤翔节度使石雄诣政府自陈黑山、乌岭之功,求一镇以终老。执政以雄李德裕所荐,曰:'向日之功,朝廷以蒲、孟、岐三镇酬之,足矣。'除左龙武统军。雄怏怏而薨。"

此所谓执政,据《新书》卷一七一《石雄传》,即白敏中。《新传》云:"宣宗立,徙镇凤翔。雄素为李德裕识拔。王宰者,智兴子,于雄故有隙。潞之役,雄功最多,宰恶之,数欲沮陷。会德裕罢宰相,因代归。白敏中猥曰:'黑山、天井功,所酬已厌。'拜神武统军。失势,怏怏卒。"

本年,李商隐有伤德裕远贬诗。

经前人研究,李商隐本年有关于李德裕远贬之诗数首,今摘录其诗及前人评论于下。《李卫公》(《玉溪生诗集笺注》卷二):"绛纱弟子音尘绝,鸾镜佳人旧会稀。今日致身歌舞地,木棉花暖鹧鸪飞。"冯浩谓:"下二句不言身赴南荒,而反折其词,与'旧时王谢堂前燕,飞入寻常百姓家'同一笔法,伤之,非幸之也。"

《旧将军》(同上书同卷):"云台高议正纷纷,谁定当时荡寇勋。日暮瀍陵原上猎,李将军是旧将军。"冯浩谓:"《新书·纪》文，大中二年七月，续图功臣于凌烟阁，事详《忠义·李憕传》，后时必纷纷论功，而李卫公之攘回纥、定泽潞，竟无一人讼之，且将置之于死地，诗所为深慨也。《旧书·传赞》云：'呜呼烟阁，谁上丹青？'愤叹之怀，不谋而相合矣。义门谓为石雄发，亦通；然卫国之庙算，乃功人也。"

《泪》（同上书同卷）："永巷长年怨绮罗，离情终日思风波。湘江竹上痕无限，岘首碑前洒几多。人去紫台秋入塞，兵残楚帐夜闻歌。朝来灞水桥边问，未抵青袍送玉珂。"冯浩谓："此必李卫公叠贬时作也。《唐摭言》有'八百孤寒齐下泪，一时南望李崖州'之句，与此同情。上六句兴而比也，首句失宠，次句离恨，三四以湘泪指武宗之崩，岘碑指节使之职，卫公固以出镇荆南而叠贬也；五谓一去禁庭终无归路，六谓一时朝列尽属仇家。用事中自有线索。结句总纳上六事在内，故倍觉悲痛。"

张采田《玉溪生年谱会笺》还另举若干首，如《漫成五章》，谓"明揭生平，以表襮其始终钦仰卫公之初心"。张氏又谓此时"所赋篇什，幽忆怨断，恍惚迷离，其词有文焉，其声有哀焉，义山始愿，不负李党，亦可见已"。其说皆可信。李商隐在会昌前本不预牛李党争，大中初在郑亚幕，为郑亚作书致德裕，为亚起草为《会昌一品集》作序，又代郑亚致书于马植等辨吴湘之狱，及所撰伤德裕远贬等诗，如此等等，即受到白敏中、令狐绹等人的忌恨和打击，以致仕途坎坷，终身流离。但以上诗文，正表现了李商隐高尚的情操，坚定的是非观念，与政治上的正义感（参见拙文《关于李商隐研究的几个问题》,《文学评论》一九八二年第三期)。

《北梦琐言》曾评令狐绹等人之倾害李德裕,云:"葆光子
(琼按此即《北梦琐言》作者孙光宪号)曰:令狐公在大中之
初,倾陷李太尉,唯以附会李绅而杀吴湘,又擅改元和史,又
言赂遗阉宦,殊不似德裕立功于国,自俭立身,掎其上瑕,忘
其大美,泪身居岩庙,别无所长,谏官上章,可见之矣。与朱
崖之终始,殆难比焉。"

十月二十七日,牛僧孺卒于洛阳,年六十九。

见杜牧《唐故太子少师奇章郡开国公赠太尉牛公墓志
铭》(《樊川文集》卷七)。

十一月,德裕子烨亦坐德裕故,贬蒙州立山尉,时年二十三。

《唐茅山燕洞宫大洞炼师彭城刘氏墓志铭》附"第四男烨
记":"大中戊辰岁冬十一月,烨获罪窜于蒙州立山县。"

《唐故郴县尉赵郡李君墓志铭》:"大中初,(卫)公三被
谴逐,君亦谪尉蒙山。"

《旧·德裕传》:"烨,检校祠部员外郎、汴宋亳观察判官。
大中二年,坐父贬象州立山尉。"《新·德裕传》亦云烨贬象州
立山尉。

按唐时岭南道既有象州,又有蒙州,李烨之贬为立山县
尉,当为蒙州。《新书》卷四十三上《地理志》七上岭南道蒙
州蒙山郡,有立山县,而同郡象州象郡所属县三:阳寿、武仙、
武化。无立山之名。可见两《唐书》作"象州"误,应作蒙州。

又《万历郴州志》卷十八《侨寓传》:"李烨,宰相李德裕
子,仕汴州幕官,以父故贬象州立山尉。"亦误作象州。

按烨生于公元八二六年，本年为二十三岁。

十一月，下敕，路隋等所修《宪宗实录》旧本依然施行，会昌时改修之新本禁止通行，如有抄录，须及时缴纳。会昌时改修《宪宗实录》，亦作为李德裕的一条罪状。

《旧·宣宗纪》大中二年十一月，"敕：路隋等所修《宪宗实录》旧本，却仰施行。其会昌新修者，仰并进纳。如有钞录得，敕到并纳史馆，不得辄留，委州府严加搜捕"。

按《唐大诏令集》（卷五八）所载李德裕贬崖州司户制，其中曾以德裕会昌柄政时修改《宪宗实录》，作为其罪状之一，有云："顷者方处钧衡，曾无嫌避，委国史于爱婿之手，宠秘文于弱子之身，泊参命书，亦引亲昵。恭惟元和实录，乃不刊之书，擅敢改张，罔有畏忌，夺他人之懿绩，为私门之令猷。"

关于《宪宗实录》的修撰，本书前曾陆续有所记述，现因大中二年十一月下敕废新本、行旧本，再作一综合的叙述。

《唐会要》卷六三《史馆上·修国史》："长庆二年十月，敕翰林侍讲学士谏议大夫路隋、中书舍人韦处厚，兼充史馆修撰，修《宪宗实录》，仍分日入史馆修实录，未毕之间，且许不入内署，仍放朝参。"《旧·穆宗记》长庆二年亦载其事，内容相同，唯时间作闰十月己亥。由此可知，《宪宗实录》始修于穆宗长庆二年闰十月，最初参预修撰者为路隋与韦处厚，路、韦二人并创立凡例。《新·韦处厚传》："后又与路隋共次《宪宗实录》，诏分日入直，创具凡例。"韦卒于文宗大和二年，路则始终参与其事，时间最久。

预修者尚有沈传师。《旧·沈传师传》："性恬退无竞，时翰林未有承旨，次当传师为之，固称疾，宣召不起，乞以本官兼史职。……传师在史馆，预修《宪宗实录》，未成，廉察湖南，特诏赍一分史稿，成于理所。"《新·沈传师传》亦云："召入翰林为学士，改中书舍人。翰林缺承旨，次当传师，穆宗欲面命，辞曰……李德裕素与善，开晓谆切，终不出。遂以本官兼史职。俄出为湖南观察使。"传师为湖南观察使当在长庆三年上半年(或即为五、六月间)，《旧·穆宗纪》长庆三年六月载："宰相监修国史杜元颖奏：史官沈传师除镇湖南，其本分修史，便令将赴本任修撰。从之。"则六月传师已在湖南。长庆二年闰十月始修《宪宗实录》，沈传师之参预修撰，亦当在初期；由此并可知当时监修者为宰相杜元颖。以上数人，皆与李德裕亲善。

与德裕交好并参预修撰者，尚有陈夷行，为后期参加。《旧·陈夷行传》："大和三年，入为起居郎、史馆修撰，预修《宪宗实录》。四年献上，转司封员外郎。"夷行于大和三年参加，四年书即告成。

据《旧·蒋系传》，修《宪宗实录》者尚有郑澣。澣为郑余庆子，见《旧·郑余庆传》附，有云："长庆中，征为司封郎中、史馆修撰，累迁中书舍人。"文宗即位，擢为翰林侍讲学士，大和二年迁礼部侍郎，典贡举二年，后转兵部侍郎，改吏部，出为河南尹。则澣之预修，亦当在前期，即长庆末及敬宗宝历时。

修实录诸人中与德裕不合者为李汉。《旧·李汉传》，汉为宗室淮南南王道明之后，元和七年登进士第，长庆末为左拾遗。"文宗即位，召为屯田员外郎、史馆修撰。汉，韩愈子婿，少师愈为文，长于古学，刚讦亦类愈。预修《宪宗实录》，尤为李德裕所憎。大和四年，转兵部员外郎。李宗闵作相，用为知制诰，寻迁驾部郎中。"《新·李汉传》载："文宗立，召为屯田员外郎、史馆修撰。论次《宪宗实录》，书宰相李吉甫事不假借，子德裕恶之。"

另有蒋系，亦于大和二年参预修撰《宪宗实录》，蒋系及父蒋乂亦倾向于牛党（见两《唐书·蒋乂传》）。

《宪宗实录》于大和四年三月修成进上。《旧·文宗纪》大和四年三月，"丁酉，监修国史、中书侍郎、平章事路随进所撰《宪宗实录》四十卷，优诏答之，赐史官等五人锦绣银器有差"。路随有《上宪宗实录表》(《全唐文》卷四八二)，谓："臣今采处厚等所录，又与见在史官苏景裔等，博访遗逸，精加研核，以毕其功，逮兹周岁，错综方就，谨撰《宪宗皇帝实录》为四十卷，目录一卷，谨随表奉献。"

路随表文中提到的苏景裔，据岑仲勉《读全唐文札记》所考，应为苏景胤。苏景胤原是八关十六子之一，乃依附于李逢吉者，也属于李宗闵一党。由前后参预修撰的人员来看，大部分是与李德裕交谊密切的，且韦处厚、沈传师及路随等素称正直，并未参与当时的党派之争，因此其所撰李吉甫事，当不会有捏造诬蔑之词，德裕于会昌时也不会仅仅要"增修其父吉甫美事"（吴缜《新唐书纠谬》自序）而改撰之，贬德裕崖州司户制词中谓"委国史于爱婿之手，宠秘文于弱子之身"

未知何所指。会昌改撰,郑亚主其事,亚并非德裕婿。德裕子烨时任外府,亦不在朝中。制词出于牛党之手,故作丑词,捏造杜撰者多,亦不足怪。

当然也不排斥李汉、蒋系、苏景胤等人从中夹以私见。此数人皆后期参加,可能对韦处厚等所撰有所增减,故德裕会昌时欲重加撰定。《旧·武宗纪》会昌元年四月下诏重修,但仍规定:"其旧本不得注破,候新撰成同进。"可见当时仍存旧本,德裕若欲对其父有涂饰之事,后人仍可从比较对勘中发现其破绽,因此德裕建议重修,恐非为其一家之私。《旧·武宗纪》会昌元年十二月载修实录体例,前已钞录,其主旨即在于主张实录所载君臣论事,或臣下奏章,"皆须众所闻见,方可书于史册",反对以不彰于朝、不显于时、得之私家的记载记入正式史书之中。这在当时来说,即是为防止以党派的私见夹杂其间。现在则无论旧本新本,都已失传,以《旧书·宪宗纪》而论,以李吉甫的记载,则是基本肯定的,可见路隋所上的旧本,基本符合事实,于此也可说明会昌重修,德裕决非单为其父之事而发。大中初《宪宗实录》事所加予德裕的罪状,当出于虚构。

〔编年诗〕

　　《鸳鸯篇》(别集卷四)

作于大中二年二月经洞庭湖时,详参《李德裕文集校笺》。

　　《盘陀岭驿楼》(《全唐诗》卷四七五)

诗云:"嵩少心期杳莫攀,好山聊复一开颜。明朝便是南荒路,更上层楼望故关。"当为本年南贬途中作。盘陀岭不详。

《谪迁岭南道中作》(别集卷四)

诗云:"岭水争分路转迷,桄榔椰叶暗蛮溪。愁冲毒雾逢蛇草,畏落沙虫避燕泥。五月畲田收火米,三更津吏报潮鸡。不堪肠断思乡处,红槿花中越鸟啼。"按德裕于大中元年十二月下制贬潮州,本年正月自洛阳循江淮水路赴潮州。此诗当是贬潮州途中过五岭时所作。因由潮州再贬崖州,即所在发遣,不须经过五岭,无所谓"岭水争分路转迷"。"愁冲毒雾逢蛇草,畏落沙虫避燕泥"二句,既是写实景,亦暗喻白敏中等之迫害。

《到恶溪夜泊芦岛》(别集卷四)

诗云:"甘露花香不再持,远公应怪负前期。青蝇岂独悲虞氏,黄犬应闻笑李斯。风雨瘴昏蛮日月,烟波魂断恶溪时。岭头无限相思泪,泣向寒梅近北枝。"此当与前诗同时作。

〔编年文〕

《舌箴》(别集卷八)

本年夏在潮州作,自序有云:"余以仲夏月达于海曲,尝窃思之。"又详见前谱。

大中三年己巳(八四九) 六十三岁

正月,德裕至贬所崖州。

《旧传》记德裕于大中元年秋以太子少保分司东都,接云:"寻再贬潮州司马。……明年冬,又贬潮州司户。德裕既贬,大中二年,自洛阳水路经汴、淮赴潮州。其年冬,至潮阳,又贬崖州司户。至三年正月,方达珠崖郡。"《新传》则谓:"大中元年……以太子少保分司东都,再贬潮州司马。明年……乃贬为崖州司户参军事。明年,卒,年六十三。"

陈寅恪先生《李德裕贬死年月及归葬传说辨证》据《旧·宣宗纪》大中三年九月制文(本书前已引述),云:"据此,则李德裕在未贬崖州司户参军以前,仍是潮州司马。若如《旧唐书·李德裕传》所载,德裕在既贬潮州司马以后,未贬崖州司户参军以前,其间果尚有贬潮州司户一事者,则德裕贬崖州司户参军之诏书应称其官衔为潮州司户参军,而非潮州司马矣。今诏书既称其官衔为潮州司马,则其间无贬潮州司户参军之事,可以决言。《新唐书》一八〇《李德裕传》删去《旧传》中因上下文重复而传写衍误之'明年冬又贬潮州司户'一句,正足证其比勘精密,胜于旧史之文。"陈说是。

又,德裕贬崖州之制词为大中二年秋发(《旧纪》载于大中三年九月,显系错简),已见前,而《旧传》却云大中三年正月"方达珠崖郡"。自潮州至崖州,何以须走三个月路程,俟考。

〔辨正〕关于德裕贬崖州途中及抵崖州后所作诗文之真伪。

《云溪友议》卷中《赞皇勋》条谓:"(李德裕)再贬朱崖,道中诗云:'十年紫殿掌洪钧,出入三朝一品身。文帝宠深陪雉尾,武皇恩重宴龙津。黑山永破和亲虏,乌岭全坑跋扈臣。

自是功高临尽处，祸来名灭不由人。'又《登崖州城楼》曰：'独上高楼望帝京，鸟飞犹是半年程。青山欲似留人住，百匝千遭绕郡城。'先是韦相公执谊得罪蕘变于此，今朱崖有韦公山。……赞皇感其远谪不还，为文祭曰……（文长不录）"

按此处所述二诗一文，"十年紫殿掌洪钧"首，今载别集卷四，题作《离平泉马上作》；"独上高楼望帝京"，也见于别集卷四，题《登崖州城作》。祭韦执谊文见别集卷七，题《祭韦相执谊文》。可见明清人编文集时已作为德裕所撰编入集中。《诗话总龟》前集卷二五所载《古今诗话》亦载此二诗，且谓"世传赞皇公崖州诗，皆仇人所作，只此二首是真"。

按祭韦执谊文非德裕作，陈寅恪先生《李德裕贬死年月及归葬传说辨证》一文已详辨之，其结论为："李卫公别集乃后人缀缉而成。其卷七所收《祭韦相执谊文》，除《云溪友议》外，若《文苑英华》所言，及《唐文粹》等总集皆未选录。大约即采自范氏之书。此文疑如《南部新书》所言，乃仇家伪作。"陈文考证详博，不赘引。

"十年紫殿掌洪钧"首，含幸灾乐祸之意，尤其是末二句"自是功高临尽处，祸来名灭不由人"，更不像德裕所自道。《云溪友议》、《古今诗话》皆谓此诗作于再贬朱崖道中，而别集所载则题作《离平泉马上作》，则应是大中元年秋由洛阳赴潮州时所作。歧异若此，更可怀疑。《南部新书》只载"独上江亭望帝京"一首，谓："李太尉之在崖州也，郡有北亭子，谓之望阙亭。太尉每登临，未尝不北睇悲咽。有诗曰：'独上江亭望帝京，鸟飞犹是半年程。青山也恐人归去，百匝千遭绕郡城。'今传太尉崖州之诗,皆仇家所作,只此一首亲作也。"此说较得其实。

又《唐语林》卷七《补遗》:"(德裕)及南贬,有甘露寺僧允躬者,记其行事,空言无行实,尽仇怨假托为之。"同卷又载:"李卫公历三朝大权,出门下者多矣。及南窜,怨嫌并集。途中感愤,有'十五余年车马客,无人相送到崖州'之句。又书称'天下穷人,物情所弃'。镇浙西,甘露寺僧允躬颇受知。允躬迫于物议,不得已送至谪所,及归,作书,言'天厌神怒,百祸皆作,金币为鳄鱼所溺,室宇为天火所焚'。谈者藉以传布,由允躬背恩所至。"此所载德裕诗句"十五余年车马客"云云,亦不类德裕所作。(《李德裕贬死年月……》文谓"唐大中时,日本国求法僧圆珍福州温州台州求得经律论疏记外书等目录载有允躬录《南中李太尉事》一卷")

德裕至崖州后曾作书与段成式,叙及在崖州时生活。

《北梦琐言》卷八:"唐李太尉德裕左降至朱崖,著四十九论,叙平生所志。尝遗段少常成式书曰:'自到崖州,幸且顽健。居人多养鸡,往往飞入官舍,今且作祝鸡翁耳。谨状。'"宋吴炯《五总志》亦载德裕此书,云:"唐李德裕与段成式书曰:'自到崖州,幸且顽健。且居人多养鸡,往往飞入官舍,今且作咒鸡翁尔。'老杜云'尸乡余土室,难说閛鸡翁',用字不同,当更考之。"似以《五总志》作《咒鸡翁》为是。由此书可见德裕之生活情趣,非一味悲愁潦倒者。

五月,张仲武卒,其子直方知留后事。

《旧·宣宗纪》大中三年,"五月,幽州节度使、检校司徒、平章事张仲武卒,三军以其子直方知留后事"。《通鉴》载,本年六月戊申,又正式任命张直方为卢龙节度使。十月,军士将作乱,直方逃奔长安,"军中推牙将周綝留后"。幽州已不复如会昌时能遵循朝廷法度。

七月,复河湟。

> 见《旧·宣宗纪》、《通鉴》等书所载。

八月,德裕妻刘氏卒于崖州,年六十二。时子烨被贬于蒙州立山县,十月十六日闻讣,曾诣桂管使张鹭请奔丧,不允。

> 德裕撰《唐茅山燕洞宫大洞炼师彭城刘氏墓志铭》:"以己巳岁八月二十一日终于海南旅舍,享年六十有二。"时中子浑侍侧,《志》云:"有子三人,有女二人,聪敏早成,零落过半。中子前尚书比部郎浑,独侍板舆,常居我后,自母委顿,夙夜焦劳,衣不解带,言发流涕,其执丧也,加于人一等,可以知慈训孝思之所至也。幼子烨、钜同感顾复之恩,难申欲报之德,朝夕孺慕,余心所哀。"则钜与烨皆不在崖州。
>
> 按李烨前已贬蒙州立山尉,十月十六日闻讣。《刘氏墓志铭》后附"第四男烨记"云:"己巳岁冬十月十六日,贬所奄承凶讣,茹毒迷仆,岂复念□,匍匐诣桂管廉察使张鹭请解官奔讣,竟为抑塞。"按张鹭即李德裕由浙西任淮南时,为牛僧孺副使者,本与德裕有隙。

九月辛亥,西川节度使杜惊奏收复维州。

> 见《旧·宣宗纪》。《通鉴》载在十月。

自德裕贬崖州后,姚勖常致书慰问,并加馈饷。本年十一、十二月间,德裕曾致书与勖,叙生活艰阻、贫病交困之状。

《新书》卷一二四《姚崇传》，载崇子弈，弈子闳，闳曾孙合、勖。合即以诗著称，曾奏事攻劾德裕，勖为合弟，却与德裕亲善。《新传》云："勖字斯勤。长庆初擢进士第。数为使府表辞，进监察御史，佐盐铁使务，累迁谏议大夫，更湖、常二州刺史。为宰相李德裕厚善。及德裕为令狐绹等谮逐，摘索支党，无敢通劳问；既居海上，家无资，病无汤剂，勖数馈饷候问，不傅时为厚薄。"

按《嘉泰吴兴志》卷十四《郡守题名》载："姚勖：会昌三年六月二十九日自尚书左司郎中授，后迁吏部郎中。"勖当自吏部郎中再授右谏议大夫，崔嘏撰《授姚勖右谏议大夫制》（《全唐文》卷七二六）曾有"天官正郎，地连藻镜，职佐铨衡"语，正指吏部郎中而言。其时当在会昌末，大中初崔嘏任中书舍人时。

宋洪迈《容斋续笔》卷一《李卫公帖》："李卫公在朱崖，表弟某侍郎遣人饷以衣物，公有书答谢之，曰：'天地穷人，物情所弃，虽有骨肉，亦无音书，平生旧知，无复吊问。阁老至仁念旧，再降专人，兼赐衣服器物茶药至多，开缄发纸，涕咽难胜。大海之中，无人拯恤，资储荡尽，家事一空，百口嗷然，往往绝食，块独穷悴，终日苦饥，唯恨垂没之年，须作馁而之鬼。十月末，伏枕七旬，药物陈裛，又无医人，委命信天，幸而自活。'书后云'闰十一月二十日，从表兄崖州司户参军同正李德裕状侍郎十九弟'。按德裕以大中二年十月自潮州司马贬崖州，所谓闰十一月，正在三年，盖到崖才十余月耳，而穷困苟生已如是。《唐书》本传云贬之明年卒。则是此书既发之后，旋踵下世也。当是时宰相皆其怨仇，故虽骨肉之亲，平生之旧，皆不敢复通音问，而某侍郎至于再遣专使，其为高义绝俗可知，惜乎姓名不可得而考耳，此帖藏禁中，后出付秘阁，今勒石于道山堂西。……姚崇曾孙勖为李公厚善，及李谮逐，摘索支党，无敢通劳问。既居海上，家无资，病无汤剂，勖数馈饷候问，不傅时为厚薄，其某侍郎之徒欤？"

德裕别集六卷有《与姚谏议勖书三首》。岑仲勉《唐史余沈》卷三《再论文饶集之姚谏议》，谓此姚谏议，"似可断为勖"，"文饶集之姚郧，亦或后人误题"。按岑说是。《与姚谏议书三首》，第一首称"谏议十五郎"，据前所考，姚勖于会昌末、大中初正任右谏议大夫之职，信中所述亦与史传相合。第二首，即《容斋续笔》所载"李卫公帖"，但帖中称"侍郎十九弟"，德裕自称从表兄，文集中则未见，只称为阁老，盖德裕会昌中为门下侍郎、同中书门下平章事，右谏议大夫属中书省，故以阁老相呼，由此益可证明此为姚勖，洪迈所云帖中称侍郎，当亦后人误写。

按此书中云"自十月末得疾，伏枕七旬"，则为十二月，第一信云"闰十二月二十八日"，大中三年为闰十一月，此"十二月"当为"十一月"之误。德裕作信后不久，当即弃人世。（又，《全唐文纪事》卷二八亦载《容斋续笔》文，陈鸿墀案，亦曾谓姚谏议郧，或勖字之误，但陈氏未有佐证。）

十二月十日己未，德裕卒，年六十三。

德裕卒年月日，所书不一。《旧·宣宗纪》大中三年十二月，"崖州司户参军李德裕卒于贬所"。《通鉴》大中三年闰十一月,"己未,崖州司户李德裕卒"。《旧传》谓大中元年以太子少保分司东都,"寻再贬潮州司马。……明年冬,又贬潮州司户。……大中二年,自洛阳水路经汀、淮赴潮州。其年冬,至潮阳,又贬崖州司户。至三年正月,方达珠崖郡。十二月卒,时年六十三"。《新传》则谓:"明年(按指大中三年)卒,年六十三。"按《旧传》误加贬潮州司户一节,前文已辨,其他所载则大体属实(大中二年冬始抵潮阳,途中时间太长,亦有可疑)。王鸣盛《十七史商榷》卷九一《李德裕贬死年月》条驳《旧传》之误,而云:"所谓明年者,大中二年也。其下文二年当作三年,三年当作四年,年六十三当作六十四。"

按王说误,已详于陈寅恪《李德裕贬死年月及归葬传说辨证》所考,此不赘述。陈说谓当以诸书所记,卒于大中三年,年六十三。至于所卒月日,《通鉴》系于闰十一月,陈文考云:"《通鉴》书己未崖州司户李德裕卒于甲戌追上顺宪二宗谥号之后。《通鉴目录》二四亦书上辞尊号,加顺宪谥于李德裕卒之前。可知温公元本即已如此,并无误写。但甲戌追上顺宪二宗谥号,既上承(大中三年)闰十一月丁酉宰相以克复河湟请上尊号之记载,故己未崖州司户李德裕卒一语,依文义次序,自应系于闰十一月。此《通鉴纪事本末》所以直书'(宣宗大中)三年冬闰十一月崖州司户李德裕卒'也。然检刘羲叟《长历》及陈垣氏《二十史朔闰表》,大中三年闰十一月辛巳朔,十二月庚戌朔,据《旧唐书·宣宗纪》追上顺宪谥号在大中三年十二月,则《通鉴》所系追上顺宪二宗谥号之上,脱去'十二月'三字。其甲戌乃十二月甲戌,即十二月二十五日也。十二月二十五日既为甲戌，则同月之内，己未之干支只能在甲戌之前，不能在甲戌之后。以十二月庚戌朔推之，则己未为十二月十日。此与《南部新书》卷戊之'李太尉以大中三年十二月十日卒于贬所'之语适合。是年闰十一月朔日既为辛巳，无论如何，其月内不能有己未之日。故《通鉴》应将'己未崖州司户李德裕卒'一语，移于甲戌追上顺宪谥号之前，又应于甲戌之前，补书'十二月'三字，方合事实。"

〔纠谬〕《唐语林》所载李德裕心痛而卒之谬载。

《唐语林》卷七《补遗》："李卫公在珠崖郡……郡有一古寺，公因步游之。至一老禅院，坐久，见其内壁挂十余葫芦，指曰：'中有药物乎？弟子颇足疲，愿得以救。'僧叹曰：'此非药也，皆人骼灰耳；此太尉当朝时，为私憾黜于此者，贫道悯之，因收其骸焚之，以贮其灰，俟其子孙来访耳！'公怅然如失，返步心痛。是夜卒。"

按《唐语林》所载此节，未知本于何书。所谓僧人所挂十余葫芦，皆是会昌时被德裕所贬流人之骨灰，显系晚唐人造作诬蔑之辞。

〔有关李德裕政治、文学、著作、生活等的评论〕

德裕卒后，晚唐人即有诗赞美其政事，感叹其贬逐。著名者如李商隐的《漫成五章》，其四云："代北偏师衔使节，关东裨将建行台。不妨常日饶轻薄，且喜临戎用草莱。郭令素心非黩武，韩公本意在和戎。两都耆旧偏垂泪，临老中原见朔风。"冯浩《玉溪生诗集证据注》（卷二）谓："四章'代北'二句，专为石雄发，以见李卫公之善任人也。……执政以（雄）

德裕所荐，仅除龙武统军，失势怏怏，闻德裕贬，发疾而卒。雄本系寒，又召自流所，党人既排摈于德裕罢相之后，必早轻薄于德裕委任之时，故曰'不妨常日饶轻薄，且喜临戎用草莱'也。……雄为党人排摈，义山受党人之累，故特为之鸣不平，而致慨于卫国也。……五章咏河湟收复之事，而悼卫公也。……观会昌初，天德军使田牟请击嗢没斯及赤心内附之众，德裕独谓当遣使镇抚，赐以粮食，怀柔得宜，彼必感恩，此亦足见非黩武而在和戎之大指矣。及大中三年收复河、湟，未始叨会昌之余威，而卫公则已叠贬将死也。……四五两章则大白卫国任将运筹之勋，而恨谗口之无良，以卫国之相业，石雄之战功，尚遭排斥，更何有于他人哉？"张采田《玉溪生年谱会笺》解为："四章专美赞皇，言我尝平日轻薄卫公，而岂知当国秉钧，竟能起用草莱，以成中兴之功，今岂有此人哉？代北使节，谓破乌介，关东行台，谓平泽潞，皆指石雄。雄本系寒，又为卫公所特赏，及卫公罢相，仅除龙武统军，怏怏而卒，始终不负恩知，故特表之。五章则又为卫公维州之事辨谤。"又谓："此五首者，不但义山一生吃紧之篇章，实亦为千载读史者之公论。彼谓义山终于牛党者，魂魄有知，能不饮恨于无穷也欤？"冯、张二氏对诗旨的具体解析有所不同，但谓此二诗皆为德裕功业而发则意见一致，由此可见李商隐于德裕卒后所持的态度。

稍后，汪遵有《题李太尉平泉庄》一诗，云："平泉花木好高眠，嵩少纵横满目前。惆怅人间不平事，今朝身在海南边。"（《全唐诗》卷六〇二）对德裕之贬逐深致感慨。汪遵，宣城人,懿宗咸通七年登进士第,其事迹可参见《唐诗纪事》卷五九,《唐才子传》卷八。

在此之外,评论者尚多,今分政事、文学、学识才艺、生活等,将有关材料摘录于下,以备研讨。

一、政事

《唐故中散大夫秘书监致仕上柱国赐紫金鱼袋赠左散骑常侍东平吕府君墓志铭》(北京图书馆藏拓本,今据周绍良先生抄本),其子吕焕撰。吕府君为吕让,字遐叔。据志,让之兄"故衡州刺史",当是吕温,因云"故柳州刺史柳公宗元为序饯别,具道所以然者"。让初从乡试,所作文曾得到韩愈、皇甫湜、张籍的叹赏。曾任大理少卿、万年县令,李中敏曾谓之"谅直不回,才大用小"。志文云:"时故相国赵国李公德裕以公孤介,欲授文柄者数矣,寒苦道艺之士,引领而望。"按吕让卒于大中九年十月。可见即使在大中时,即有人赞美李德裕能用孤介之士,欲拔之主持贡举,而此又为"寒苦道艺之士"所仰望。

李翱(?)《卓异记》"父子皆自扬州再入为相"条:"李吉甫,子德裕。按国朝继世为相者数子,唯吉甫、德裕皆自扬州节度再入为相,则无其匹。况吉甫以忠明博达事宪宗,德裕以清直无党事武宗,今上践祚,起而用之,与苏瑰父子相望为优劣,况颋不再相,再相者则德裕之盛为难及也。"按《卓异记》,《新书·艺文志》谓著者李翱,"宪、穆时人"。《郡斋读书志》谓一题陈翱撰,《四库提要》著录,谓"李翱为贞元、会昌间人,陈翱为宪、穆间人,何以纪及昭宗:其非李翱,亦非陈翱,甚明"。按此书前有自序,称"开成五年七月十一日予在檀溪",则书当成于开成五年之前,而此处所引又称武宗,又云"今上践祚,起而用之",殊不可解。或晚唐时人杂纂而成,非出一人之手。关于其书的考证,可参见程毅中《古小说简目》,袁行霈、侯忠义《中国文言小说书目》。

唐裴庭裕《东观奏记》卷上:"武宗朝任宰相李德裕,德裕虽丞相子,文学过人。性孤峭,疾朋党如仇雠,挤牛僧孺、李宗闵、崔珙于岭南,杨嗣复、贞穆李公珏(自注:庭裕亲外叔祖)以会昌初册立事亦七年岭外。"按《东观奏记》,三卷,多记宣宗朝政事,裴庭裕撰。庭裕字膺余,闻喜人,官左补阙,见《新书·宰相世系表》。《唐摭言》称其乾宁中在内廷,文书敏捷,号下水船。其书大多偏祖牛党,但也记述德裕之"文学过人","疾朋党如仇雠",此盖为当世公论。

萧遘为晚唐僖宗朝翰林学士,后曾为相,甚有声誉。《全唐文》卷八六僖宗《授王择萧遘平章事制》曾概誉为:"自精通艺行,履历清崇,逸翰摩云,高踪绝地。"又乐朋龟草撰的《萧遘判度支制》(《全唐文》卷八一四)特称其才华:"众谓国华,雅得韦平之称;时推人瑞,谅齐管乐之名。"萧遘于懿宗咸通五年(864)登进士第,《旧唐书》卷一七九《萧遘传》记其登第后初入仕,即"形神秀伟,志操不群",慕李德裕为人,自比为李德裕,同年皆戏呼"太尉"。可见懿宗时李德裕在士人中之声誉。

唐无名氏《玉泉子》:"李德裕以己非由科第,恒嫉进士举者,及居相位,贵要束手。"按《唐语林》卷七《补遗》亦载此,当本于《玉泉子》。又云："李德裕抑退浮薄,奖拔孤寒,于时朝贵朋党,德裕破之,由是结怨,而绝于附会,门无宾客。"按此当为晚唐人所作。所记有矛盾处,既云嫉进士举,又云奖拔孤寒,并使贵要束手,但褒多于贬,所云"绝于附会,门无宾客",与牛党如杨虞卿等奔走趋利,适成对照。又孙光宪《北梦琐言》卷三亦谓:"唐相国李太尉德裕,抑退浮薄,奖拔孤寒,于时朝贵朋党,掌武破之,由是结怨,而绝于附会,门无宾客。"此当即本之于《玉泉子》。

宋苏辙《栾城后集》卷十一《历代论·牛李》:"唐自宪宗以来,士大夫党附牛李,好恶不本于义,而从人以喜愠,虽一时公卿将相,未有杰然自立者也。牛党出于僧孺,李党出于德裕,二人虽党人之首,然其实则当世之伟人也。盖僧孺以德量高,而德裕以才气胜,德与才不同,虽古人鲜能兼之者;使二人各任其所长而不为党,则唐末之贤相也,僧孺相文宗,幽州杨志诚逐其将李载义,帝召问计策,僧孺曰:'是不足为朝廷忧也。范阳自安史后不复系国家休戚,前日刘总纳土,朝廷糜费且百万,终不能得斗粟尺布以实天府,俄复失之。今志诚犹向载义也,第付以节,使捍奚、契丹,彼且自力,不足以逆顺治也。'帝曰:'吾初不计此,公言是也。'因遣使慰抚之。及武宗世,陈行泰杀史元忠,张绛复杀行泰以求帅,德裕以为河朔命帅,失在太速,使奸臣得计,迁延久之,擢用张仲武,而绛自毙。僧孺以无事为安,而德裕以制胜为得,此固二人之所以异,较之德裕则优矣。德裕节度剑南西川,吐蕃将悉怛谋以维州降。维州,西南要地也。是时方与吐蕃和亲,僧孺不可曰：'吐蕃绵地万里，失一维州，不害其强。今方议和好，而自违之，中国御戎，守信为上，应变次之。彼若来责失信，赞普牧马蔚茹川，东袭汧陇，不三日至咸阳，虽得百维州何益！'帝从之，使德裕反降者，吐蕃族诛之，德裕深以为恨，虽议者亦不直僧孺。然吐蕃自是不为边患，几终唐世，则僧孺之言非为私也。帝方用李训、郑注，欲求奇功，一日延英谓宰相：'公等亦有意于太平乎？何道致之？'僧孺曰：'臣待罪宰相，不能康济天下。然太平亦无象，今四夷不内侵，百姓安生业，私室无强家，上不壅蔽，下不怨讟，虽未及全盛，亦足为治矣；而更求太平，非臣所及也。'退谓诸宰相：'上责成如此，吾可久处此耶？'既罢未久，李训为甘露之事，几至亡国。帝初欲以训为谏官，德裕固争，言训小人，咎恶已著，决不可用。德裕亦以此罢去。二人所趣不同，及其临训、注事，所守若出于一人，吾以是知其皆伟人也。然德裕代僧孺于南（琮按此南上当脱淮字），诉其干没府钱四十万缗，质之非实；及在朱崖，作《穷愁志》，论《周秦行纪》，言僧孺有僭逆意，悻然小文去之心（琮按此数字当有误）老而不衰也。始僧孺南迁于循，老而获归，二子蔚、丛，后皆为名卿；德裕没于朱崖，子孙无闻，后世深悲其穷，岂德不足而才有余，固天之所不予耶？"按苏辙此论，表面上似持调和平衡之说，如谓德裕、僧孺皆为当世之伟人，而实则祖牛而绌李，所举事例，多不中理，亦不合事实，又如云德裕子孙后世无闻，亦于事实有违。苏辙此说，多本《通鉴》，与他在王安石变法时，初持两端，后终于倾向司马光这一政治态度有关。

宋吕夏卿《唐书直笔》卷四批评《旧唐书》体例不纯,中云:"刘昫抵牾之甚,蒙窃能道其一二。……若李石之与僧孺、杨绾之与常衮是也。"则吕夏卿以李石为是,僧孺为非,直李党而斥牛党。

宋李之仪《书牛李事》(《姑溪居士集》卷十七),中云:"武宗立,专任德裕,而为一时名相,唐祚几至中兴,力去朋党,卒为白敏中、令狐绹所中伤,岂无心始可立事,而有心则讫不能济。使德裕不以前日为念,而一心所事,唐祚固未艾也。"李之仪充分肯定德裕会昌时的政绩,但认为德裕仍以一党之私为念而表示遗憾。李之仪处于北宋后期新旧党争激烈之时,他因亲于苏轼而受到连累,故对牛李党争持折中态度。

宋叶梦得《避暑录话》卷二:"李德裕是唐中世第一等人物,其才远过裴晋公,错综万务,应变开阖,可与姚崇并立,而不至为崇之权谲任数。使武宗之材如明皇之初,则开元不难致。其卒不能免祸而唐亦不兢者,特恩怨太深,善恶太明,及堕朋党之累也。推其源流,亦自其家法使然。彼吉甫于裴垍尚以恩为怨,况牛僧孺、李宗闵辈实相与为胜负者哉!故知房、杜诚不易得,天下唯不争长、不争功,则无事不可为。"又卷三云:"大抵人才有四种,德量为上,气节次之,学术又次之,才能又次之。欲求成材,四者不可不备。……唐人房玄龄、裴度优于德量,宋璟、张九龄优于气节,魏郑公、陆贽优于学术,姚崇、李德裕优于才能。姚崇蔽于权数,德裕溺于爱憎,则所胜者为之累也。"按,叶梦得称德裕为"唐中世第一等人物"，在此之前，除李商隐外，尚无如此高之评价。又评德裕所谓"怨恩太深，善恶太明"，及"溺于爱憎"，则尚囿于成说。至于说德裕之朋党偏见，得之于其父，并谓吉甫对裴垍以怨为恩，则是深受《通鉴》的影响，不符合于实际。

宋王谠《唐语林》卷七《补遗》："武宗任李德裕，德裕虽丞相子，文学过人。性孤峭，嫉朋党。"按，此条亦即辑自《玉泉子》等书。

宋董逌《广川书跋》卷八《武昌诗》："李卫公武昌诗，其间谓'牛羊具特俎'，则指牛僧孺、杨嗣复。叹夫朋党之怨，至于如此，虽一话言间，且不能忘，必求诋訾以逞其憾，安得公天下而无私好憎之心哉！德裕学优而材胜，其操术近正，但悁忿少容，以及于祸。"按，德裕武昌诗全篇已佚，仅存"牛羊具特俎"一句，亦见《全唐诗》卷四七五。单从这一句似还不能说是影射攻击牛僧孺等人。董逌虽然也说德裕"悁忿少容"，但仍肯定其"学优而材胜，其操术近正"，这应当说是德裕的基本点。

宋胡寅《读史管见》卷二五："李文饶资气劲直，才略通敏。"按，胡寅此评虽简，但论德裕的气质和才略，却甚确。这与胡寅于南宋初力主抗金、严斥秦桧的政治态度有关。

明王世贞《弇州山人稿·读〈会昌一品集〉》："余尝怪唐中兴以后，称贤相者，独举裴晋公，不及李文饶，以为不可解。后得文饶《一品集》读之，无论其文辞剀凿瑰丽而已，即揣摩悬断，曲中利害，虽晁、陆不胜也。文饶佐武宗，通黠戛斯，破回鹘，平太原，定泽潞，若振槁千里之外，披胆待烛，百万之众,俯首而听,一言之指麾,国势尊,主威振,即不啻屣裴公而上之。而及其贬也,天下有以为当然者,岂尽成败论耶?彼其訾太尉之赏浮,则不闻有以司徒匹者,讥平泉之观侈,则不闻以绿野匹者,又何也?裴以诚,李以术,裴以容,李以忮,如是而已。"

清王士禛《香祖笔记》卷十二:"唐牛李之党,赞皇君子,功业烂然,与裴晋公相颉颃,武宗之治,几复开元、元和之盛,其党又皆君子也。僧孺小人,功业无闻,怛悉谋维州一事怨恫神人,其党李宗闵、杨虞卿之流又皆小人也。二人之贤不肖如薰莸然,不难辨也。自苏颍滨二人皆伟人之说出,谓僧孺以德量高,德裕以才气胜,而贤不肖始混淆矣。初僧孺尉嵩县,而水中滩出,有鹔鹴一双飞下,僧孺果入西台。陈仲醇云奇章入台当以鸥枭应之,此虽戏论,实公言耳。吾宗鹤尹兄扑工于词曲,晚作《筹边楼传奇》,一褒一贬,字挟风霜,至于维州一案,描摹情状,可泣鬼神,尝属予序之,而未果也。今鹤尹殁数年矣,忆前事为之怃然,聊复论之如此,将以代序,且以见传奇小技足以正史家论断之谬诬也。"

清全祖望《鲒埼亭集》外编卷三七《杜牧之论》:"杜牧之才气,其唐长庆以后第一人耶。读其诗古文词,感时愤世,殆与汉长沙太傅相上下。然长沙生际熙时,特为庙堂作忧盛危明之言,以警惰窳,牧之正丁晚季,故其语益蒿目搥胸,不能自已,而其不善用其才亦略同。牧之世家公相,少负高名,其于进取本易,不幸以牛僧孺之知,遂为李卫公所不喜。核而论之,当时之党于牛者,尽小人也,而独有牧之之磊落,李给事中敏之伉直,则虽受知于牛,而不可谓之牛之党。卫公不能别白用之,概使沈埋,此其褊心,无所逃于识者之责备,而其勋名之不得究竟,至有朱崖之行,亦未尝不由此。然在牧之,则不可谓非急售其才,而不善其用者也。卫公讨泽潞,牧之上方略,卫公颇用其言,功成而赏弗之及,卫公诚过矣。然古之人有成非常之功,裂土封之,而飘然辞去者,牧之独弗闻耶?亦何用是怏怏为也。且卫公虽未能忘情于门户之见,而其相业虽怨仇之口不能没,牧之所为诗,其于卫公,深文诋之,是何言欤!近世海盐胡孝辕谓牧之年未五十,四典专城,亦不可谓之牢落,其言良是。……"

清毛凤枝《关中金石文字存逸考》卷九"华阴县",于《剑南西川节度使李德裕题名》下云:"赞皇既负不世之才,又遇有为之主,使能竟其用,则河北藩镇可以次第削平,中兴之功当以武宗为最。不幸武宗享国未久,宣宗嗣立,以奉册之微嫌,蹈骖乘之故辙,牛李之党乘间挤之,卒致贬死,岂不惜哉!余少读《通鉴》,每见赞皇之料事明决,号令整齐,其才不在诸葛下,而宣宗即位,自坏长城,赞皇功业不就,唐祚因以日微。懿、僖之际,藩镇构兵于外,宦寺弄权于内,遂酿黄巢之祸,朱温出其中,因移唐祚。君子读书至此,未尝不太息痛恨于贞陵也。"

二、文学

《松陵集》卷二皮日休《追和虎丘寺清远道士诗》,诗前小序云:"虎丘山有清远道士诗一首……颜太师鲁公爱之不暇,遂刻于岩际,并有继作。李太尉卫公钦清远之高致,慕鲁公之素尚,又次而和之。颜之叙事也典,李之属思也丽,并一时之寡和。"按德裕诗为《追和太师颜公同清远道士游虎丘寺》,见别集卷三。

五代孙光宪《北梦琐言》卷七:"弘农杨敬之撰《华山赋》,朱崖李太尉每置座右,行坐讽之。其略云……(小注:杨氏华阴之茂族,冠盖甚远,此乃寄意于华山而言世事,实雄才也。)"又卷六:"愚曾览太尉《三朝献替录》,真可谓英才,竟罹朋党,亦独秀之所致也。"

宋周密《齐东野语》卷十:"李德裕《文章论》云:'文章当如千兵万马,风恬雨霁,寂无人声。'黄梦升题兄子庠之辞云:'子之文章,电激雷震,雨雹忽止,閴然泯灭。'欧公喜诵之,遂以此语作祭苏子美文。"

清王士禛《池北偶谈》卷十七《谈艺·会昌一品集》:"李卫公一代伟人,功业与裴晋公伯仲。其《会昌一品制集》,骈偶之中,雄奇骏伟,与陆宣公上下。别集忆平泉五言诸诗,较白乐天、刘梦得不啻过之。"

王士禛《香祖笔记》卷六:"余尝欲取唐人陆宣公、李卫公、刘宾客、皇甫湜、杜牧、孙樵、皮日休、陆龟蒙之文,遴而次之,为八家以传。恨敚于吏事,不遑卒业,俟乞骸骨归田后,当毕斯志。"

清孙梅《四六丛话》卷六"制敕诏册":"……唐代演纶,始称妙选。太宗肇启瀛洲,俾参密勿,尔后封拜将相,例降麻词,则凤池专出纳之司,翰苑掌文章之柄。云烟焕烂,从青琐以追趋;铃索深沉,有玉堂之故事。自颜、岑、崔、李、燕、许、常、杨，起家济美，染翰垂名者，以十百数，而超群特出，尤推陆贽、李德裕焉。……学士不尽人意，敕书须卿自为，是卫公以揆路而摄掌纶也。……观《一品会昌》之集，明白晓畅，自足以伐敌国阴谋之计，岂非才猷迥出、词笔参长者乎！"

罗振玉《石交录》卷四："卫公负济世之才，相业彪炳，而文采亦冠于当世。欧阳公跋《大孤山赋》云，赞皇文辞，甚可爱也，其及祸，或责其不能自免，然古今聪明贤智之士不能免者多矣，岂独斯人矣欤！其慨慕甚至。予读公两志（琼按即德裕所作刘氏、徐氏墓志），与欧公有同慨也。"

三、学识才艺

唐张彦远《历代名画记》卷二《论鉴识收藏购求阅玩》："又有从来蓄聚之家，自号图书之府。（原注：近则……韩侍郎愈、裴侍郎潾、段相邹平公文昌、中书令晋公裴度、李太尉德裕）。"

《唐阙史》（题参寥子撰，乾符甲午生，甲辰岁自序）《贱买古画马》："荥阳外郎董宰万年日，有荷校者以贼呼之，言尝绐妇人廉市马画，外郎奇之，命取以视，则古丝烟晦，幅联三四，蛮罽裁标，斑罿轴之，曰：'是画也，太尉李公所宝。'隙有赞皇图书篆焉……"

唐冯翊《桂苑丛谈》"竹柱杖"条："太尉朱崖公两出镇于浙右，前任罢日，游甘露寺，因访别于老僧院，公曰：'弟子奉诏西行，祗别和尚。'老僧者熟于祗接，至于谈话多空教，所长不甚，对以他事，由是公怜而敬之。煮茗既终，将欲辞去，公曰：'昔有客遗筇竹杖一条，聊与师赠别。'亟令取之。须臾而至，其杖虽竹而方，所持向上，节眼须牙，四面对出，天生可爱，且朱崖所宝之物，即可知也。别后不数岁，再领朱方，居三日，复因到院，问前时柱杖何在，曰：'至今宝之。'公请出观之，则老僧规圆而漆之矣。公嗟叹再弥日，自此不复目其僧矣。太尉多蓄古远之物，云是大宛国人所遗竹，唯此一茎而方者也。"

南唐尉迟偓《中朝故事》："古者五行官守皆不失其职，声色香味俱能别之。赞皇公李德裕，博达之士也。居庙廊日，有亲知奉使于京口，李曰：'还日金山下扬子江中泠水与取一壶来。'其人举棹日，醉而忘之，泛舟止石城下，方忆及，汲一瓶于江中，归京献之。李公饮后，惊讶非常，曰：'江表水味，有异于顷岁矣。此水颇似建业石城下水。'其人谢过，不敢隐也。有亲知授舒州牧，李谓之曰：'到彼郡日，天柱峰茶可惠三数角。'其人献之数十斤，李不受，退还。明年罢郡，用意精求，获数角投之，赞皇阅之而受曰：'此茶可消酒肉毒。'乃命烹一瓯沃于肉食，以银合闭之，诘旦同开视，其肉已化为水矣。众伏其广识也。"

五代孙光宪《北梦琐言》卷四："唐朱崖李太尉与同列款曲，或有征其所好者，掌武曰：'喜见未闻言、新书策。'"

宋陶毂《清异录》卷三《斗磨大洞簟》："李文饶家藏会昌所赐大同簟，其体白竹也。斗磨平密，了无罅隙，但如一度腻玉耳。"

宋李昭玘《乐静集》卷七《送吴秀才归汝上序》，中云："唐李卫公薨百八十年，士大夫有观故物于其家者，感叹恻隐,敛容肃心,竦动耳目,如见其人。彼其声音笑貌已散于冥漠,气血精魄复化为尘腐,后之人方且区区起慕于手泽之遗物,此独爱卫公之贤为不足故也。物之偶存者犹然,果见贤子孙则爱之宜何如。"按由此可见宋人睹李德裕之遗物,尚能"敛容肃心,竦动耳目"。

罗振玉《石交录》卷四:"魏晋以后,篆隶书法日亡,故六朝以降,隶书诸刻,罕有得古法者。予所见六朝以降隶书,惟北齐赫连子悦墓志丰厚近古,若有隋诸志多隶书,均屡劣可憎,毫无法矩。唐时贺秘监,传称其工楷隶,然今观其所撰戴令言及朱公夫人王氏志,皆庸俗不足观。……今予所藏隶书者偻指不能计,但罕有工者,其尚存古法者,有唐惟李卫公一人耳。"

四、生活

唐李冗《独异志》卷下:"武宗朝宰相李德裕奢侈极,每食一杯羹,费钱约三万,杂宝贝珠玉雄黄朱砂煎汁为之,至三煎,即弃其滓于沟中。"

《谈宾录》(《类说》卷十五)《金盆渍白龙皮》:"李德裕当盛暑会客,以金盆渍白龙皮于坐侧,须臾凉飙爽气,凛若秋高。"

宋丁用晦《芝田录》:"李德裕取惠山泉,自常州京置递号水递。"按此据《说郛》本,文字疑有误,不可句读,其书仅十余条,皆记南朝隋唐事,文字疏略,似系杂抄而成。《唐语林》卷七《补遗》亦有类似记载,而所载较详,云:"李卫公性简俭,不好声妓,往往经旬不饮酒,但好奇功名。在中书不饮京城水,茶汤悉用常州惠山泉,时谓之'水递'。有相知僧允躬白公曰:'公迹并伊、皋,但有末节尚损盛德。万里汲水,无乃劳乎?'公曰:'大凡末世浅俗,安有不嗜不欲者? 舍此即物外,世网岂可萦系? 然弟子于世,无常人嗜欲,不求货殖,不迩声色,无长夜之欢,未尝大醉。和尚又不许饮水,无乃虐乎? 若敬从上人之命,即止水后,诛求聚敛,广畜姬侍,坐于钟鼓之间,使家败而身疾,又如之何?'允躬曰:'公不晓此意。公博识多闻,止知常州有惠山寺,不知脚下有惠山寺井泉。'公曰:'何也?'曰:'公见极南物极北有,即此义也。苏州所产,与沂、雍同。陇岂无吴县耶? 所出蒲鱼菰鳖既同,彼人又能效苏之织纴,其他不可遍举。京中昊天观厨后井,俗传与惠山泉脉相通。'因取诸流水,与昊天水、惠山水称量,唯惠山与昊天等,公遂罢取惠山水。"

又,段成式曾为德裕之浙西、荆南幕府从事,《酉阳杂俎》中有数处记德裕言谈,也可见出德裕之博识多闻,今亦摘录于下:

《酉阳杂俎》续集卷八《支动》:"卫公言鹅警鬼,鸡鹊厌火,孔雀辟恶。""卫公画得峡中异蝶,翅阔四寸余,深褐色,每翅上有二金眼。""公又说道书中言獐鹿无魂,故可食。"

同上续集卷九《支植》上:"卫公言,桂花三月开,黄而不白,大庾诗皆称桂花耐日,又张曲江诗'桂华秋皎洁',妄矣。""卫公又言,衡山旧无棘,弥境草木无有伤者。曾录知江南,地本无棘,润州仓库或要固墙隙,植蔷薇枝而已。""卫公言,有蜀花鸟图,草花有金粟、石阑、水礼、独角将军、药管。石阑叶甚奇,根似棕叶。大凡木脉皆一脊,唯桂叶三脊。""(卫公)又言,贞元中牡丹已贵,柳浑善言:'近来无奈牡丹何,数十千钱买一窠。今朝始得分明见,也共戎葵较几多。'成式又尝见卫公图中有冯绍正鸡图,当时已画牡丹矣。""卫公庄上旧有同心蒂木芙蓉。""卫公言,金钱花损眼。""卫公言,石榴甜者谓之天浆,能已乳石毒。""卫公言,三鬣松与孔雀松别。又云,欲松不长,以石抵其直下根,便不必千年方偃。"

关于德裕著作的记载。

《旧传》谓:"好著书为文,奖善嫉恶,虽位极台辅,而读书不辍。……有文集二十卷。记述旧事,则有《次柳氏旧闻》、《御臣要略》、《伐叛志》、《献替录》行于世。"《新传》也称其"善为文章,虽至大位,犹不去书",又谓"生平所论著多行于世"。《新书·艺文志》除著录其文集外,还著录德裕所著《次柳氏旧闻》、《文武两朝献替记》、《会昌伐叛记》、《异域归忠传》、《御臣要略》、《西南备边录》等。唐朝任宰相大臣而所著有如此多种,是极少见的。

关于德裕著作的流传、刊刻情况,笔者与周建国同志已撰有《李德裕文集校笺》,前言中有详述,此处不再赘及。

外集四卷,也称《穷愁志》,前有小序,云:"予顷岁吏道所拘,沈迷簿领,今则幽独不乐,谁与晤言,偶思当世之所疑惑,前贤之所未及,各为一论,庶乎箴而体要,谓之《穷愁志》,凡三卷,篇论四十九首。销此永日,聊以解忧。地僻无书,心力久废,每怀多闻之益,颇有缺疑之恨。贻于朋友,以俟箴规。"则是被贬后在崖州所作。《直斋》卷十六谓:"《穷愁志》,晚年迁谪后所作,凡四十九篇,其论精深,其词峻洁,可见其英伟之气;《周秦行纪》一篇,奇章怨家所为,而文饶遂信之尔。"自《新书·艺文志》至《四库全书总目》,都加著录,似已不成问题。但《穷愁志》是否全为德裕所作,尚可讨论。

《穷愁志》中有些篇章可以确定非李德裕作。如《须数有报论》(卷四)又云:"余乙丑岁自荆楚保厘东周。"乙丑为会昌五年,这年自春至冬,德裕事迹皆可考见,在朝任相,如何有自荆楚改东都留守之事?此事乃在宣宗即位以后,会昌六年九月。《穷愁志》为作于大中三年,则三年以前之事怎能乖刺如此?又如《周秦行纪论》。此篇载于卷四,与全书体例极不相合。《穷愁志》所载,或可称为史论,此篇独为相传牛僧孺所作的传奇小说《周秦行记》而发,实不协调。关于《周秦行纪》的作者,自宋张洎《贾氏谈录》起,就有不少人以为是韦瓘所作而托名于牛僧孺者。《贾氏谈录》谓:"牛奇章初与李卫公相善,尝因饮会,僧孺戏曰:'绮纨子何预斯坐?'卫公衔之。后卫公再居相位,僧孺卒遭谴逐。世传《周秦行纪》非僧孺所作,是德裕门人韦瓘所撰。开成中,曾为宪司所核,文宗览之,笑曰:'此必假名,僧孺是贞元中进士,岂敢呼德宗为沈婆儿也。'事遂寝。"这段记载有不合事实、不合情理的地方。说李德裕、牛僧孺二人最初相善,于史无征;又说牛在一次饮宴场合讥刺德裕,德裕怀恨在心,后居相位,遂将牛贬逐,都非事实,前谱可按。又说《周秦行纪》为德裕门人韦瓘所作,按《新书》卷一六二《韦夏卿传》后附有瓘小传,夏卿弟正卿,瓘为正卿子,"字茂弘,及进士第,仕累中书舍人。与李德裕善,德裕任宰相,罕接士,唯瓘往请无间也。李宗闵恶之,德裕罢,贬为明州长史。会昌末,累迁楚州刺史,终桂管观察使"。又唐莫休符《桂林风土记》之《碧浔亭》条载,韦瓘于大中初任桂管,马植拜相,罢瓘桂管仕。可见韦瓘因与李德裕友善而受到党争的牵累,曾两度被贬官。但《唐会要》卷五五《谏议大夫》条载瓘于元和十五年十月任左拾遗之职,可见他与德裕同时,仕宦还比德裕为早,绝不可能是李德裕的门生。由以上几点,可见《贾氏谈录》此条的记载不可信。所谓贾氏,指贾黄中,五代末、北宋初人,距德裕时代已远,得之传闻,实不足为据。但此条记载的影响却很大,如晁公武《郡斋读书志》也沿用这一说法,后人并据以论证牛、李二人的优劣,如宋朱翌《猗觉寮杂记》卷下:"李德裕《穷愁志·周秦行记论》,谓牛僧孺身与帝王后妃冥遇,证其身非人臣相,怀异志于图谶云云,所恨未暇族之,若不在当代,必在子孙,须以太牢少长咸置于法。牛李之党,如宗闵之徒,则小人也,僧孺无大过恶,而德裕恨之如此之深,亦过矣,至欲灭其族,则德裕乃忍人也。僧孺岂能为篡逆,身死之后,子孙岂有反者。信图谶而妄加人以灭族之罪,恐天地不容,鬼神不赦,卒死朱崖,未必非报也。"明胡应麟《少室山房笔丛》卷三二《四部正讹》下:"《周秦行纪》,李德裕门人伪撰,以构牛奇章者也。中有沈婆儿作天子等语,所为根蒂者不浅。独怪思黯罹此巨谤,不呶自明,何也?牛、李二党曲直,大都鲁、卫间,牛撰《玄怪》等录,亡只词构李,李之徒顾作此以危之。於戏!二子者,用心可睹矣。牛迄功名终,而子孙累叶贵盛,李挟高世之才,振代之绩,卒沦海岛,非忌克忮害之报耶?"朱、胡二人都是根据不确实的材料加以推论,并从而对李德裕的不幸遭遇作幸灾乐祸的讥讽。宋人陈善在《扪虱新语》(卷十三《牛僧孺李德裕之党》)中虽也祖牛而薄李,但其中云:"德裕在海南作《穷愁志》,论《周秦行纪》,谓僧孺有不臣之志,且以为两角犊子自颠狂为牛氏之谶,不知两角犊子自全忠姓也。"这里于无意中透露出一个重要消息,即本是晚唐五代人讥讽朱全忠的言辞被用进这篇《周秦行纪》中去。这也可以用来解释胡应麟的问题:"独怪思黯罹此巨谤,不吼自明,何也?"本是晚唐五代人所作,牛僧孺根本没有见到,何能辨谤呢?假如果是文宗时已有此书,牛党能如此沉默吗?这也就是为什么有关此书作者的公案直到《贾氏谈录》才加记载的原因。较为合理的推测是:《周秦行纪》为晚唐五代人所作,为了诬蔑李德裕,托名牛僧孺所撰,因韦瓘与李德裕亲善,就又说此篇实际为德裕门生韦瓘所作,以显示李德裕之阴险,同时又伪撰《周秦行纪论》,作为《穷愁志》中的一篇,以坐实此事。——因《周秦行纪》一向以韦瓘所撰,近人研究者又屡引用《贾氏谈录》,故稍作考证,以求正于方家。(清叶奕苞《金石录补》卷二十《唐韦瓘峿溪题名》有记韦瓘事,可参。)

《穷愁志》中有不少篇措辞激烈,有好几处似抨击宣宗时朝政及白敏中等人,如《小人论》(卷三):"世所谓小人者,便僻巧佞,翻覆难信;此小人常态,不足惧也。以怨报德,此其甚者也;背本忘义,抑又次之。便僻者,疏远之则无患矣,翻覆者,不信之则无尤矣;唯以怨报德者,不可预防,此所谓小人之甚者。"此系影射白敏中(《新唐书·白敏中传》即言:"德裕贬,敏中诋之甚力,议者訾恶。德裕著书亦言'惟以怨报德为不可测',盖斥敏中云。")《汉元论》(卷一)讽刺汉元帝"以恭、显为贤而任之不疑",《荀悦论高祖武宣论》(同上)又再次抨击元帝"信谗而杀"忠臣,结果是"王业既衰,至成、哀陵替,才三世而王莽篡夺"。似影射唐宣宗。又《近世节士论》举丁生(柔立)、魏生(铏)为例,说己于武宗时为相,未曾重用丁生,而宣宗时"一旦触群邪,犯众怒,为一孤臣独夫",丁生却"正言无避";又说"魏生为酷吏所逼,终不诎服",竟致"舆疾远窜,溢尽道途,疑其幽魂,必上诉于天矣",这是把宣宗朝的大臣都说成"群邪"、"酷吏"。以上这些激烈的言词,对于被贬远窜的罪人,是会有不少风险的,因此也易被人怀疑是否为李德裕本人所作。按德裕于大中三年为其妻刘氏所作墓志中,即有言:"余性直盗憎,位高寇至,道不能枉,世所不容。"自言其生性本是如此,更何况既已远窜,更置生死于度外,于是对古今政事即毫无顾虑地直言,颇有新见。

《李德裕文集校笺》的"前言"中曾举有例子,说明外集中有些篇在论述中只能出于德裕之手,别人是造不出来的。如外集卷二《忠谏论》,中云:"谏大夫言婢不为主,白马令言帝欲不谛(自注:刘、李二人名各不便,故书其官)。"经考查,此处的谏大夫,系指西汉时刘辅,《汉书》七十七有传。他曾为谏大夫,时汉成帝欲立赵婕妤为皇后,刘辅上书力谏。白马令系指东汉时李云,《后汉书》卷五十七有传。李云任白马令时,桓帝立掖庭女亳氏为皇后,李云上书,中云:"孔子曰:

帝者,谛也。今官位错乱,小人谄进,财货公行,政化日损,尺一拜用不经御省。是帝欲不谛乎?"李云因此而死于狱中。李德裕此处用《汉书》、《后汉书》的典故,其自注云"刘、李二人名各不便,故书其官",那是因为其祖李栖筠之筠与李云之云同音,其父李吉甫与刘辅之辅同音。唐人避家讳甚严,也已成为社会风气。开成三年日本僧人圆仁等乘船来到扬州,时李德裕任淮南节度使,驻扬州,日本僧人要谒见地方长官就先询问长官所避家讳,淮南使府的随从人员即告以"府、吉、甫、云"四字,即"翁讳云,父讳吉甫"(见《入唐求法巡礼行记》,又本书开成三年谱)。由此可知《忠谏论》中自注"刘、李二人名各不便,只书其官",如果非身处其境,是写不出来的。别的篇也有叙其亲身经历,非别人所能代替的。

除文集外,李德裕尚有一些专著,今略述于下:

(一)《次柳氏旧闻》　　《新·艺文志》及晁、陈二志皆作一卷。《直斋》(卷七传记类):"李德裕撰。记柳芳所闻于高力士者,凡十七条。上元中,芳谪黔中,力士徙巫州,芳从力士问禁中事,德裕父吉甫从芳子冕闻之。"《类说》等书所载题为《明皇十七事》。友人程毅中同志对此书曾作过校点,并从《五朝小说》、《唐人说荟》等本补辑佚文两条,因此说"原书恐不止十七事"。

(二)《文武两朝献替记》　　《新·艺文志》史录杂史类著录为三卷,《崇文总目》及晁、陈二志同,陈志(卷五)谓"叙文武两朝相位奏对事迹",则当作于宣宗时。今已佚,《通鉴·考异》中尚有引用。又苏轼《与王郎昆仲及儿子迈绕城观荷花,登岘山亭,晚入飞英寺,分韵得月明星稀四字》,南宋施元之注有云:"李德裕《献替记》:出不至远,归不近夜。"(中华书局版《苏轼诗集》卷十九)则其书宋时犹存。

(三)《会昌伐叛记》 《新·艺文志》史录杂史类著录为一卷,《崇文总目》及陈志同,陈志(卷五)谓"记平泽潞事"。似亦作于宣宗时。全书已佚,《通鉴·考异》中尚有引用。

(四)《异域归忠传》 《新·艺文志》史录杂传记类录为二卷,陈志(卷七)同,并谓:"会昌二年,嗢没斯内附,德裕奉诏,采秦汉以来,由绝域归中国,以名节自著、功业始终者,凡三十人,为之传。"按《一品集》卷二有《异域归忠传序》,亦谓"勒成上下两卷"。今佚。

(五)《御臣要略》 《旧·李德裕传》提及《御臣要略》行于世。《新·艺文志》子录儒家类著录,则注云"卷亡"。《崇文总目》及晁、陈二志均未著录,或在北宋时亡佚。

(六)《西南备边录》 《新·艺文志》子录兵书类著录为十三卷,而《崇文总目》、陈志皆作一卷。陈志(卷七)谓:"唐宰相李德裕文饶撰。大和中镇蜀所作,内州县城镇兵食之数,大略具矣。"今佚。

(七)《大和辨谤略》 《崇文总目》、陈志著录为三卷。陈志(卷五)谓:"初宪宗命令狐楚等为《元和辨谤略》十卷,录周秦汉魏迄隋忠贤罹谗谤事迹,德裕等删其繁芜,益以唐事,裁成三卷,大和中上之,集贤学士裴潾为之序,元和书今不存,邯郸书目亦止有前五卷。"今佚。

（八）《黠戛斯朝贡图传》　　《崇文总目》著录为一卷。晁、陈二志谓在德裕《姑臧集》内，已见前。今佚。

又，据洪迈《容斋三笔》卷六所载，德裕尚有《网川图跋》一文，题为大和二年正月在浙西观察时。此文是否出德裕手，尚有可疑，可参看岑仲勉《唐史余沈》卷三《凡易三十六镇》条。

大中六年壬申（八五二）

德裕子烨护德裕、德裕妻等灵柩，自崖州返葬于洛阳。

《唐茅山燕洞宫大洞炼师彭城刘氏墓志铭并序》附"第四男烨记"："殆及再期，乃蒙恩宥，命烨奉帷裳还祔先兆。烨舆曳就途，饮泣前进，壬申岁春三月，扶护帷裳，陪先公旌旆发崖州，崎岖川陆，备尝险艰，首涉三时，途经万里，其年十月，方达洛阳。十二月癸酉迁祔，礼也。"

李濬《唐故郴县尉赵郡李君墓志铭并序》："会先帝（琮按此指宣宗）与丞相论兵食制置西边事，时有以（卫）公前在相位事奏，上颇然之，因诏下许归葬。君躬护显考及昆弟亡姊凡六丧，泊仆驭辈有死于海上者，皆辇其枢悉还。亲属之家，诚节昭感，若有所卫。"

据此，则是李烨于本年三月扶其父、母、兄、弟、姊等六丧及仆人死于贬所者，由崖州北返，十月抵洛阳，十二月葬于先世兆茔。时烨尚为立山尉。

德裕得以归葬的原因，前引李潘所作墓志，说是宣宗"与丞相论兵食制置西边事，时有以（卫）公前在相位事奏，上颇然之，因诏下许归葬"。按会昌五年，李德裕曾奏请立备边库，收纳度支、户部、盐铁三司钱物，以备日后供西边军事之用；大中三年，改名延资库。《通鉴》大中四年八月载："以白敏中判延资库。"同年九月载："党项为边患，发诸道兵讨之，连年无功，戍馈不已；右补阙孔温裕上疏切谏，上怒，贬柳州司马。"又大中五年载："上以南山、平夏党项久未平，颇厌用兵。崔铉建议，宜遣大臣镇抚。三月，以白敏中为司空、同平章事，充招讨党项行营都统、制置等使，南北两路供军使兼邠宁节度使。……（四月）敏中军于宁州。壬子，定远城使史元破党项九千余帐于三交谷，敏中奏党项平。……八月，白敏中奏南山党项亦请降。时用兵岁久，国用颇乏，诏并赦南山党项，使之安业。"

又《通鉴》懿宗咸通元年十月，《考异》引《金华子杂编》："宣宗尝私行经延资库，见广厦连绵，钱帛山积，问左右曰：'谁为此库？'侍臣对曰：'宰相李德裕执政日，以天下每岁备用之余尽实此，自是已来，边庭有急，支备无乏者，兹实有赖。'上曰：'今何在？'曰：'顷以坐吴湘狱贬于崖州。'上曰：'如有此功于国，微罪岂合深谴！'由是刘公邺得以进表乞追雪之。上一览表，遂许其加赠、归葬焉。"按司马光不信此说，谓："按宣宗素恶德裕，故始即位即逐之，岂有不知其在崖州而云'岂合深谴'！又刘邺追雪在懿宗时，此说殊为浅陋，今不取。"司马光所举《金华子杂编》此则记事有不合事实处，诚是,但由此而咎定宣宗因延资库之积累钱帛,而追想德裕之功,因下诏许其归葬,却证据不足。陈寅恪《李德裕贬死年月及归葬传说辨证》对此有所辨析,谓:"唐宣宗之以白敏中平党项,适如清高宗以傅恒平金川,皆自欺欺人之举。宣宗宜因此有感于德裕之边功及置备边库之筹策。李烨墓志所谓'先帝与丞相论兵食制置西边事,时有以公前在相位事奏,上颇然之,因下诏许归葬',实指此事无疑。然则《金华子杂编》之说虽有传述过甚之处,要为宣宗所以特许德裕归葬之主因,则可决言。温公以常识判其不足取,而不知千载之后,冢墓遗文忽出人间,遂翻此一重公案也。"陈说甚是。

又裴光庭《东观奏记》卷中载:"太尉、卫国公李德裕,上即位后坐贬崖州司户参军,终于贬所。一日,丞相令狐绹梦德裕曰:'某已谢明时,幸相公哀之,放归葬故里。'绹具为其子滈言,滈曰:'李卫公犯众怒,又崔、魏二丞相(崔铉、魏謩)皆敌人也,见持政,必将上前异同,未可言之也。'后数日,上将坐延英,绹又梦德裕曰:'某委骨海上,思还故里,与相公有旧,幸悯而许之。'既寤,召其子滈曰:'向来见李卫公精爽尚可畏,吾不言,必掇祸。'明日,入中书,具为同列言之,既于上前论奏,许其子蒙州立山县尉护丧归葬。"钱易《南部新书》庚卷亦载:"咸通中,令狐绹尝梦李德裕诉云:'吾获罪先朝,过亦非大,已得请于帝矣。子方持衡柄,诚为吾请,俾穷荒孤骨,得归葬洛阳,斯无恨矣。'他日,令狐率同列上奏,懿皇允纳,卒获归葬。""托梦"云云,事属悠茫,意在写李德裕为委琐屈辱之人,且德裕归葬在宣宗时,《南部新书》云在懿宗时,亦不合。此当为晚唐牛党文人所撰造。

本年夏,李商隐奉东川节度使柳仲郢之命,赴荆南设奠路祭德裕归枢,并作诗赠李烨。

  陈寅恪《李德裕贬死年月及归葬传说辨证》考大中五年柳仲郢镇东川,辟李商隐为其幕僚;大中六年夏杜悰由西川移镇淮南,仲郢乃遣商隐往渝州迎候杜悰,"并同时因水程之便利,即遣商隐径由渝州往江陵,致祭德裕之归榇,实不止令其代作祭文也"。

  《通鉴》咸通元年九月条《考异》载柳仲郢镇东蜀,"设奠于荆南,命从事李商隐为文曰:'恭承新渥,言还旧止。'又云:'身留蜀郡,路隔伊川。'"按商隐所作祭文,今已不存。

  柳仲郢,两《唐书》有传,见《旧书》卷一六五,《新书》卷一六三。仲郢本在牛僧孺武昌幕府,会昌时德裕执政,不以为嫌,重用之,擢为京兆尹,治理有法,政号严明。宣宗即位,德裕罢相,因仲郢与德裕厚善,乃出为郑州刺史。大中六年至九年,为东川节度使(参《唐方镇年表》)。约大中九、十年间,充诸道盐铁转运使,在此期间,任德裕兄子从质为推官。《旧传》载:"仲郢严礼法,重气义。尝感李德裕之知,大中朝,李氏无禄仕者。仲郢领盐铁时,取德裕兄子从质为推官,知苏州院事,令以禄利赡南宅。令狐绹为宰相,颇不悦。仲郢与绹书自明,其要云:'任安不去,常自愧于昔人;吴咏自裁,亦何施于今日?李太尉受责既久,其家已空,遂绝蒸尝,诚增痛恻。'绹深感叹,寻与从质正员官。"由此可见柳仲郢之为人。

李商隐有《无题》诗："万里风波一叶舟，忆归初罢更夷犹。碧江地没元相引，黄鹤沙边亦少留。益德冤魂终报主，阿童高义镇横秋。人生岂得长无谓？怀古思乡共白头。"（《玉溪生诗集笺注》卷二）冯浩引何焯评，谓"此篇未详"，冯浩也未解诗之旨意。陈寅恪于《李德裕贬死年月及归葬传说辨证》文中以此诗为李商隐荆南祭德裕归柩时李烨所作，其说甚精，摘录于下：

　　"《无题》云：'万里风波一叶舟，忆归初罢更夷犹。'此诗为商隐于江陵为李烨所赋。烨以舟载父及亲属诸柩北归，'初罢'者非'罢桂府'之'初罢'，考烨贬蒙州立山尉，于大中六年以前奉诏特许归葬，其时尚未除父丧也。其奉诏北归葬亲，既在父丧服未除中，必罢立山尉职。其过江陵时距罢立山尉职不久，故谓之'初罢'。盖宣宗当日止许烨北归葬父，事迄仍须返立山尉贬职。此据烨自撰其妻郑氏墓志推得之结论。烨虽急欲归洛阳，然于荆南却有逗留，故得邀之中途，因以设奠，此所谓'忆归初罢更夷犹'也。由此言之，江陵为商隐与烨会遇之交点。商隐之由西而东，抵于江陵，杜诗之'即从巴峡穿巫峡'也。烨之由南而北，发自江陵，杜诗之'便下襄阳向洛阳'也。以年月为经，以路线为纬，以《无题》之诗案于是始能判决矣。'碧江地没元相引，黄鹤沙边亦少留。'此二句不能得其确解。大约烨自湖南至荆南，其途中少有滞留，自所不免，恐亦欲于沿途所过之地方官吏及亲故中有所乞请耶？……'益德冤魂终报主，阿童高义镇横秋。'若谓此诗作于大中六年夏间德裕归葬时，且在宣宗有感于'西边兵食制置事'特许其归葬之后,则与张(采田)氏之解此诗,谓作于大中二年时,去德裕贬潮州仅数月者,更于文理可通。德裕本为太尉,故商隐作'旧将军'七律追感其人,亦有'李将军是旧将军'之名。生前既以武功邀奇遇,死后复因边事蒙特恩,又曾任西川节度使,建维州之勋,其以益德为比,亦庶几适切矣。不必更求实典,恐亦未必果有实典,而今人不知也。至'阿童高义'句自指仲郢而言,若合二名并读之,即是东川节度柳仲郢遣使祭崖州司户参军李德裕之归柩也。较之以阿童比李回之因德裕党左迁为高义者,立说似更简便;两说相较,何去何从,读者自知抉择也。'人生岂得长无谓,怀古思乡共白头。'此二句极佳,不待详说,若仍欲加以解释,即诵《哀江南赋》'班超生而望返,温序死而思归'之句,以供参证可也。"

大中九年乙亥(八五五)

李烨妻郑氏(珍)卒于立山县,年二十九。有子二人:庄士、庄彦。

　　李烨《大唐赵郡李烨亡妻荥阳郑氏(珍)墓志并铭》:"大中九年乙亥岁五月廿九日丙子,遘疾终于蒙州之旅舍,享年廿九。"又云:"及烨家罹时网,播迁岭外,涉历危苦,未尝倦容。予钟鞠凶,闻讣贬所,夫人号恸将绝,哀感中外。予衣服外除,再抵荒外,岁时祀事,夫人皆躬自预焉。"则郑氏随烨同赴蒙州立山县贬所,历尽危若。时烨尚未去贬谪,因此只得暂厝于当地："以予方婴谴谪,子始孩提,无人护丧,权殡于蒙州紫极宫南,期予恩贷,自营葬事。"由此也可见其子尚为孩童(《志》又云："有子二人,曰庄士、曰庄彦,匍匐孺慕,予不忍焉")。

又,据《志》所载,烨之长兄浑之子襄,在浑卒后也养育于郑氏处："长兄故尚书比部郎钟念少子曰襄,顾其靡识,危慑之际,令予子之。夫人鞠育勤到,至爱由衷,恩过所出。"

大中十四年
咸通元年
庚辰(八六〇)

李烨遇赦,由立山尉量移为郴县尉。春离桂林,途中遇疾,六月卒于郴县,年三十五。

李溶《唐故郴县尉赵郡李君墓志铭并序》："维大中十四年岁次庚辰夏六月庚辰朔廿六日乙巳,故郴县尉赵郡李君享年三十有五,以疾终于县之官舍。"又云："今皇帝嗣位之岁,御丹凤肆赦,诏移郴县尉。自春离桂林,道中得瘴病,日减眠食,就枕千五百刻,将瞑之夕,遗诫二子,手疏数幅……"按宣宗卒于大中十三年八月,同月懿宗即位。据《新书·懿宗纪》,大中十三年,"十月辛卯,大赦"(《通鉴》同)。李烨当是因此次大赦而得以量移。又大中十四年十一月始改元为咸通,李烨于本年六月卒,故墓志尚以大中纪年。

《志》又云："夫人荥阳郑氏,前君七年殁于蒙州。长子庄士,次子庄彦,女曰悬黎,尚幼。"

又《旧书》德裕传末载烨事,谓"烨咸通初量移郴州郴县尉,卒于桂阳"。《李德裕贬死年月及归葬传说辨证》云:"《通典》一八三《州郡典》云:桂阳郡,郴州,今理郴县;连山郡,连州,今理桂阳县。李烨志言烨'卒于县之官舍',即郴县之官舍。《旧唐书》言烨'卒于桂阳',此'桂阳'指桂阳郡,非桂阳县。盖烨任桂阳郡即郴州之郴县尉,非连山郡即连州之桂阳县尉也。"

右拾遗刘邺上言,论李德裕及其父为相,有声迹功效,宜加哀闵,赠以一官。十月丁亥,敕复德裕太子少保、卫国公,赠左仆射。

《通鉴》咸通元年:"右拾遗句容刘邺上言:'李德裕父子为相,有声迹功效,窜逐以来,血属将尽,生涯已空,宜赐哀闵,赠以一官。'冬十月丁亥,敕复李德裕太子少保、卫国公、赠左仆射。"

按刘邺,《旧书》卷一七七、《新书》卷一八三有传。邺为三复子,三复屡为德裕幕府从事,会昌中又入朝任刑部侍郎之职,约卒于会昌时。《旧传》载:"邺六七岁能赋诗,李德裕尤怜之,与诸子同砚席师学。大中初,德裕贬逐,邺无所依,以文章客游江浙。"咸通初为左(右)拾遗,召充翰林学士。《旧传》详载邺上疏论李德裕事云:"邺以李德裕贬死珠崖,大中朝以令狐绹当权,累有赦宥,不蒙恩例。懿宗即位,绹在方镇,属郊天大赦,邺奏论之曰:'故崖州司户参军李德裕,其父吉甫,元和中以直道明诚,高居相位,中外咸理,讦谟有功。德裕以伟望宏才,继登台衮,险夷不易,劲正无群。禀周勃厚重之姿,慕杨秉忠贞之节。顷以微累,窜于遐荒,既迫衰残,竟归冥寞。其于烨坐贬象州立山县尉。去年遇陛下布惟新之命，覃作解之恩，移授郴州郴县尉，今已殁于贬所。倘德裕犹有亲援，可期振扬，微臣固不敢上论，以招浮议。今骨肉将尽，生涯已空，皆伤荣戟之门，遂作荆榛之地，孤骨未归于茔兆，一男又没于湘江。特乞圣明，俯垂哀愍，俾还遗骨，兼赐赠官。上弘录旧之仁，下激徇公之节。'诏从之。"按大中六年李烨已护其父母兄弟之丧归葬洛阳，而刘邺于咸通元年上奏尚言"孤骨未归于茔兆"，且求"俾还遗骨"，实为可疑。《通鉴·考异》曾推测"或者后人伪作之，非邺本奏也"。但邺所言其他事均可征信，凭此一点，似还不能断定此篇上疏为伪作，或大中六年归葬事，刘邺未知，故又重复言之。《新传》则仅言："邺伤德裕以朋党抱诬死海上，令狐绹久当国，更数赦，不为还官爵，至懿宗立，绹去位，邺乃申直其冤，复官爵，世高其义。"虽稍简，较得其实。

咸通九年戊子（八六八）

正月，李烨子延古为集贤校理。

　　《南部新书》乙卷："咸通九年正月，始以李赞皇孙延古起家为集贤校理。"

　　按《新书》卷七十二上《宰相世系表》二上，载李烨子殷衡、延古，"殷衡，右补阙；延古，司勋员外郎"。但前文所引李烨所作其妻郑氏墓志及李濬所作李烨墓志，皆曰二子为庄士、庄彦,则庄士、庄彦为幼时所名,成人后改为殷衡、延古。《旧五代史》卷六十又有《李敬义传》,则云:"李敬义,本名延古,太尉卫公德裕之孙。"

又《新·李德裕传》末略载延古事,谓乾符(八七四—八七九)中为集贤校理,与《南部新书》异。

昭宣帝天祐二年乙丑(九〇五)

六月,李延古以前司勋员外郎责授卫尉寺主簿。

《通鉴》昭宣帝天祐二年六月,记朱温杀害裴枢等朝臣多人,朝野惊惧,"时士大夫避乱,多不入朝,壬辰,敕所在州县督遣,无得稽留。前司勋员外郎李延古,德裕之孙也,去官居平泉庄,诏下未至,责授卫尉寺主簿"。由此,则平泉此时尚保留,仍为李氏所有。

五代后梁太祖开平二年戊辰(九〇八)

李殷衡仕梁为右补阙,出使南汉,为南汉帝刘隐所留。

《通鉴》后梁太祖开平二年十月,"辛酉,以刘隐为清海、静海节度使,以膳部郎中赵光裔、右补阙李殷衡充官告使,(刘)隐皆留之。……殷衡,德裕之孙也"。